한국해양사연구총서 3

부산과 대마도의 2천년

부경대학교 대마도연구 센터

국학자료원

서언 [1]

부산에서 보는 대마도, 대마도에서 보는 부산은 오랜 한일관계사 속에서 가장 흥미로운 주제라고 할 수 있다. 흔히 한일관계사라는 용어를 쓰지만, 특별한 시기를 제외하면 그 핵심은 부산 혹은 경남지역과 대마도의 관계였다고 할 수 있다. 그런 의미에서 부산과 대마도의 관계가 분명하게 밝혀지지 않은 상황에서 한일관계사를 논의한다는 것은 성급한 일이라고 해도 지나친 말이 아닐 것이다. 이 책은 바로 부산과 대마도의 오랜 관계를 조망하기 위하여 마련된 것이다. 시간적으로는 선사시대의 교류로부터, 삼국시대, 통일신라시대, 고려시대, 조선시대 전후기, 19세기까지를 다루고 있다. 다루어진 내용을 간략히 개관하면 다음과 같다.

정효운의 「대마도와 고대한일관계사」는 대마도의 선사시대 이래의 유적에 대한 기본적인 자료를 제공하는 동시에, 대마도의 귀속문제를 시간축을 따라서 추적한 글이다. 특히 흥미로운 것은 3세기 중엽 이후 일본열도에 있던 倭의 영역으로 파악되고 있던 대마도가 隋代에 이르러서는 왜의 영역에서 제외되고 있다는 사실을 지적한 점이다. 수나라에서 왜로 가는 여정을 기록하고 있는 『隋書』에서는 竹斯國(筑紫)의 동쪽이 倭에 附庸되어 있다고 하여, 그 북쪽에 위치한 都斯麻國(對馬島)는 倭의 영역이 아닌 것으로 간주한 것이다. 『日本書紀』에서도 金田城 등을 축성하여 당과 신라의 공격에 대비하게 되는 7세기 중엽까지는 대마도가 왜의 영역이라는 사실을 보여주는 명확한 기사가 없다고 하고, 그 이전 시기에는 한반도와 일본열도의 교류를 중계하는 중간자적인 입장에 있었던 것으로 파악하였다.

한편 대마도와 임나의 관련성에 대해서 주목하고, 6세기 중엽의 가야 멸망이라는 정치적 상황 속에서 대마도를 중심으로 하는 한·일 해역세계를 유동화시켰고, 그 결과 7세기 초까지 對馬島와 壹岐島는 왜국과 연관이 없는 지역이라는 인식이 자리 잡게 되었다고 하였다. 나아가서 이 시기에 금관가야의 잔존세력들이 대마도와 함안 등의 주변지역으로 거점을 옮겨 임나의 부흥운동을 전개하면서, 대마도가 임나라는 영역 인식이 배태된 것으로 파악하였다.

이근우의 「통일신라시대의 對馬島」는 『日本書紀』·『續日本紀』·『日本後紀』·『續日本後紀』·『文德實錄』·『三代實錄』이라고 하는 일본 고대의 正史 속에 나타나는 統一新羅와 對馬島에 관한 사료를 중심으로 정리한 글이다. 663년의 白江口 전투에서 패전한 이후, 왜는 對馬島 등의 요충지에 山城을 쌓고 烽燧를 설치하는 등 패전대책에 부심하게 된다. 그 결과 對馬島는 일본열도를 방어하기 위한 최전선이 되어, 國 또는 島라는 지방 행정단위로 편제되는가 하면, 중앙에서 島司 등의 관인을 파견하였다. 또한 對馬島를 방어하기 위한 防人이 배치되고, 부족한 식량을 九州 등에서 조달하기도 하였다. 특히 신라와의 긴장관계가 고조될 때는 대마도에 갖추어야 두어야 할 선박의 수나 뱃사공의 수가 논의되는 등, 대마도의 중요성이 부각되고 있다.

대마도는 밤이면 육안으로 부산이나 거제도의 불빛을 관측할 수 있고, 북소리로 들을 수 있었다. 대마도는 그러한 정황을 중앙으로 보고 하고 있다. 또한 신라선이 자주 표착하는가 하면, 신라 해적의 침입을 받기도 하였다고 한다. 변경에 위치한 대마도는 비록 바다를 사이에 두고 있기는 하지만 신라의 동향을 주의 깊게 관찰하고 있었으며, 신라의 침략 가능성을 알린 대마도의 보고로 일본 조정이 술렁이는 일도 있었다고 한다.

이영의 「고려 말, 조선 전기의 왜구와 대마도」는 1350년 이후의 왜구, 이른바 경인년 왜구의 실체를 밝히는 동시에, 이 시기의 대마도의 역할에 대해서도 주목한 글이다. 그의 연구에 따르면, 가마쿠라시대 중기 이래로 강력한 독점적인 지배를 행사하고 있었던 것이 對馬島의 守護이자 地頭였던 少貳氏였으며, 이를 대신하여 對馬島를 직접 관할한 것이 地頭代였던 宗氏였다고 한다. 宗氏는 少貳氏의 被官으로서, 南北朝의 쟁란기에는 少貳氏와 함께 九州로 여러 차례 出兵하였으며 그들의 밀접한 관계는 그 후에도 지속되어, 少貳氏는 九州의 세력다툼에서 밀리면 대마도로 피신한 뒤, 재기를 꾀하는 등, 대마도를 최후의 요새로 삼았다고 한다. 이처럼 대마도의 동향은 일본열도의 내부 정세 특히 九州의 상황과 밀접하게 연동되고 있었으며, 그 중에서도 宗經茂가 바로 경인년 왜구의 중심적 인물로 활동한 것으로 보고 있다. 宗經茂 역시 少貳賴尚와 밀접한 관계를 유지하였고, 賴尚가 九州에서 足利直冬와의 전투를 수행하기 위해서 병량미를 확보할 필요성이 생기자, 宗經茂는 고려의 漕運船이나 지방 관아 등을 습격하여 병량미를 약탈하였다는 것이다.

대마도가 경인년 왜구의 중심이었던 사실을 방증하는 사례로서, 豆酘의 多九頭魂神社에 있는 고려 청동제 반자가, 원래 최충헌의 원찰에 쓰기 위해서 만들어졌는데 그 후 興天寺로 옮겨졌다가, 1357년에 왜구들이 이를 약탈하여 신사에 기진한 것이라고 하였다. 이러한 연구는 앞으로 대마도에 전해지고 있는 한반도 계통의 유물을 연구하는 데 중요한 시사점을 제공한 것이다.

하우봉의 「조선 전기의 부산과 대마도」는 대일관계에서 부산이 차지하는 위상과 부산을 중심으로 하는 왜관 체제의 성립과정을 정리한 글이다. 이 글에서는 "조선시대의 부산은 600여 년간에 걸친 일본과의 국교단절상태를 끝내고, 정부차원의 외교관계가 재개되면서 급속하게 성장하였다. 고려시대 말기 동래는 울주군의 속현인 동래현이었고, 부산은 같은 속현인 東平縣에 소속된 部曲에 지나지 않았다. 그런데 조선 초기 일본과의 국교가 재개되면서 동래와 부산의 중요성이 부상하였다. 이에 따라 동래현은 동래군으로 승격하면서 행정중심지로 바뀌었고, 부산에는 左水營이 설치되어 군사중심지로 변모하였다.

조선 초기에는 三浦 가운데서도 제포보다 더 작았던 개항장이었지만, 16세기 중반 이후 부산은 '단일포소'로서 보다 더 중요한 위치를 차지하게 되었다. 즉 사량진왜변 이후 명종 2년(1547) 정미약조가 체결되고 부산포가 유일개항장으로 지정되면서 동래군은 다시 東萊都護府로 승격되었다. 한편 부산은 국방상의 요지로서 빼놓을 수 없는 지역이었다. 그래서 부산에는 慶尙左道水軍節制營, 釜山鎭僉節制使營, 多大鎭僉節制使營 등의 水營과 兵營이 있었고, 다수의 성곽과 봉수시설 등이 설치되었다. 부산은 또한 일본에 파견되는 사절이 출발하는 관문이기도 하였다.

이때부터 부산이 조일관계상 차지하는 비중이 증대하였으며, 부산포왜관이 조일교섭의 주요무대로 등장하게 되었다. 조선시대 대일외교에서 倭館이 차지하는 비중은 결코 작지 않다. 조선 전기에는 일본국왕사를 비롯한 일본사절들이 서울의 東平館에 유숙하면서 정치적인 교섭을 진행하였다. 그리고 통상과 무역은 주로 三浦의 왜관에서 이루어졌다. 그런데 16세기에 들어 부산포왜관은 단일왜관으로 되면서 그 역할과 비중이 더욱 올라갔다.”고 하여, 부산의 성장과정을 자세하게 밝히고 있다.

정성일의 「조선후기 부산과 대마도」는 우선 조선시대 후기 부산 왜관의 생생한 모습을 왜관 관리의 책임을 맡고 있었던 館守가 기록한 『館守日記』라는 자료를 통하여 복원하고 있다. 나아가서 倭館의 開市에 참여하는 동래상인의 실상을 추적하였다. 그 중에서도 鄭子範이라는 인물에 주목하고 그는 아버지 때부터 왜관의 개시에 참여하였으며, 일본에서 수입한 구리의 절반 정도를 매입하고 있는 사실을 밝혀내고 있다. 왜관의 일본인과 조선인 사이에 벌어지는 연회에서 차리는 음식, 주고받는 선물 내역까지 극명하게 밝혀내고 있다. 또한 일본측의 구리와 조선의 쌀이 ‘有無相通’되는 모습, 조선 연안에 표류한 일본인들의 처리 문제, 심지어는 조선 정부가 대마도와 유황, 조총, 장검, 장창 등을 밀거래하는 모습, 고위 역관을 중심으로 한 밀무역, 왜관을 중심으로 한 범죄 등 부산과 대마도를 중심으로 전개되었던 다양한 역사상에 주목하고 있다. 그리고 "조선후기 부산과 대마도 사이의 교류를 통해서 얻은 역사적 경험이 오늘날 두 나라의 역사문제 인식과 해결에 어떤 시사점을 던져줄 것인지를 생각하면서, 부산과 대마도를 중심에 둔 새로운 접근과 분석이 뒤따라야 할 것"이라고 제안하였다.

현명철의 「幕末・明治초기 對馬州 정치사 개관」은 江戶幕府 말기부터 明治時代 초기의 대마도의 동향을 추적한 논문인데, 그 중에서도 부산과 관련이 깊은 내용은 對馬島가 조선과의 외교권을 박탈당하고 나아가서는 明治政府가 부산 왜관을 접수하는 과정이다. 미국 페리함대의 내항과 더불어 조성된 대외위기에 직면한 江戶幕府는 외교의 중요성을 통감하면서, 조선과의 외교관계도 對馬藩主가 아니라 外國奉行 특히 長崎奉行에 의한 직접외교로 전환하려고 하였다. 이렇게 幕府가 조선에 사신을 파견하려고 하자, 對馬州는 막부가 조선과의 외교에 관심을 보인 것을 자기들에게 유리하게 해석하여, 조선에 압력을 가하여 무역의 개정을 요구할 좋은 기회로 생각하였다. 그래서 대마도는 조선측에 무기의 교역과 역관을 통하지 않고서 바로 동래부사와 상대할 수 있도록 요구하고 있다.

그러나 大政奉還으로 幕府의 사신 파견은 무산되고 정권은 明治政府로 이양되면서, 대마도의 지위가 흔들리기 시작한다. 우여곡절을 거친 끝에 일본 太政官은 1872년 5월 7일자의 외무성의 上申을 받아들여, 5월 28일, 부산 초량공관(초량왜관) 사무를 외무성의 소관으로 하고, 외무성 직원이 아닌 對馬州 출신들의 퇴거 귀국을 명하였다. 그와 함께 조선과의 무역을 청산하도록 하고, 또한 표류민 문제도 長崎縣에 移管하였다. 1873년에 왜관을 완전히 접수하였고, 또한 대마주 출신 館守를 면직시키고, 왜관을 '大日本國公館'이라고 명칭을 바꾸었다. 이리하여 일본과 조선 사이에 존재하였던 정치적 주체로서의 對馬州는 소멸되었다고 하였다. 초량왜관은 조선이 땅을 제공하고 기본적인 시설도 조선이 마련해 준 것인 만큼, 조선의 양해를 구하지 않고 明治政府가 자국의 公館으로 삼은 것은 불법적인 처사라고 할 수 있다.

이상 6편의 글을 간단히 정리해 보았는데, 부산과 대마도의 관계를 가늠해 보는데 도움이 되는 글들이라고 할 수 있을 것이다. 부산과 대마도의 관계를 중심으로 살펴본 최초의 책인 만큼 부족한 점도 적지 않으리라 생각되지만, 앞으로의 연구에 초석이 될 수 있을 것으로 기대한다.

2010년 5월
부경대학교 대마도연구센터 소장 이 근우

목차 ￼

대마도와 고대한일관계사

정효운*

Ⅰ. 들어가기
Ⅱ. 대마도의 역사지리적 환경
Ⅲ. 대마도와 고대한일관계사의 전개
Ⅳ. 결론

Ⅰ. 들어가기

대마도는 최근 한국인의 관심의 대상이 되고 있다. 과연 한국인에게 있어서 대마도는 어떠한 의미를 가지는 섬일까? 이 점은 일본인에게 있어서도 같은 질문을 던질 수 있을 것이다. 한국인들의 대마도에 대한 이미지는 고려 말의 왜구와 연관된 부정적인 면이 많았지만, 최근의 통신사 연구의 진전에 따른 긍정적인 면이 부각되고 있는 듯하다. 이처럼 한국인에게 있어 대마도는 역사적 사건에 따라 인식이 상이하

---

* 동의대학교 일어일문학과 교수.

게 존재하는 반면, 일본인에게 있어서 대마도는 국경의 섬으로 많이 인식되고 있는 듯하다.

대마도의 선행연구는 근세기 조선과의 교류관계에 많이 집중되고 있는 경향이 있고, 고대사 관련 연구는 상당히 부진한 편이라 할 수 있다.[1] 최근의 연구는 두 방면으로 전개되고 있는 듯하다. 하나는 '일본통신사' 문제와 같은 문화교류사적인 시점이고 다른 하나는 독도 문제와 연동된 영토문제로서의 인식[2]이라 할 수 있다. 한편, 대마도를 연구하는 관점은 다양하게 전개될 수 있겠지만 그 접근 방법에 있어서는 다음의 세 가지를 들 수 있다. 첫째, 한국인의 관점에서 접근하는 것이고, 둘째 일본인의 관점에서 인식하는 것이며, 셋째는 대마도인이란 관점에서의 접근일 것이다.

이 가운데 한국인과 일본인의 관점에서의 접근은 근대 국민국가에 의해 만들어진 국가와 민족이란 관념이 전제가 되기 때문에 영토문제로 회귀할 가능성을 내포하고 있다고 할 수 있다. 이런 측면에서의 연구도 필요하지만 주의하지 않으면 자칫 중앙집권적 자민족주의 사관으로 환원되어 역사적 전개와 대응에 따른 대마도인의 입장이나 필요성 등의 관점은 소홀히 다루어지기 쉽다.

또한 고대사의 입장에서 본다면 통일신라라든지 율령국가 등과 같은 중앙집권적 통일국가가 형성되기 이전의 고구려, 백제, 신라, 가야,

---

1) 구한국고대사학회에서 제공하는 한국사서지검색(http://www.hongik.ac.kr/~khc/)을 이용하여 '대마도' 용어를 검색하면 65건의 관련 자료가 나오는데, 고대사 관련의 자료는 5건에 불과하다.

2) 최근의 연구서로는 한일관계사학회 편, 2008,『동아시아의 영토와 민족문제』, 경인문화사를 들 수 있고, 이 중 고대의 대마도 영토 인식 문제를 다룬 것으로는 정효운의「고대 한반도 문화의 일본전파와 대마도」과 關周一의「일본에서 본 대마의 영토문제」가 있다.

왜 등과 같은 다양한 국가와 종족이 함께 영위해 나간 시대의 역사를, 근대적 국가주의의 관점에 입각하여 영토문제만으로 단순화하여 해석할 필요는 없을 것 같다. 따라서 본고에서는 대마도의 역사지리적 환경과 고고학적 유적을 검토하면서 고대 한·일관계사에 있어서의 역사적 의미에 대해 살펴보고자 한다.

Ⅱ. 대마도의 역사지리적 환경

1. 대마도의 지리 환경과 유적

대마도로 불리는 쓰시마는 현재 행정구역상 일본 나가사키현(長崎縣)에 속해 있다. 가미아가타군(上縣郡)과 시모아가타군(下縣郡)의 각각 3개의 町[3]으로 구성되어 있었으나 2004년 3월 쓰시마시로 모두 합병되었다. 남북 82㎞, 동서 18㎞로 남북이 긴 지형으로 100여 개의 작은 섬으로 구성되어 있고, 주도(主島)인 대마도의 면적은 696.29㎢로 제주도의 3분의 1정도의 크기이며 약 4만 명[4]정도가 거주하고 있다. 부산에서 대마도 북쪽 항구인 히타카츠(比田勝)까지의 거리가 49.5㎞인데 반해 남부의 이즈하라(嚴原)항에서 후쿠오카(福岡)항까지는 132㎞[5]나 떨어져 있다. 그러므로 위치적으로 볼 때 대마도는 한국에 보다 가깝다고 할 수 있다. 이와 같은 지정학적 조건으로 인해 대마도는 비행기와 같은 교통수단이 발달되지 못한 전근대 시대에 있어서 한국과 일본을 이어주는 정치, 문화적인 교량 역할을 담당할 수 있었던 것이다.

---

3) 가미아카타군은 가미쓰시마(上對馬), 가미아가타(上縣), 미네(峰)의 3정, 시모아가타군은 토요타마(豊玉), 미쓰시마(美津島), 이즈하라(嚴原)의 3정으로 나뉨.

4) 2009년 5월말 현재 15,587세대 36,371명이 살고 있다.

5) 이키(壹岐)섬과는 68㎞ 떨어져 있다.

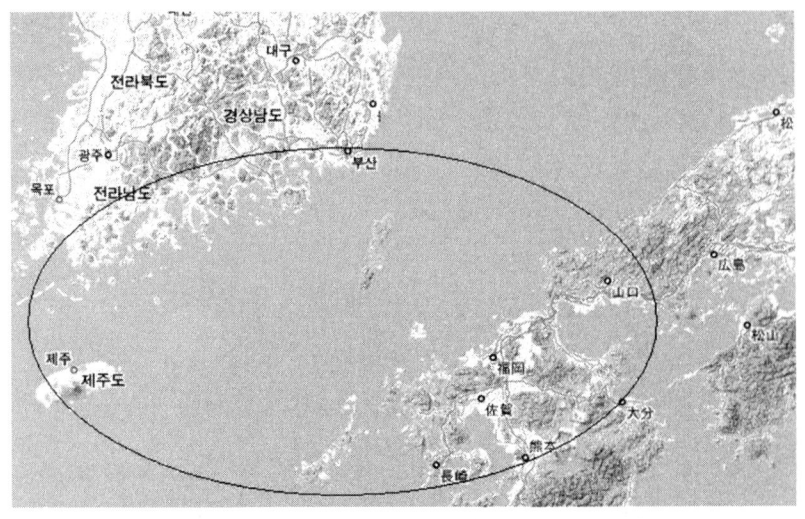

대마도의 지정학적 위치(http://maps.google.co.jp/maps)

　한편, 대마도는 89%가 산지이기 때문에 경작을 할 수 있는 면적이 2%에 불과하다. 그럼에도 불구하고 죠몽시대부터 고대에 이르기까지의 많은 유적들이 해안 가까운 곳에 산재하고 있다는 것을 알 수 있다. 나가사키현(長崎縣)교육위원회(http://www.pref.nagasaki.jp/edu/culture.php)에서 제공하고 있는 '나가사키현 유적정보시스템(http://gissv02.pref.nagasaki.jp/isekiweb/MainController)'을 이용하여 대마도 지역의 고고학 관련 유적지를 조사[6]해 보면, 죠몽시대의 유적이 28개소, 야요이시대의 유적이 194개소, 고분시대 유적이 190개소, 고대 유적이 12개소가 검색되고 있다. 이 가운데 죠몽시대부터 고분시대에 이르는 장기간의 유적만도 5개나 분포하고 있다. 하지만 같은 나가사키현의 히라토(平戶)시와 사세보(佐世保)시 등에서는 구석기시대의 유

---

6) 전체 유적지은 본 논문 끝부분에 참고자료로 실어 두었다.

물이 발견되고 있는데 비해 대마도에서는 아직 관련 유물은 발견되지 않고 있다.

주요 유적을 대마도 지도7)에 표시해 보면 아래와 같다.

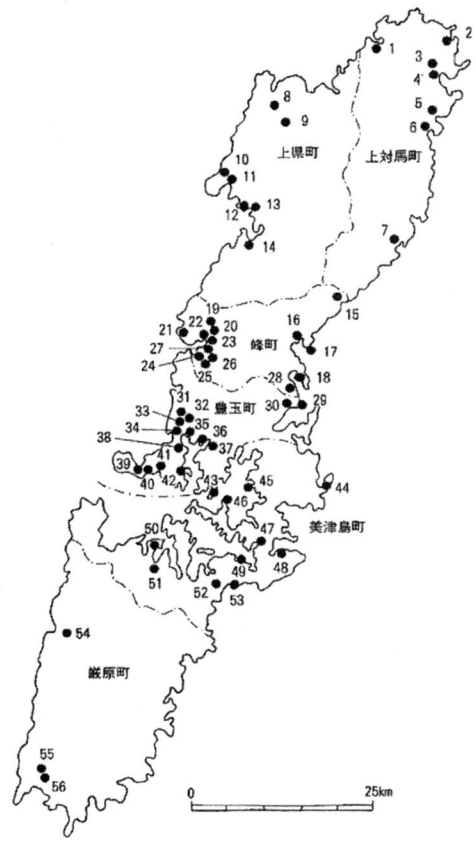

대마도의 주요 유적 분포도

7) 지도는 http://inoues.net/club/wajinden_no_tabi3-3.html에서 참조하였다(2009.7.4 스크랩).

	유적명		유적명
1	교노쿠마(經隈)유적	29	간논바나(觀音鼻)유적
2	이즈미(泉)유적	30	구와바레고분
3	후루사토(古里)유적	31	시게노단유적
4	도노구비(塔ノ首)유적	32	소우다이유적
5	고후노사에유적	33	이노사에유적
6	아사히야마(朝日山)유적	34	가라사키(唐崎)유적
7	아시미(芦見)유적	35	사호우라아카자키(左保浦赤崎)유적
8	구비루유적	36	하로우유적
9	사고시라타케(佐護白岳)유적	37	히가시노하마(東ノ浜)유적
10	다이쇼군야마(大將軍山)유적	38	가이구치아카사키(貝口赤崎)유적
11	시타루(志多留)패총	39	누카시유적
12	고시노타카(越高)유적	40	가시시(加志志)유적
13	오사키(尾崎)유적	41	니시카토(西加藤)유적
14	메오토이시(夫婦石)유적	42	스스우라자키(浦崎)유적
15	시이노우라(椎ノ浦)유적	43	가이후나자키(貝鮒崎)고분
16	사가(佐賀)패총	44	우미우테다이욘(海落第四)유적
17	고쇼지마(小姓島)유적	45	미노시마(箕島)유적
18	에가사키유적	46	사마야마아카사키(島山赤崎)유적
19	이데(井手)유적	47	다마츠케우라고지로(玉調浦五次郎)유적
20	사카도우유적	48	가가리마츠하나유적
21	기사카(木坂)유적	49	나바타케미나미(菜畑南)유적
22	가야노키유적	50	가네다죠(金田城)유적
23	다카마츠노단유적	51	나카미치노단(中道壇)유적
24	치고노하나유적	52	데이즈카(出居塚)고분
25	도우토고야마유적	53	네소(根曾)고분군
26	요시다(吉田)유적	54	야다테야마(矢立山)유적
27	에비스야마(惠比須山)유적	55	호토코야마(保床山)유적
28	스미요시비라(住吉平)패총	56	오데카타유적

또한 시기별 유적 분포를 살펴보면 죠몽시대의 유적이 대체로 가미아카타쵸에서 미네쵸 를 중심으로 분포하고 있는데 비해 야요이시대의 유적은 미네초에서 도요타마쵸에 많이 분포하고 고분시대에는 게치(鷄知) 주변에 많이 분포하는 경향을 보이고 있는 것을 알 수 있다.

이점은 대마도의 중심 지역이 시대에 따라 점차 북쪽에서 남쪽으로 이동하고 있다는 것을 보여주는 것이라 할 수 있다.

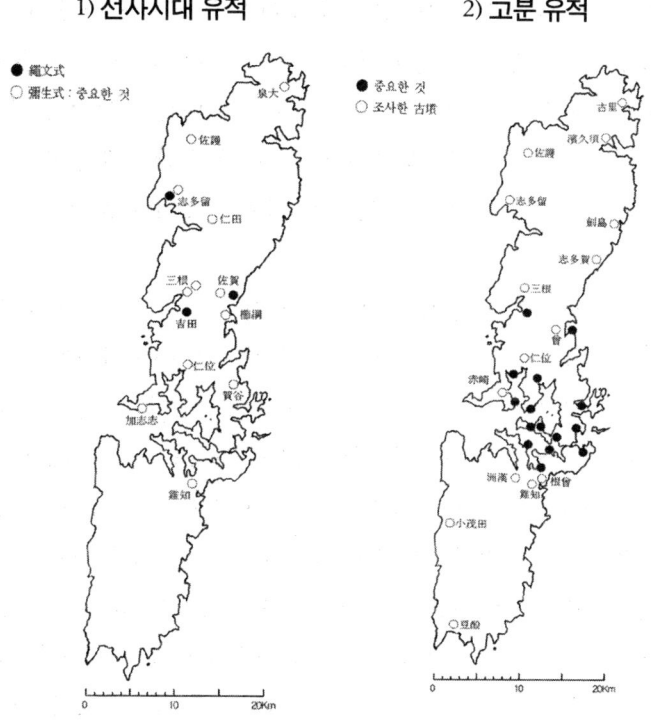

대마도의 선사, 고분 유적8)

고고학 유적을 통해 대마도의 문화교류의 양상9)을 살펴보면, 먼저 대마도에서 조사된 유적 중 가장 오래된 것으로 죠몽 조기말로 추정되

---

8) 永留久惠, 1982, 『對馬の歷史探訪』, 杉屋書店에서 발췌.
9) 유적 내용은 나가사키현에서 제공하는 '나가사키현의 유적대사전(http://www.pref. nagasaki.jp/jiten/index.html)'을 활용하였다.

고 있는 고시타카유적(위 표의 12번)에서는 죠몽토기보다 한국계 융기문토기가 압도적으로 많이 출토되었다고 한다. 그리고 죠몽 중기의 유적인 누카시유적(39번)에서는 죠몽시대 중·후기 토기와 한국계 즐목문토기가 출토되었다. 또한, 요시다패총(26번)에서도 죠몽 후기와 만기의 죠몽토기와 함께 한국계 즐목문토기가 출토되었고, 죠몽 후기가 중심인 사가패총(16번)에서는 한국계 토기와 더불어 석기와 골각기로 만든 어로도구가 많이 출토되었다고 한다. 죠몽 만기에서 야요이 전기의 유적인 이데유적(19번)에서는 한국계 무문토기와 공열문토기가 함께 출토되었다.

이와 같은 대마도를 중계로 하는 한국과의 규슈지역의 문물 교류 현상은 야요이시기에도 계속 이어지고 있었다. 야요이 전기가 중심이 되는 미네유적에서는 수혈식주거와 고상식창고가 확인되었으며 야요이토기와 함께 한국계 무문토기, 낙랑토기도 출토되었다. 야요이 중기로 편년되는 가라사키유적(34번)의 석관 안에서는 수입제 청동기(舶載靑銅器)와 작은 유리구슬이 출토되었고, 고쇼지마유적(17번)에서는 많은 상식석관이 발굴되었는데 이토시마(糸島)지방의 홍도와 함께 한국제 도질토기도 함께 출토되었다. 야요이 후기의 도노쿠비유적(4번)의 석관에서는 방격규구경(方格規矩鏡)과 동천도질토기(銅釧陶質土器), 적소토기(赤燒土器) 등의 한국계 유물과 광봉동모(廣鋒銅矛), 소철편(小鐵片), 구슬류, 야요이토기 등의 북규슈 유물이 함께 출토되었고, 기사카유적(21번)에서는 야요이토기, 도질토기를 비롯하여 동모, 동경 등의 청동기와 철제낫, 철제도자, 유리구슬 등 박재품(舶載品)이 많이 출토되었다.

이처럼 고고학 유물의 조사, 발굴 현황을 통해 볼 때, 대마도는 죠몽시대에 이어 야요이시대에 있어서도 여전히 한반도 지역의 선사 문물

들을 일본 열도지역에 전파하는 중계지 역할을 하였다는 것[10]을 알 수 있다.

2. 3세기 대의 대마도 영역 인식

역사시대에 들어와서도 대마도는 한반도와 일본열도 사이의 대한 해협에 위치한 지정학적 조건으로 인해 고대로부터 대륙과 한반도의 정치, 경제, 문화, 외교 분야에 있어서 교량 역할을 수행하여 왔다.[11]

고대 한반도와 일본열도에 정치권력이 만들어져 고대국가를 형성하는 과정에 있어 대마도는 '한·일지역세계'에 있어서 해상교통로의 중심지 역할을 담당하였다고 생각한다. 따라서 고대 한·일 양국의 국가 권력은 점차 대마도에 대한 정치적 영향력을 확대하려 하였을 것이다. 이러한 과정에 있어서 대마도는 동아시아 정세의 변화에 따라 정치적 입장을 달리하였을 것으로 추측된다.

관련 사료를 보면서 이 문제에 접근해 보기로 하자. 대마도를 중계지로 삼아 전파된 한반도의 도작문화와 청동기·철기문화는 일본열도에 야요이문화를 꽃피웠다. 이들 문화를 기반으로 이후 일본열도에서는 점차 왜인 종족을 중심으로 정치적 세력권이 형성되었고, 동시에 왜인이 대외적으로 알려지게 되었다. 『한서(漢書)』, 「지리지」에 의하면 왜인이 한에 조공하였다는 기사가 보이고 있다.

---

10) 정효운, 1998, 「대마도 조사와 연구 과제」, 『문물연구』 2호, 55쪽.

11) 정효운, 2008, 「고대 한반도 문화의 일본전파와 대마도」, 앞의 책, 91·92쪽 : 첫 논문 게재는 2007, 「한국 고대 문화의 일본전파와 대마도」, 『한국고대사연구』 48, 한국고대사학회.

"樂浪 바다 가운데에 倭人이 있어 백 여국으로 나누어져 있으며 歲時를 따라 와서 獻見하였다고 한다."

이 사료를 통해 볼 때, 왜 지역에서는 기원 전후의 시기에 이르면 100여 국이 정치세력권을 형성하여 낙랑과 교류관계를 맺고 있었다는 것을 알 수 있다. 물론 이들 100여 개의 세력이 모두 낙랑과 교류를 했다는 의미는 아닐 것이다. 일본열도에 야요이문화를 바탕으로 정치적으로 세력화한 집단이 많아졌다는 것이고 이들 가운데 대마도 등과 같은 해양과 도서를 거점으로 하는 지역의 정치세력들이 낙랑과 교섭을 하며 전하여준 정보를 바탕으로 서술한 것이라 생각된다.

또한 『후한서(後漢書)』, 「동이전」에 의하면 서기 57년(건무 중원 2)과 107년(영초 1)에 왜의 노국과 왜국왕 수승이 각각 사신을 보내어 와 후한과 통교를 하였다는 기록을 보이고 있다.

"建武 中元 2년에 倭의 奴國이 奉貢하여 朝賀하였다. 使人은 스스로 大夫라 칭하였다. 倭國의 남쪽 경계 끝에 있다. 光武帝는 印綬를 賜하였다."

"安帝의 永初 元年에 倭国王 帥升 등이 生口 160人을 바치고 알현하기를 청하였다."

여기서 검토해야 할 점은 두 가지가 있다. 첫째, 고대 중국인의 왜인과 왜국 경계에 대한 인식의 문제, 둘째, 문헌상에 보이는 이들 왜인의 낙랑 혹은 중국과의 통교는 바다로 격리되어 있기 때문에 한국과 일본의 해역을 통과하였을 것인데, 이들이 어떤 루트를 따라 양 지역을 통과하였는가 하는 점일 것이다.

앞의 사료에서 볼 때, 노국을 왜국의 남쪽 경계에 있다고 기록[12]하고 있는 점은 고대 중국인의 왜국의 영역에 대한 인식을 나타낸 것이라 보아진다. 당시 중국인은 왜인과 삼한인과를 종족적으로 구별하였으며 영역적으로도 다르다고 인식하고 있었던 듯하다. 3세기대의 『삼국지(三國志)』, 「위서(魏書)」 동이전의 한전과 변진전에 따르면 삼한과 왜를 구별하고 있다는 것을 알 수 있다.

> "韓은 帶方의 남쪽에 있고 동서는 바다로 경계되어 있으며 남쪽은 倭와 접하고 있다. 사방이 4千里 정도이다."(『삼국지』 한전)

> "弁辰은 辰韓과 더불어 雜居하고 있다. …… 그 瀆盧國은 倭와 더불어 境界를 접하고 있다."(『삼국지』 변진전)

이들 사료는 한(韓)의 남쪽이 왜와 경계를 이루고 있고 지금의 거제도로 비정[13]되는 독로국이 왜와 경계를 접하고 있다고 기록하고 있는데, 이는 한반도와 일본열도 정치세력과 교류관계를 맺어온 3세기대의 낙랑인의 인식이 반영된 것으로 생각한다. 이 점은 『삼국지』, 「위서」 왜인전에서도 같은 맥락으로 서술하고 있는 점에서도 엿볼 수 있다.

> "倭人은 帶方郡의 동남 大海 가운데에 있으며 산에 의거하여 國邑을 이루고 있다. 원래 백여국이 있어 漢의 시대에는 조공하여 오는 자가 있었지만, 지금은 사신이나 통역을 데리고 오는 나라는 30여국이다. 郡에서 왜에 이르기 위해서는 해안을 돌아 바다로

---

12) 이 점은 이른바 '야마타이국(邪馬臺國)' 위치 비정 문제의 논쟁과 연관이 있는 사항이지만 여기서는 직접 관련성이 없기 때문에 생략한다.

13) 독로국의 비정에 대해서는 동래설, 대마도설, 거제도설 등이 있으나 거제도설이 보다 타당하다고 생각한다.

나아가 韓國을 통과하여 조금 남쪽으로 조금 동쪽으로 가면 그
북안인 狗邪韓國에 이르는데 칠천여리이다. 처음으로 한 바다를
건너 천 여리를 가면 對馬國에 이른다. …… 또 남으로 한 바다를
건너는데 천 여리이다. 이름하여 말하기를 瀚海라 하며 一大國에
이른다. …… 또 한 바다를 건너 천 여리를 가면 末盧國에 이른다.
…… 동남쪽 육지로 오 백리를 가면 伊都國에 이른다. …… 세세토
록 왕이 있어도 모두 女王國에 통속되고 郡使가 왕래하며 항상 머
무르는 곳이다. 동남으로 奴國에 이르는데 백리이다. …… 동으로
가면 不彌國에 이르는데 백리이다. …… 남으로는 投馬國에 이르
는데 水行 20일이다. …… 남으로는 邪馬臺國에 이르는데 여왕이
도읍하는 곳이다. 수행 10일 육행 1개월이다. …… 여왕국으로부
터 북쪽은 그 戶數와 道里를 가히 얻어 간략히 기록할 수 있으나
그 나머지 주변국은 멀리 떨어져 상세함을 얻기가 어렵다."

이 기록에는 대방군에서 왜국에 이르는 항로가 보이고 있는데, 밑줄
친 바와 같이 "그 북쪽 해안의 구야한국[14]에 이른다"는 서술에서 알
수 있듯이 당시의 중국인의 인식에는 대마도를 왜국의 영역으로 보고
있었던 듯하다. 이 점은 대마도와 왜 지역에 두어진 관리의 명칭이 일
치하는 점에서도 알 수 있다. 『삼국지』 왜인전을 참고로 3세기 대의
왜의 각지에 두어진 관리들을 표[15]로 정리하면 다음과 같다.

---

14) '구야한국'은 지금의 김해를 중심으로 하는 금관가야 혹은 임나지역으로 추정되
고 있다.
15) 정효운, 2008, 「고대 한반도 문화의 일본전파와 대마도」, 앞의 책, 108쪽.

표 1. 3세기 대의 왜지역의 관리 현황

소국	관리		영역	호수	비고
	(大)官	副			
對馬國	卑狗	卑奴母離	方四百余里	1천여호	
一大國	卑狗	卑奴母離	方三百里	2천가	
末盧國				4천여호	
伊都國	爾支	泄謨觚 · 柄渠觚		1천여호	郡使 往來 常駐所
奴國	馬觚	卑奴母離		2만여호	
不彌國	多模	卑奴母離		1천여호	
投馬國	彌彌	彌彌那利		5만여호	
邪馬壹(臺)國	伊支馬	彌馬升 彌馬獲支 奴佳鞮		7만여호	女王都所
狗奴國	狗古智卑狗				男子王

대마국에 두어진 관리인 히쿠(卑狗)와 부관인 히나모리(卑奴母離)는 지금의 이키섬(壹岐島)인 일대국과 같고, 부관의 명칭은 노국과 불미국과 동일하다. 또한 여왕국으로 북쪽에는 일대솔(一大率)을 두어 제국을 감찰하고 교역에 관여하고 있는 점으로 보아 이 시기의 대마도는 야마대국의 영향 하에 있었다고 보아도 좋을 것이다. 하지만, 뒤에서 살펴보겠지만 이러한 영토와 국경의 관념은 주변 정세에 따라 변화하는 것으로 고정된 것이 아니라고 생각한다.

3. 대마도와 해상교통로

한편, 대마도가 왜국의 정치세력과 중국과의 교류에 있어 어떠한 역할을 하였는지에 대해 살펴볼 필요가 있다. 앞서 한대와 후한 시대에 있어서 왜 사신의 중국 파견을 가능하게 한 요인은 대마도가 중계지적 역할을 할 수 있었기 때문에 가능하였을 것이다. 당시의 해상교통로를 『삼국지』 왜인전 기록을 기초로 복원하여 보면 다음과 같다.

帶方郡 → 狗邪韓國 → 對馬國 → 一大國 → 末盧國 → 伊都國 → 奴國 → 不彌國 → 投馬國 → 邪馬臺國

이들 항로는 대방군에서 구야한국을 거쳐 바다를 건너 대마도에 이르고 일대국과 규슈 북부의 말로국을 거쳐 야마대국에 이르는 과정의 교통로를 기술하고 있는 것으로, 왜 지역에서 대방군으로 사신을 보내는 항로를 적은 것이 아니라 대방군에서 위(魏)의 관리가 파견되는 항로를 기술한 것이라 볼 수 있다. 그러나 당시의 교통로와 항해 기술로 볼 때, 왜 지역에서 대방군으로 파견되는 경우도 같은 루트를 이용했다고 생각된다. 다른 측면에서 본다면 이 사료에 기록되어 있는 방향과 일정 문제로 인해 일본 최초의 고대국가인 야마대국의 위치 비정을 둘러싸고 기내설과 규슈설을 비롯한 수많은 논쟁을 불러일으키고 있다는 점은 주지의 사실이다.

그런데, 야마대국을 둘러싼 많은 연구에서 알 수 있듯이 대방군에서 말로국까지의 해상교통로 과정에는 논란의 여지가 없다는 점이다. 이는 대마도가 역사시대에 들어와서도 여전히 한·일지역세계를 연결하는 중요 중계지로서 역할을 담당하고 있다는 사실을 증명하는 것이라 볼 수 있다. 오늘날 같은 동력선과 항공수단이 발달하지 못한 고대에 있어서는 바다를 사이에 둔 한·일지역세계를 이어주는 것은 선박이 유일한 교통수단이었다. 따라서 당시의 행상교통은 조선술과 항해술이 미발달로 인해 해류와 조류, 바람 등의 자연환경의 영향을 많이 받을 수밖에 없었고, 태풍이나 기상악화에 따른 표류 등의 위험성을 줄이기 위해 출발지와 도착지, 시기 등의 제약을 받을 수밖에 없었을 것이다. 특히 계절풍은 항해에 많은 영향을 주었다고 생각되는데, 봄에서 여름에 걸쳐 부는 남풍 계열의 바람은 일본열도에서 한반도로의 교류를, 가을에서 겨울에 걸쳐 부는 북풍 계열의 바람은 한반도에서 일본열도의 남부와 서부 해안의 교섭을 가능하게 한다[16]고 한다.

이를 토대로 고대 한·일지역세계의 지역 간의 항로를 살펴보기로 하자. 첫째, 한반도 남동해안에서 대마도를 경유하여 규슈 북부해안에 이르는 항로이다. 이것은 앞서 살핀 바와 같이 『삼국지』 왜인전에 기록된 항로인 것이다. 낙동강 하구지역인 금관가야(구야한국) 지역이나 거제도 부근에서 대한해협을 횡단하면 대마도의 북단이나 서북단에 도착할 수 있다. 이후 대마도의 서부 연안을 따라 남하하다 남단에서 다시 횡단하여 이키섬의 서쪽 해안에 도착하고 다시 횡단하여 규슈 북쪽 해안에 도달하는 항로라 할 수 있다. 이 노선은 도항지의 관측이 가능하기 때문에 심리적 안정감이 높아 당시의 항해술이나 조선술로 보아 가장 안전하게 선택하는 항로였다고 생각한다. 이 항로는 가야가 국가를 성립한 이후에는 가야인이 주로 이용하던 교통로였다고 추정된다.

둘째로는 한반도 남서해안에서 규슈 서북부 연안에 도착하는 항로이다. 전라도의 영산강이나 섬진강 하구를 나와 연안 항해를 하다 여수나 남해 부근에서 남쪽으로 제주도를 바라보면서 횡단하여 대마도의 서남부 해안에 도착한 후 다시 이키섬을 거쳐 규슈 북부 연안에 상륙하는 항로라고 할 수 있다. 이 항로에 대해서는 후대의 사료이지만

---

16) 윤명철, 2006, 「고대 한일 지역의 항로」, 한일관계사편, 『한일관계 2천년 보이는 역사, 보이지 않는 역사』, 경인문화사, 98쪽.

『수서(隋書)』왜국조에 관련 기록이 보이고 있다.

> "大業 3년 그 왕인 多利思比弧가 사신을 보내어 조공하였다. ……
> 다음 해에 주상이 文林郞 裴淸을 왜국에 사신으로 보내었다. 백제
> 로 건너 나아가 竹島에 이른다. 남으로 耼羅國을 바라보면서 都斯
> 麻國을 거쳐 멀리 大海 가운데 있게 된다. 또 동으로 一支國에 이
> 른다. 또 竹斯國에 이르고, 또 동으로 秦王國에 이르게 된다. ……
> 또 10여국을 거쳐 해안에 다다른다. 竹斯國으로부터 동쪽으로는
> 모두 倭에 附庸되어 있다."

이 항로의 연장선상에서 한반도 서남부 지역에서 바로 횡단하여 규
슈 서북부 해안이나 고토(五島)열도에 이르거나, 먼저 남쪽으로 제주
해협을 건너 제주도 북안에 이르러 연안 항해를 하다 동남부 해안에서
히라토(平戶)나 고토열도, 규슈 서북부 해안으로 상륙하는 항로[17]도
생각할 수 있을 것이다. 이들 항로는 백제인이 주로 이용한 것으로 백
제 항해술의 발달과 탐라와의 통교[18] 이후 가야나 신라인들의 영향력
을 받지 않으려는 의도에서 개척하고 활용하였을 것으로 생각된다.

셋째로는 한반도 동남부 해안의 울산이나 포항지역에서 남하하여
대마도의 북부 연안에 도착하여 동부 연안을 따라 남하하다 남단에서
횡단하여 이키섬을 경유하여 규슈 북부 연안에 이르는 항로도 상정할
수 있고, 대마도의 북동 연안에서 오키노시마를 거쳐 규슈의 북서 연
안에 이르는 항로도 생각할 수 있을 것이다. 또한 울산이나 포항지역
에서 바로 횡단하여 일본열도 혼슈 남부의 이즈모(出雲)나 중부의 스

---

17) 정효운, 2007, 「왜국으로의 문화전파」, 충청남도역사문화원, 『백제의 문물교류』,
도서출판 아디람, 305쪽.
18) 『삼국사기(三國史記)』 백제본기 문주왕 2년(476)조에 탐라사신이 왔다고 한다.

루가(敦賀)지역에 이르는 항로도 있었을 것이다. 이것은 『일본서기(日本書紀)』의 신라왕자 아메노히보코(天日槍)의 전설이나 스이닌(垂仁)기 2년의 소나가시치(蘇那曷叱智)의 이야기에도 보이고 있고, 『삼국유사(三國遺事)』의 연오랑과 세오녀의 설화나 박제상 설화에서도 엿볼 수 있다. 이 항로는 주로 신라인들이 이용하였다고 보아진다.

그 외에도 한반도 동해 중부지역에서 혼슈의 중부 이북 지역으로의 항로, 동해 북부지역에서 혼슈 북부지역으로의 항로 등 한·일지역세계를 연결하는 다양한 항로를 추측할 수 있지만, 고대에 있어서 대마도가 한·일지역세계의 지역 간에 정치, 문화 교류를 이어주는 가장 중요한 역할을 한 중계지라고 하는 점에는 의심의 여지가 없을 것이다. 또 한 가지 교류사의 시점에 생각해야 할 것이 교류란 일방적인 것이 아니라 쌍방 간에 이루어진다는 관점이다. 따라서 지금까지 한반도 지역에서 일본열도 지역으로의 교통로를 살펴보았지만, 반대로 일본열도 지역에서 한반도 지역으로의 상호 교통로는 당연히 존재하였을 것이다. 다만 계절풍이나 해류, 조류 등의 조건에 의해 해상로를 이용하는 시기의 차이는 있었을 가능성은 크다고 생각된다.

Ⅲ. 대마도와 고대한일관계사의 전개

1. 대마도 영역 인식의 변화

3세기 대의 대마도의 정치세력이 야마대국과 정치, 외교적으로 밀접한 관계를 맺고 있었다고 하는 점은 『삼국지』왜인전을 통해 살펴보았다. 하지만 주지하다시피 영토의 귀속문제는 주변의 정세에 따라 변화하는 양상을 보이는 것이 일반적이라 할 수 있다. 그러면 3세기 이

후의 대마도는 어떠한 정치세력과 연관[19]되어 있었는지 살펴보기로
하자.

4세기 대의 대마도의 영역 귀속인식을 알 수 있는 자료는 현재로서
는 존재하지 않는다. 5세기 대에 이르면『삼국사기』신라본기 실성이
사금 7년조(408)에 다음과 같은 기록이 보인다.

> "7년, 봄 2월에 王이 倭人이 對馬島에 軍營을 설치하고 兵器와 軍需
> 品을 저축하여 우리를 掩襲하려 함을 듣고, 우리가 먼저 發하지
> 못하게 하고자 精兵을 뽑아 軍需를 깨뜨리려 하였다. 舒弗邯 未斯
> 品이 말하기를 '臣이 듣건대 兵은 凶器요 싸움은 위험한 일이라
> 하였으며, 하물며 큰물을 건너 남을 치다가 만일 利를 잃으면 후
> 회한들 미칠 수 있겠습니까? 嶮한 곳에 關을 설치하고 오면 이를
> 막아 교활하게 침범함을 얻지 못하게 하고, 편하면 나아가 이를
> 사로잡아야 할 것이다. 이것이 이른바 타인을 끌어들이고 타인
> 에게 끌어짐을 당하지 않는 것으로 上策입니다'고 하였다. 王이
> 이를 따랐다."

408년에 왜인이 대마도에 군영을 설치하고 병기와 군수품을 축적하
여 신라를 습격하려 한다는 정보가 있어 실성이사금이 먼저 공격하려
는 의도에서 신하들과 논의한 결과 서불함 미사품의 건의를 받아들여
중단하였다는 사건이 보이고 있다. 당시 왜인이 대마도에 군영을 설치
하였다는 기술에서 보면, 5세기 초 신라인은 대마도를 왜국과 관련이
있는 지역으로 인식하고 있었다[20]고 할 수 있을 것이다. 그러나 새삼
군영을 설치하려 하였다는 관점에서 재검토 해본다면, 이 기사를 가지

---

19) 대마도 영역 인식에 관한 내용은 정효운, 2008, 「고대 한반도 문화의 일본전파와
대마도」(앞의 책), 4장 '한·일고대국가의 영역 인식과 대마도'를 참조할 것.
20) 정효운, 2008, 「고대 한반도 문화의 일본전파와 대마도」, 앞의 책, 113쪽.

고 대마도가 왜에 귀속되어 있다고 단정하기에는 의문이 생긴다. 또한 왜의 군사 동향에 대한 이러한 정보가 즉시 신라 측에 알려지고 있다는 점에서 볼 때, 신라가 대마도의 해상세력과 연관성을 가지고 있었다고 해석할 수 있을 것이다.

이후 『삼국사기』에서는 대마도 관련 기록이 전혀 보이지 않고 있기 때문에 이 역사서를 통해 대마도 영역의 귀속 여부를 확인할 수는 없다. 그런데, 이 시기에 왜가 대마도를 거점으로 군사행동을 하였을 가능성은 높다고 본다. 이는 널리 알려진 바와 같이 '광개토왕비'에서 확인할 수 있다. 즉 영락 5년(395)과 9년(399), 10년(400), 14년(404)에 걸쳐 왜와 고구려가 전투를 벌였다는 기록이 남아 있다.[21] 또한 『삼국사기』 백제본기 아신왕 6년(397)조에 백제와 왜가 결호하고 태자 전지를 인질로 보내었다는 기사와 『일본서기』 응신천황 8년[22]조에도 역시 백제와 왜가 우호를 맺었다는 기록이 보이고 있다.

문제는 4세기 말에서 5세기 초에 보이는 왜의 세력은 어느 루트를 통해 고구려와 전투를 행하였는가 하는 점에서 접근한다면, 역시 대규모 병력을 이용한 군사작전일 경우에는 조선술이나 항해술이 발달되었다 하더라도 병기와 군수품 등의 병참 지원을 위해 중간 기지가 필요하였을 것이다.[23] 이는 결국 대마도가 이 시기에 어떤 식으로라도 관여되었다는 것을 보여주는 것이라 할 수 있다. 이런 측면에서 본다면 4세기 말에서 5세기 초반의 대마도는 왜의 군사적 영향 하에 있었

---

21) 이 문제에 대해서는 졸고, 2006, 「고구려·왜의 전쟁과 외교」, 『고구려연구』 24를 참조할 것.

22) 응신 8년은 277년이지만 『일본서기』의 백제 관련 기록의 일부가 2간지(120년) 상향되어 있다는 사실에서 본다면 397년의 일로 같은 기록이라 보아도 좋다.

23) 이 점은 16세기 도요토미의 조선 침략 시에도 대마도가 활용되었다는 사실에서도 추정할 수 있다.

다고 보아도 좋을 것이다. 다만, 이 시기의 대마도인이 왜인이란 귀속 의식이 있었는가 하는 점과 당시의 왜가 기내(畿內)의 야마토 왜였는가 하는 점은 추후 다른 차원에서 검토되어야 할 문제라고 생각한다.

이상의 광개토왕비문과 『삼국사기』 실성이사금 사료 이후 대마도의 귀속 여부를 직접 추측할 수 있는 자료는 보이지 않지만, 『송서』 왜국전에 영초 2년(421)과 원가 15년(438), 20년(443), 28년(451), 대명 6(462), 승명 2(478)에 왜가 각각 송나라에 사신을 보내어 왜왕 칭호 제수를 요청하는 기사가 보이고 있다. 이들 사신이 어떤 루트로 왜에서 송으로 갔는지에 대해서는 기록이 없지만 역시 대마도를 경유하여 갔다고 보아도 좋을 것이다. 이 점은 다음의 7세기 초의 수 사신의 왜지 파견 과정에서 추정할 수 있기 때문이다. 그러나 이 시기에 대마도가 왜의 영향력 하에 있었는지에 대한 구체적인 자료는 보이지 않는다.

한편, 중국과 한국의 사료에는 이들 5세기 대의 기록 이후 6세기 대에는 전혀 보이지 않다가 7세기 대에 이르면 『수서』 왜국조에 대마도의 귀속 인식을 알 수 있는 사료가 보이고 있다(9페이지 사료 참조). 즉, 대업 3년(607년) 수의 양제가 왜의 사신이 조공한 데에 따른 배려로 배청을 왜에 파견한 기록인 것이다. 이것을 바탕으로 배청의 항로를 복원해 보면 다음과 같다.

> 수 → 백제 → 竹島(미상) → 한반도 서남부에서 횡단 → 都斯麻國
> (대마도) → 大海 → 一支國(이키섬) → 竹斯國(筑紫) → 秦王國 → 10
> 여국 통과 → 왜국

이 기록은 배청의 견문 지식을 바탕으로 서술한 것으로 수로부터 왜에 이르는 과정을 알 수 있다. 또한 이 사료에는 당시의 왜국의 영역에 대해서도 기술하고 있는데, 관심을 가져야 할 점은 "竹斯國으로부터 동쪽으로는 모두 倭에 附庸되어 있다"라는 부분이다. 이 표현에 따르면 대마도와 이키섬은 왜국의 영향에서 제외되고 있다는 사실을 알 수 있다. 그러면 이 시기의 대마도는 어디에 소속되어 있었는가 하는 점이 의문이 된다. 이 점에 대해서는『일본서기』의 사료를 살펴보면서 검토하기로 하자.

2. 일본서기와 대마도

『고사기』에는 오야시마노쿠니(大八島國) 생성 설화에 대마도를 '쓰시마(津島)'로 표기하고 있는 것을 알 수 있다. 이에 반해『일본서기』에는 신대 상의 제4단 본문에는 '대마도(對馬嶋)'로 제4단 1서 제7에는 '대마주(對馬洲)'라 표기하여 있다. 이후 신공(神功)황후 섭정 3년(203)조와 윤공(允恭)천황 42년(453)조, 웅략(雄略)천황 9년(465)조, 현종(顯宗)천황 3년(478)조, 계체(繼體)천황 24년(530)조, 민달(敏達)천황 12년(583)조, 추고(推古)천황 9년(601)조, 서명(舒明)천황 4년(632)조와 5년조에 각각 '대마(對馬)'란 표기가 보이고 있다. 그러나 주지하다시피『일본서기』의 기사는 기년과 역사적 사실에 있어 재검토되어야 할 부분이 있기 때문에 관련 내용을 역사적으로 복원하여 해석하는 것은 한계를 가질 수밖에 없다고 생각한다. 하지만 이들 기사의 내용을 기년에 얽매이지 말고, 대마도가 고대 한국과 중국과의 교류에 있어서 '숙박'하며 머무르는 중계지 역할을 하였다는 사실의 기사라고 이해[24]한다면 대마도의 역할 해석에 크게 무리가 따르지 않을 것이다.

이렇게 본다면『일본서기』의 대마도 관련 기사를 참고로 할 경우, 7

---

24) 졸고, 2008,「고대 한반도 문화의 일본전파와 대마도」, 앞의 책, 114쪽.

세기 전반까지는 귀속 여부를 확인할 수 있는 기사가 없다고 보아도 좋다. 그러면, 문제는 대마도가 언제부터 일본의 영역으로 인식되기 시작하였는가 하는 점일 것이다. 현재의 잔존 『일본서기』 사료를 중심으로 검토할 경우 그 상한은 7세기 후반이라 추측된다. 다음 기사를 보기로 하자.

> "이 해 對馬島·壹岐嶋·筑紫國 등에 防人과 烽火를 설치하였다."
> (天智天皇 3년조)
> "等이란 右戎衛郞將上桂國·百濟將軍朝散大夫上桂國 郭務悰과 무릇 250인을 말한다. 7월 28일에 對馬에 이르렀다."(天智天皇 4년 9월 조의 注)
> "이 달에 倭國의 高安城과 讚吉國 山田郡의 屋嶋城, 對馬國 金田城을 쌓았다."(天智天皇 6년 11월조)
> "11월 甲午朔 癸卯에 對馬國司가 사신을 筑紫大宰府에 보내어 말하기를 '초이틀에 沙門道文·筑紫君薩野馬·韓嶋勝娑婆·布師首磐 4人이 唐을 따라 와서 말하기를 唐國의 使人 郭務悰 등 600人과 送使 沙宅孫登 등 1,400人 總合 2,000人이 船 47척을 타고 함께 比智嶋에 머물렀다. ……'"(天智天皇 10년조)
> "3월 庚戌朔 丙辰에 對馬國司守 忍海造가 大國에 말하기를 銀이 當國에서 처음 나와 즉시 貢上합니다. 이런 까닭으로 大國이 小錦下位를 내렸다."(天武天皇 3년조)

천지(天智)천황 3년(664)에 대마도와 이키섬 등에 수비병과 봉화를 설치하였다는 기사가 보이고 있으며, 이어 6년(667)에는 대마국에 가네다(金田)성을 쌓았다고 한다. 왜 이 시기에 왜가 대마도에 군사를 두고 성을 쌓았는가 하는 점은, 660년 신라에 의한 백제의 멸망기에 있어서 왜가 663년 백제 구원을 명목으로 출병시킨 대규모 신라정벌군[25]

이 패배하였던 사실에 그 원인이 있었다고 생각한다. 백강전투에서의 당 수군과 신라군에 의한 왜군의 괴멸적 패배는 왜국의 국가적 위기를 가져오게 되고, 신라군과 당군에 의한 보복적 군사적 행위를 예상하여 방어 태세를 갖출 필요성을 제공하였던 것이다. 그러나 이러한 예측은 이후의 동아세아 정세의 변화 즉, 고구려의 멸망과 신라와 당 사이에 전개된 전쟁으로 인해 실현되지는 않았지만, 결과적으로 대마도가 왜국의 영역에 편입되는 계기로 작용하게 되었다고 볼 수 있다.

이후 일본은 천지천황 10년(671)에 '대마국사'를 두고 지금의 규슈 후쿠오카(福岡)에 쓰쿠시(筑紫)대재부를 두어 관장하는 체재를 갖추게 되었던 듯하다. 또한 천무천황 3년(674)에는 대마국사수인 인해조가 출토된 은을 야마토조정에 바치자 소금하위란 관위를 내림으로서 대마국이 일본 율령국가의 체재 속으로 편입되어 갔다고 할 수 있을 것이다.

이상에서『일본서기』의 사료를 토대로 고대 대마도의 영역 인식 문제에 접근할 경우, 대마도는 고대 한국 제국과 왜국간의 외교와 문화적 교류의 역할을 담당하던 중간자적 위치에서 7세기 후반의 동아시아의 군사적 긴장이란 역사적 조건을 계기로 점차 고대 일본 율령국가의 국경의 섬으로 인식되게 되었다고 할 수 있다.[26] 이 시기에 형성된 이러한 인식이『고사기』의 오야시마노쿠니 생성설화와『일본서기』

---

25) 당시 파견 왜병의 성격을 신라정벌군으로 보고 있는 점에 대해서는 졸저, 1995, 「백강전투와 신라의 한반도 통일」,『고대 한일정치교섭사 연구』, 학연문화사를 참조할 것.

26) 다만, 이러한 해석은 8세기 야마토조정의 일방적인 인식을 반영한 것이기 때문에 문제점을 내포하고 있다. 즉, 당시 대마도에 대한 신라인이나 대마도인의 영역 인식을 엿볼 수 있는 관련 자료가 없기 때문에 한계를 가질 수밖에 없고, 후대의 양속관계와 같은 점에 대해서도 현재로서는 확인하기 어렵다.

신대 설화에 반영되었을 가능성이 높다고 생각한다.

3. 대마도와 임나

고대 대마도의 귀속에 대한 인식은 앞서 검토한 바와 같이 그 시기에 따라 역사적 역할을 달리하였다는 것을 알 수 있다. 그런데, 『일본서기』숭신(崇神)천황 65년(B.C. 33년)조에 다음과 같은 기록이 보이고있다.

> "秋七月, 任那國이 蘇那曷叱知를 보내어 朝貢하였다. 任那란 것은 筑紫國에서 二千餘里에 있다. 북쪽으로 바다를 사이에 두고 鷄林의西南쪽에 있다."

이 기록에 따르면 임나는 축자국(지금의 규슈 후쿠오카 지역)으로부터 2천리 즉, 『삼국지』위서동이전의 기록에서 알 수 있듯이 축자로부터 1천리에 이키섬이 있고 이키섬에서 1천리의 지역에 있다고 한다. 또한 계림(신라)의 서남쪽에 방향에 있다는 것으로 보아 이는 대마도를 지칭한다는 것을 알 수 있다. 이 사료를 근거로 대마도를 임나라고 해석하는 설이 있으나 시기적으로나 내용적으로 윤색이 심하기 때문에 『일본서기』의 다른 고대 한국 관련 기사와 마찬가지로 역사적 사건으로 활용할 경우 엄정한 사료적 비판이 전제되어야 할 것이다.

소나갈질지의 설화에 대해서는 스이닌(垂仁)천황 2년(B.C. 28) 이해조에도 보이고 있기에 시기적인 문제는 있지만 가야 관련 사료로 이해하려는 견해도 제시되고 있는 듯하다. 하지만 임나를 대마도로 파악하려는 점에 대해서는 부정적으로 보는 것이 통설적 견해라고 생각된다. 이런 관점은 가야의 역사 전개과정과 관련하여 볼 때에는 지극히

당연한 결과인 것이다. 그런데, 임나의 위치를 대마도로 한정하여 기록한 것은 이 사료 외에는 없다. 문제는 이 사료를 허구라고 볼 것인지 그렇지 않으면 비판적 입장에서 역사적 사료로 재구성해 볼 필요가 있는 것인지에 있다고 할 수 있다. 전자의 입장을 취한다면 소나갈질지의 설화라든지 나아가 『일본서기』의 가야 관련 기사의 상당 부분을 부정하는 입장이 되며, 그럴 경우 사료적으로 빈약한 가야사의 영역을 더욱 좁힐 우려가 있다고 생각한다. 후자의 경우, 대응 사료의 부족으로 고증에 어려움은 있으나 비판적으로 해석할 수 있다면 가야사의 영역을 보다 넓힐 수 있는 가능성을 제시할 수 있을 것이다.

우선 검토되어야 할 사항은 임나가 가야인가라는 점이다. 임나에 대해서는 협의의 의미에서는 금관가야, 광의의 의미에서는 가야 전체를 지칭한다는 등의 주장이 있을 수 있으나 본시 임나는 금관가야를 지칭하는 용어라고 생각되며 시기에 따라 그 인식이 변화되어 갔다고 생각된다. 또한 고대국가의 영역과 경계는 고정된 것이 아니라 주변의 정치적, 군사적 상황과 역사적 조건에 따라 변할 수밖에 없었을 것이다. 이런 관점에 입각하여 가야사를 조망할 경우, 임나의 영역도 시대에 따라 변천되어 갔다고 추정할 수 있다. 금관가야인 임나는 김해를 중심으로 하는 해상국가였다고 생각한다. 따라서 가까이에 있는 대마도와는 일찍부터 해상 네트워크를 통해 깊은 관련을 가지고 있었다는 점은 『삼국지』 위지 왜인전의 시기에서도 확인할 수 있다.

그런데, 앞서 대마도의 영역 인식의 변화에 대해 살펴본 바와 같이 대마도가 왜와 정치적, 군사적으로 가까운 시기도 있었지만, 대체로 7세기 전반까지는 왜국의 영향 아래 있지 않았다는 것을 알 수 있다. 관련 사료의 부족으로 재구성에는 한계가 있지만 『수서』 왜국조의 기록을 통해 볼 때, 고구려, 백제, 신라, 가야, 왜가 병립하는 시기에 있어서의 대마도는 선진 문물 중계 교역에 따른 해상네트워크를 기반으로 자립적 위치를 유지한 시기도 있었을 것이다. 특히, 가야와 왜 사이에서 중립적이거나 양속적인 정치적 위치를 영위하였을 가능성이 보다 컸을 것으로 추측된다.

그러면 문제는 이러한 대마도가 언제 임나로 인식[27])되게 되었는가 하는 점일 것이다. 『일본서기』의 사료 가운데에는 고대 한국에 관한 기사가 상당 부분 서술되어 있다. 그 가운데에서 계체(繼體)・흠명(欽明)천황의 기록은 대부분이 가야 관련 기술로 채워져 있다고 보아도 과언이 아니다. 특히 흠명기의 기록은 2년(541) 4월에서 동년 13년(552)에 걸쳐 서술된 '임나왜재(任那倭宰[28]) : 임나일본부)' 문제와 연관되어 종래 한일관계사에 있어서 많은 논란을 가져왔다. 대마도 영역 인식의 문제를 논함에 있어 왜 '임나왜재' 기록이 문제가 되는가 하면, 이 시기의 가야와 백제, 왜, 신라를 둘러싼 빈번한 정치・외교적, 군사적 접촉 관련 서술이 남아 있기 때문이다. 즉, 왜와 가야 혹은 백제를 해상네트워크를 통해 연결하는 중심에는 대마도가 존재하지 않으면 안 되기 때문이다.

'임나왜재'의 정치, 외교, 군사적 목적은 임나의 부흥운동에 있었고, 임나의 부흥은 임나의 멸망을 전제로 한다. 『삼국사기』 신라본기에

---

27) 이병선은 대마도 지명 분석의 연구를 토대로 하여 대마도를 임나와 연관 지어 해석한 바가 있다(1987, 『임나국과 대마도』, 아세아문화사). 대마도 지역에 한국 관련 지명이 많이 남아 있는 것은 선사 이래 고대 한국지역과 많은 정치, 문화적 관계를 지속적으로 가져왔기 때문에 당연한 결과라고 볼 수 있다. 이 점을 규명한 부분 점에 대해서는 나름 평가는 할 수 있으나, 임나의 역사를 대마도에 한정하여 해석하려는 것은 논리적 비약이라 생각한다.

28) 임나일본부의 일본어 음은 '미마나노야마토노미코토모치'로 이는 '임나(미마나)＋왜(倭 : 야마토)＋미코토모치(宰)'의 복합어로 볼 수 있다. '고토모치(言持)'라는 것은 말을 가진 자(통역하는 자)의 의미로 사신을 일컫는 용어인 것이다.

의하면 임나인 금관가야는 법흥왕 19년(532)에 멸망하였다고 기술되어 있으나, 『일본서기』에 따르면 540년에 신라와 임나가 전쟁을 하였다는 기록[29]이 남아있다. 뿐만 아니라 임나 부흥운동을 위한 '임나왜재'의 활동은 흠명기 곳곳에서 확인할 수 있다. 이는 결국 금관가야 왕의 신라에의 투항에 거부한 반 신라의 임나 해상세력들은 대마도를 비롯한 주변 섬이나 인접한 안라 지역으로 이동하여 임나부흥운동을 전개하였다는 사실을 반증하는 것이라고 생각한다. 이러한 추정이 가능하다면 대마도가 임나라는 인식은 이 시기 이후에 형성되었을 가능성이 크고, 이 인식이 『일본서기』 숭신천황기의 설화에 소급되어 반영되었다고 볼 수 있을 것이다.

6세기 초반의 정세 즉, 530년 전후의 시기에 전개된 야마토 왜와 규슈 북부 지역의 이와이 세력 사이에 전개된 '이와이의 전쟁'[30]과 532년 한반도 남부에 위치하였던 금관가야의 신라 투항이란 역사적 사건은 대마도를 중심으로 하는 한·일해역세계를 유동화 시켰고 그 결과, 『수서』 왜국조에 보이는 바와 같이 7세기 초까지 대마도와 이키섬은 왜국과 연관이 없는 지역이라는 인식을 자리 잡게 하였다고 생각된다.

종래 6세기의 한·일관계사는 '임나왜재'를 '임나일본부'라 해석하여 야마토 왜왕권과 연관선상에서 해석하는 것이 주류를 이루어왔다. 그러나 이미 해상과 언어라는 관점에서 문제를 검토[31]한 결과와 같이

---

29) "신라가 임나와 더불어 싸웠다"는 기록은 『일본서기』 추고(推古)천황 8년조(600)에 보이고 있으나, 이 사료는 한 가지 거슬러 올려 보아야 한다. 이 점에 대한 고증은 졸고, 1995, 「東아시아 정세와 '임나의 조'」, 『고대한일정치교섭사연구』, 학연문화사를 참조할 것.

30) 이 점에 대해서는 졸고, 2002, 「6세기 동아시아 정세와 '磐井의 亂'」, 『일어일문학연구』 43과 2003, 「筑紫 磐井의 전쟁과 신라」, 『일어일문학』 20을 참조할 것.

31) 졸고, 2005, 「六世紀の東アジアの情勢と '任那日本府'」, 『일어일문학』 27과 2007, 「중간자적 존재로서의 '임나일본부'」, 『동북아문화연구』 13집을 참고할 것.

'임나왜재'란 '임나의 왜재' 즉, 임나에 소속되어 한 · 일해역세계를
무대로 선박과 언어 그리고 해상로를 장악한 집단으로 평상시에는 고
대의 한국과 일본지역을 무대로 선진문물을 중계하는 등 경제적 활동
에 종사를 하던 해민집단이었던 것이다. 이들 집단이 532년 임나왕권
의 신라투항을 계기로 임나부흥을 위해 전개한 군사적 활동이 『일본
서기』의 '임나일본부'로 왜곡되었다고 생각한다. 따라서 이른 측면에
서 본다면 결국, '임나왜재'는 야마토 왜왕권과 관련이 없는[32] '임나
부흥군'이라 해석[33]되어야 할 것이다.

IV. 결론

이상에서 고고학과 문헌자료를 바탕으로 고대 대마도의 역사지리
적 환경을 검토하고 고대의 대마도 영역인식의 변천 과정과 더불어 고
대한일관계사와의 관련성에 대해 살펴보았다. 대마도는 그 자연적 조
건 때문에 선사시대 이래 한반도와 일본열도의 문화적 교류를 이어주
는 징검다리 역할을 지속적으로 유지하여 왔다. 그 결과 대마도에는
한반도계 유물과 일본열도계 유물이 혼재된 양상을 보이고 있다. 역사
시대에 들어서도 이러한 양상은 지속될 수밖에 없었다. 한반도에서 삼
한시대를 거쳐 고구려, 백제, 신라, 가야 등의 국가가 형성되고 일본열
도에서 규슈 왜와 야마토 왜 등의 세력이 등장함에 따라 역사적 전개
도 이들 국가사와 함께 영위되어 갔다고 할 수 있다.

---

32) '임나일본부'가 왜왕권과 관련이 없다는 점을 다른 측면에서 검토한 설로서는 中
野高行, 2004, 「『日本書紀』における任那日本府の像」, 三田古代史研究会編 『政
治と宗教の古代史』, 慶応義塾大学出版会가 있다.

33) '임나일본부' 서술을 '임나왜재'의 부흥운동 기록으로 재해석해야 하는 점에 대해
서는 주 31의 논문을 참조할 것.

그러나 지정학적 조건으로 인해 대마도는 이들 국가 중 가야와 규슈 왜의 세력과 보다 밀접한 관계를 맺으며 해양세력으로 성장하여 왔다고 생각한다. 고대 대마도 지역의 영역인식의 변천을 보면, 3세기 전반의 야마대국 시대에 규슈 왜와 정치적으로 밀접한 관계를 가진 시기가 있었고, 4세기말과 5세기 초의 고구려와 백제와의 전쟁 시기에는 가야와 더불어 규슈 왜와 협력 관계를 맺었을 가능성도 있다. 그러나 이후 『수서』 왜국전의 기록에서 알 수 있듯이 7세기 후반까지는 대마도가 왜와 적극적인 관계를 맺고 있었다는 직접적인 기록은 보이지 않는다. 이것은 당시의 대마도가 왜국의 영역에 포함되어 있지 않다는 사실을 반증하는 것이라 생각한다.

이와 같은 배경에는 한반도에서의 가야의 성장과 깊은 관련이 있었던 것이다. 김해를 중심으로 하는 해양국가적 성격을 가진 금관가야는 임나로 인식되기도 하였다. 따라서 임나와 대마도는 해상네트워크를 통해 지속적인 관계를 유지하였다고 추측된다. 특히, 530년대의 동아시아 정세의 변화 즉, 야마토 왜에 의한 규슈 왜의 멸망과 신라에 의한 금관가야의 침공은 한반도 남부해역을 주요 거점으로 하는 해상세력 네트워크의 붕괴를 초래하였다. 그 결과 금관가야의 잔존세력이었던 '임나왜재' 집단은 대마도와 함안 등의 주변 지역으로 거점을 옮겨 임나부흥운동을 전개하였던 것이다. 대마도가 임나라는 영역 인식은 이러한 시기 이후에 배태되었을 것이라 생각한다. 그러나 7세기 후반의 백제의 멸망에 따른 백강전투를 거치면서 대마도는 점차 일본 율령국가의 영역으로 인식되어 가게 되었을 것이다.

이로 볼 때, 고대 대마도의 역사적 의미는 고대 한반도 지역과 일본 열도의 제정치 세력들의 정치, 문화, 외교적 교섭 창구 역할을 담당하였다는데 있다고 할 수 있다. 평화 시에는 중국대륙이나 한반도로부터 선진문물을 수용하여 일본열도 세력에게 전달하는 문화의 수용지임과 동시에 발신지의 역할을 수행하였으나, 동시에 한반도에서의 군사적 긴장관계가 고조된 시기에는 왜군의 첨병 역할도 수행하였던 것이다. 이러한 상반된 역할이 가능하였던 것은 대마도의 지정학적, 자연환경적 조건에 따른 정치, 외교에 있어서의 한계와 양속적 성격 때문에 가능하였다고 생각된다.

끝으로 향후 대마도 연구와 관련된 몇 가지 제안을 해 보면, 첫째, 대마도가 역사적으로 고대부터 현대까지 일본에 지속적으로 종속된 것이 아니라 시대의 상황에 따라 변해갔다는 시점을 가질 필요가 있다는 점이다. 둘째, 향후 대마도 연구를 '한·일해역세계'란 관점에서 접근할 필요성이 있다는 점이다. 이는 대마도를 근·현대의 영토적 개념에 입각하여 해석할 것이 아니라 문화와 교류라는 키워드로 접근할 필요가 있다는 것이다. 셋째, 대마도의 입장에서 볼 때, 양속적인 속성은 근세에만 있었던 것이 아니라 고대부터 존재하였을 가능성의 관점을 수용할 필요가 있다는 점이라 할 수 있다.

※ 참고자료(대마도의 고고학 유적지)

1) 대마도의 죠몽(繩文)시대 유적지(28개소)

유적명	종별	시대
小茂田유적	유물 포함지	죠몽시대/야요이시대/고분시대
下原유적	유물 포함지	죠몽시대/야요이시대/고분시대
阿須유적	유물 포함지	죠몽시대
堀田사에유적	유물 포함지	죠몽시대
久田유적	유물 포함지	죠몽시대/야요이시대
在家유적	유물 포함지	죠몽시대/야요이시대
安神유적	유물 포함지	죠몽시대
奧淺藻유적	유물 포함지	죠몽시대/야요이시대/고분시대
白連江 제1유적	분묘	죠몽시대/야요이시대/고분시대
大船越유적	유물 포함지	죠몽시대
住吉橋下유적	유물 포함지	죠몽시대
누카시유적	유물 포함지	죠몽시대
西加藤유적	유물 포함지	죠몽시대
堂內유적	분묘	죠몽시대/야요이시대
住吉平패총	패총	죠몽시대/야요이시대
狩尾유적	유물 포함지	죠몽시대/고분시대/중세
吉田유적	유물 포함지	죠몽시대/야요이시대
佐賀유적	유물 포함지	죠몽시대/야요이시대/고분시대/고대/중세
佐賀패총	패총	죠몽시대
고우부리야동굴	동굴, 바위그늘	죠몽시대/고분시대
志多留패총	패총	죠몽시대/야요이시대
志多留유적	유물 포함지	죠몽시대/야요이시대
越高浜유적	유물 포함지	죠몽시대
夫婦石유적	유물 포함지	죠몽시대
向사에유적	유물 포함지	죠몽시대
泉유적	분묘	죠몽시대/야요이시대

五根緖유적	유물 포함지	죠몽시대
古小鹿유적	유물 포함지	죠몽시대

2) 대마도의 야요이(弥生)시대 유적지(193개소)

유적명	종별	시대
와키타유적	유물 포함지	야요이시대/고분시대
阿連瀨戶原유적	제사 유적 (동모 출토지)	야요이시대
小茂田유적	유물 포함지	죠몽시대/야요이시대/고분시대
下原유적	유물 포함지	죠몽시대/야요이시대/고분시대
宝滿神社유적	유물 포함지	야요이시대
久田유적	유물 포함지	죠몽시대/야요이시대
島山유적	분묘	야요이시대/고분시대
安德天皇陵 참고지	분묘	야요이시대/고분시대
在家유적	유물 포함지	죠몽시대/야요이시대
久根田舍유적	제사 유적 (동모 출토지)	야요이시대/고분시대
久和유적	유물 포함지	야요이시대
오데카타유적	유물 포함지	야요이시대/고분시대
奧淺藻유적	유물 포함지	죠몽시대/야요이시대/고분시대
与良內院유적	유물 포함지	야요이시대/고분시대
豆酘內院유적	유물 포함지	야요이시대/고분시대
增田山유적	제사 유적	야요이시대
遠方壇유적	유물 포함지	야요이시대
今里浦유적	분묘	야요이시대/고분시대
経島유적	분묘	야요이시대/고분시대
大島유적	분묘	야요이시대/고분시대
太祝詞신사유적	석조물	야요이시대/중세*
箕形유적1	분묘	야요이시대/고분시대

箕形유적2	분묘	야요이시대/고분시대
皇后崎 제1유적	분묘	야요이시대/고분시대
皇后崎 제2유적	분묘	야요이시대/고분시대
皇后崎 제3유적	분묘	야요이시대/고분시대
皇后崎 제4유적	분묘	야요이시대/고분시대
洲藻 제2유적	분묘	야요이시대/고분시대
中道壇유적	유물 포함지	야요이시대/고분시대
堂原유적	유물 포함지	야요이시대
中道유적	분묘	야요이시대/고분시대
綠原유적	유물 포함지	야요이시대
小式崎유적	분묘	야요이시대/고분시대
미소쿠레鼻유적	분묘	야요이시대/고분시대
모우코崎유적	분묘	야요이시대/고분시대
히기레鼻유적	분묘	야요이시대/고분시대
一本松유적	분묘	야요이시대/고분시대
樽浜유적	분묘	야요이시대/고분시대
高浜히나타유적	유물 포함지	야요이시대
平野浦崎유적	분묘	야요이시대/고분시대
平野浦유적	분묘	야요이시대
黑見崎 제2유적	분묘	야요이시대/고분시대
黑見崎 제1유적	분묘	야요이시대/고분시대
矢取崎유적	분묘	야요이시대/고분시대
白連江赤崎유적	분묘	야요이시대/고분시대
白連江 제1유적	분묘	죠몽시대/야요이시대/고분시대
白連江浦 서쪽유적	분묘	야요이시대/고분시대
狹間崎 남쪽유적	분묘	야요이시대/고분시대
船越對岸유적	분묘	야요이시대/고분시대
菜畑 남쪽유적	분묘	야요이시대/고분시대
玉調 제4유적	분묘	야요이시대/고분시대
玉調 제3유적	분묘	야요이시대/고분시대

玉調 제2유적	분묘	야요이시대/고분시대
久須保유적	분묘	야요이시대/고분시대
가가리松鼻유적	분묘	야요이시대/고분시대
池浦鼻유적	분묘	야요이시대/고분시대
甑崎유적	분묘	야요이시대/고분시대
緒方浦 제3유적	분묘	야요이시대/고분시대
緒方浦 제2유적	분묘	야요이시대/고분시대
緒方浦 제1유적	분묘	야요이시대/고분시대
姬신사유적	분묘	야요이시대/고분시대
白方崎2호석관	분묘	야요이시대/고분시대
白方崎1호석관	분묘	야요이시대/고분시대
草島1호석관	분묘	야요이시대/고분시대
草島2호석관	분묘	야요이시대/고분시대
丸島유적	그 외의 묘 (적석총), 분묘	야요이시대/고분시대
沖ノ島유적	분묘	야요이시대/고분시대
綿打河內유적	분묘	야요이시대/고분시대
箕島유적	분묘	야요이시대/고분시대/고대/중세
塚塔崎유적	분묘	야요이시대/중세
和田浦 제3유적	분묘	야요이시대/고분시대/고대/중세
和田浦 제2유적	분묘	야요이시대/고분시대
和田浦 제1유적	분묘	야요이시대/고분시대
玉調하나덴보 유적	분묘	야요이시대/고분시대
하나덴보 북쪽유적	분묘	야요이시대/고분시대
入道浦 제1유적	분묘	야요이시대/고분시대
入道浦 제2유적	분묘	야요이시대/고분시대
畠浦유적	분묘	야요이시대/고분시대
寺島유적	분묘	야요이시대/고분시대
鴨居瀨沖島유적	분묘	야요이시대/고분시대
住吉 제3유적	분묘	야요이시대/고분시대

住吉 제2유적	분묘	야요이시대
住吉 제1유적	분묘	야요이시대/고분시대
海落 제4유적	분묘	야요이시대/고분시대
海落 제3유적	분묘	야요이시대/고분시대
海落 제1유적	분묘	야요이시대/고분시대
海落 제2유적	분묘	야요이시대/고분시대
竹崎유적	분묘	야요이시대
오보라동굴	유물 포함지	야요이시대
芦浦유적	분묘	야요이시대/고분시대
雷浦 제1유적	분묘	야요이시대/고분시대
雷浦 제2유적	분묘	야요이시대/고분시대
賀谷동굴유적	동굴,바위 그늘	야요이시대
賀谷유적	분묘	야요이시대/고분시대
弘法浦유적	분묘	야요이시대/고분시대
黑瀨유적	분묘	야요이시대/고분시대
久須浦 제2유적	분묘	야요이시대/고분시대
頭切島유적	분묘	야요이시대/고분시대
요우쟈쿠유적	유물 포함지	야요이시대
江內유적	분묘	야요이시대
網島유적	제사 유적	야요이시대/고분시대/중세
大網유적	유물 포함지	야요이시대
加志々유적	유물 포함지	야요이시대
黑島유적	유물 포함지	야요이시대
貝口赤崎유적	분묘	야요이시대/고분시대
赤崎유적	분묘	야요이시대
寺浦崎유적	분묘	야요이시대/고분시대
스스浦崎유적	분묘	야요이시대/고분시대
시게노탄유적	유물 포함지	야요이시대
이노사에유적	분묘	야요이시대
기로즈가浜유적	분묘	야요이시대

唐崎유적	분묘	야요이시대
クロキ南鼻유적	분묘	야요이시대
佐保浦赤崎유적	분묘	야요이시대/고분시대
卯麥唐船유적	분묘	야요이시대/고분시대
소우쟈키유적	분묘	야요이시대/고분시대
卯麥타마사키 제1지점 유적	분묘	야요이시대/고분시대
卯麥타마사키 제2지점 유적	분묘	야요이시대/고분시대
糠浜유적	유물 포함지	야요이시대
貝吹壇유적	분묘	야요이시대/고분시대
堂內유적	분묘	죠몽시대/야요이시대
和多都美御子 신사	유물 포함지	야요이시대
櫻町유적	유물 포함지	야요이시대/고분시대/중세
東浜유적	분묘	야요이시대/고분시대
和多都美神社 유적	유물 포함지	야요이시대
大타마유적	분묘	야요이시대/고분시대
鯨瀬유적	분묘	야요이시대
미츠코우유적	분묘	야요이시대/고분시대
觀音鼻유적	분묘	야요이시대/고분시대
住吉平패총	패총	죠몽시대/야요이시대
鑑川유적	유물 포함지	야요이시대
木坂유적	분묘	야요이시대
長瀬유적	분묘	야요이시대/고분시대
下가야노키유적	분묘	야요이시대/고분시대
사카도우유적	분묘	야요이시대
井手유적	유물 포함지	야요이시대
白岳유적	유물 포함지	야요이시대
치고노하나유적	분묘	야요이시대/고분시대
白帽子유적	유물 포함지	야요이시대

蒙古塚(토우토고산)유적	분묘	야요이시대/고분시대
吉田유적	유물 포함지	죠몽시대/야요이시대
天諸羽神社跡 유적	유물 포함지	야요이시대
椎浦유적	분묘	야요이시대
島前유적	분묘	야요이시대
아사히난단유적	분묘	야요이시대/중세
佐賀유적	유물 포함지	죠몽시대/야요이시대/고분시대/고대/중세
小姓島유적	분묘	야요이시대
深入유적	분묘	야요이시대
에가崎유적	분묘	야요이시대
松山유적	분묘	야요이시대
大田原야마토 유적	유물 포함지	야요이시대/고분시대/고대/중세
權見平유적	유물 포함지	야요이시대
木坂殿고모리 유적	유물 포함지	야요이시대
惠比須山 서쪽유적	분묘	야요이시대
三根유적	유물 포함지	야요이시대/고분시대
瀨노사에유적	유물 포함지	야요이시대/고분시대
다카마쯔노단 유적	분묘	야요이시대/고분시대
井口浜유적	유물 포함지	야요이시대/고분시대
히쯔原(坂尻)유적	유물 포함지	야요이시대
곤쿠마유적	분묘	야요이시대
쿠비루유적	분묘	야요이시대/고분시대
佐護段下유적	분묘	야요이시대
段下유적	유물 포함지	야요이시대
佐護多久頭魂神社유적	분묘	야요이시대
하카탄쿠마유적	유물 포함지	야요이시대
佐護白岳유적	분묘	야요이시대/고분시대
八幡단유적	유물 포함지	야요이시대/고분시대

八幡단석관묘	분묘	야요이시대
헤보노단유적	분묘	야요이시대
中山유적	유물 포함지	야요이시대
志多留패총	패총	죠몽시대/야요이시대
志多留유적	유물 포함지	죠몽시대/야요이시대
鉾山유적	분묘	야요이시대
槻內유적	분묘	야요이시대
龜노사에유적	유물 포함지	야요이시대
사가리적석총	그 외의 묘 (적석총), 분묘	야요이시대/고분시대
에이타노壇유적	분묘	야요이시대
金幕유적	분묘	야요이시대
鉾渕유적	분묘	야요이시대
하이쿠라유적	유물 포함지	야요이시대/고분시대
経隈유적	분묘	야요이시대
向在所유적	분묘(석관묘)	야요이시대/고분시대
上在所유적	분묘(석관묘)	야요이시대/고분시대
泉유적	분묘	죠몽시대/야요이시대
戶崎유적	유물 포함지	야요이시대
塔首유적	분묘	야요이시대/고분시대
津和原유적	유물 포함지	야요이시대/고분시대
津和浜유적	유물 포함지	야요이시대
浜久須유적	분묘	야요이시대/고분시대
嚴島神社유적	분묘	야요이시대
尾崎유적	분묘	야요이시대/고분시대
劍島유적	분묘	야요이시대/고분시대/중세
尾崎段유적	유물 포함지	야요이시대/고분시대
古里道岸유적	유물 포함지	야요이시대/고분시대

3) 대마도의 고분(古墳)시대 유적지(190개소)

유적명	종별	시대
와키타유적	유물 포함지	야요이시대/고분시대
雷命神社下유적	유물 포함지	고분시대
세루바루고분 참고지	분묘	고분시대
세루바루고분	고분	고분시대
小茂田유적	유물 포함지	죠몽시대/야요이시대/고분시대
矢立山1호분	고분	고분시대
矢立山2호분	고분	고분시대
下原유적	유물 포함지	죠몽시대/야요이시대/고분시대
島山유적	분묘	야요이시대/고분시대
安德天皇陵 참고지	분묘	야요이시대/고분시대
久根田舍유적	제사 유적 (동모 출토지)	야요이시대/고분시대
保床山고분	고분	고분시대
오테카타유적	유물 포함지	야요이시대/고분시대
保床山유적C	유물 포함지	고분시대
豆酘중학교유적	분묘	고분시대
奧淺藻유적	유물 포함지	죠몽시대/야요이시대/고분시대
与良內院유적	유물 포함지	야요이시대/고분시대
豆酘內院유적	유물 포함지	야요이시대/고분시대
馬乘石유적	유물 포함지	고분시대/고대/중세
矢立山3호분	고분	고분시대
今里浦유적	분묘	야요이시대/고분시대
今里浦유적	분묘	야요이시대/고분시대
経島西유적	유물 포함지	고분시대
経島유적	분묘	야요이시대/고분시대
大島유적	분묘	야요이시대/고분시대
箕形유적1	분묘	야요이시대/고분시대

箕形유적2	분묘	야요이시대/고분시대
金田城跡	城館 유적	고분시대
皇后崎第1유적	분묘	야요이시대/고분시대
皇后崎第2유적	분묘	야요이시대/고분시대
皇后崎第3유적	분묘	야요이시대/고분시대
皇后崎第4유적	분묘	야요이시대/고분시대
洲藻第2유적	분묘	야요이시대/고분시대
中道壇유적	유물 포함지	야요이시대/고분시대
中道유적	분묘	야요이시대/고분시대
小式崎유적	분묘	야요이시대/고분시대
미소쿠레鼻유적	분묘	야요이시대/고분시대
모우코崎유적	분묘	야요이시대/고분시대
久須浦第1유적	분묘	고분시대
히키레鼻유적	분묘	야요이시대/고분시대
一本松유적	분묘	야요이시대/고분시대
樽浜유적	분묘	야요이시대/고분시대
出居塚고분	고분	고분시대
사이노야마고분	고분	고분시대
根曾西유적	분묘	고분시대
根曾4호분	고분	고분시대
根曾5호분	고분	고분시대
根曾6호분	고분	고분시대
根曾2호분	고분	고분시대
根曾3호분	고분	고분시대
根曾1호분	고분	고분시대
平野浦崎유적	분묘	야요이시대/고분시대
黑見崎第2유적	분묘	야요이시대/고분시대
黑見崎第1유적	분묘	야요이시대/고분시대
矢取崎유적	분묘	야요이시대/고분시대
白連江赤崎유적	분묘	야요이시대/고분시대

白連江 제1유적	분묘	죠몽시대/야요이시대/고분시대
白連江浦 서쪽유적	분묘	야요이시대/고분시대
狹間崎南유적	분묘	야요이시대/고분시대
船越對岸유적	분묘	야요이시대/고분시대
菜畑南유적	분묘	야요이시대/고분시대
赤崎北유적	분묘	고분시대/중세
島山赤崎유적	분묘	고분시대
玉調 제4유적	분묘	야요이시대/고분시대
玉調 제3유적	분묘	야요이시대/고분시대
玉調 제2유적	분묘	야요이시대/고분시대
玉調浦五次郎 유적	분묘	고분시대
久須保유적	분묘	야요이시대/고분시대
가가리松鼻유적	분묘	야요이시대/고분시대
池浦鼻2호분	고분	고분시대
池浦鼻1호분	고분	고분시대
池浦鼻유적	분묘	야요이시대/고분시대
甑崎유적	분묘	야요이시대/고분시대
緒方浦 제3유적	분묘	야요이시대/고분시대
緒方浦 제2유적	분묘	야요이시대/고분시대
緒方浦 제1유적	분묘	야요이시대/고분시대
姬神社유적	분묘	야요이시대/고분시대
和板유적	분묘	고분시대
白方崎2호석관	분묘	야요이시대/고분시대
白方崎1호석관	분묘	야요이시대/고분시대
草島1호석관	분묘	야요이시대/고분시대
草島2호석관	분묘	야요이시대/고분시대
丸島유적	그 외의 묘 (적석총), 분묘	야요이시대/고분시대
沖島유적	분묘	야요이시대/고분시대
綿打河內유적	분묘	야요이시대/고분시대

箕島유적	분묘	야요이시대/고분시대/고대/중세
和田浦 제3유적	분묘	야요이시대/고분시대/고대/중세
和田浦 제2유적	분묘	야요이시대/고분시대
和田浦 제1유적	분묘	야요이시대/고분시대
玉調하나덴보 유적	분묘	야요이시대/고분시대
하나덴보 북쪽유적	분묘	야요이시대/고분시대
入道浦 제1유적	분묘	야요이시대/고분시대
入道浦 제2유적	분묘	야요이시대/고분시대
中浦유적	분묘	고분시대
畠浦유적	분묘	야요이시대/고분시대
寺島유적	분묘	야요이시대/고분시대
鴨居瀨沖島유적	분묘	야요이시대/고분시대
住吉 제3유적	분묘	야요이시대/고분시대
住吉 제1유적	분묘	야요이시대/고분시대
海落 제4유적	분묘	야요이시대/고분시대
海落 제3유적	분묘	야요이시대/고분시대
海落 제1유적	분묘	야요이시대/고분시대
海落 제2유적	분묘	야요이시대/고분시대
芦浦유적	분묘	야요이시대/고분시대
雷浦 제1유적	분묘	야요이시대/고분시대
雷浦 제2유적	분묘	야요이시대/고분시대
賀谷유적	분묘	야요이시대/고분시대
弘法浦유적	분묘	야요이시대/고분시대
黑瀨유적	분묘	야요이시대/고분시대
久須浦 제2유적	분묘	야요이시대/고분시대
頭切島유적	분묘	야요이시대/고분시대
中里原유적	유물 포함지	고분시대/중세/近世
池浦분묘	분묘	고분시대
綱島유적	祭祀跡	야요이시대/고분시대/중세
小綱原유적	유물 포함지	고분시대

瀨浦유적	분묘	고분시대
미나노原유적	유물 포함지	고분시대
나기나타崎유적	분묘	고분시대
鐘掛崎유적	분묘	고분시대
貝口赤崎유적	분묘	야요이시대/고분시대
寺浦崎유적	분묘	야요이시대/고분시대
스스浦崎유적	분묘	야요이시대/고분시대
佐保浦赤崎유적	분묘	야요이시대/고분시대
卯麥唐船유적	분묘	야요이시대/고분시대
소우자키유적	분묘	야요이시대/고분시대
卯麥타마사키 제1지점유적	분묘	야요이시대/고분시대
卯麥타마사키 제2지점유적	분묘	야요이시대/고분시대
龜岩유적	유물 포함지	고분시대
貝吹壇유적	분묘	야요이시대/고분시대
櫻町유적	유물 포함지	야요이시대/고분시대/중세
坂間유적	유물 포함지	고분시대
東浜유적	분묘	야요이시대/고분시대
大타마유적	분묘	야요이시대/고분시대
貝鮒崎고분	고분	고분시대
미츠코우유적	분묘	야요이시대/고분시대
糸瀨浦고분	고분	고분시대
若松유적	유물 포함지	고분시대
敷島유적	분묘	고분시대
觀音鼻유적	분묘	야요이시대/고분시대
輪島고분	고분	고분시대
구와바루고분	고분	고분시대
元島유적	분묘	고분시대
狩尾유적	유물 포함지	죠몽시대/고분시대/중세

長瀨유적	분묘	야요이시대/고분시대
下가야노키유적	분묘	야요이시대/고분시대
上가야노키유적	분묘	고분시대
시오츠보유적	분묘	고분시대
최고노하나유적	분묘	야요이시대/고분시대
蒙古塚(도우토고山) 유적	분묘	야요이시대/고분시대
遠見사에유적	유물 포함지	고분시대
寺口유적	유물 포함지	고분시대/고대
佐賀유적	유물 포함지	죠몽시대/야요이시대/고분시대/고대/중세
櫛사에유적	분묘	고분시대
大田原야마토 유적	유물 포함지	야요이시대/고분시대/고대/중세
三根유적	유물 포함지	야요이시대/고분시대
瀨노사에유적	유물 포함지	야요이시대/고분시대
다카마츠노단 유적	분묘	야요이시대/고분시대
塚崎유적	유물 포함지	고분시대
井口浜유적	유물 포함지	야요이시대/고분시대
烽火跡	그 외의 유적 (봉수대)	고분시대
고우부리야동굴	동굴,바위그늘	죠몽시대/고분시대
小坂유적	유물 포함지	고분시대
구비루유적	분묘	야요이시대/고분시대
佐護白岳유적	분묘	야요이시대/고분시대
오우浮유적	분묘	고분시대
八幡단유적	유물 포함지	야요이시대/고분시대
大將軍山고분	고분	고분시대
千人塚고분	분묘	고분시대
万人塚고분	고분	고분시대
사가리積石塚	그 외의 묘 (적석총), 분묘	야요이시대/고분시대

하이쿠라유적	유물 포함지	야요이시대/고분시대
八瀨平積石塚 고분	분묘	고분시대/중세
志多留積石塚 고분	분묘	고분시대/중세
向在所유적	분묘(석관묘)	야요이시대/고분시대
上在所유적	분묘(석관묘)	야요이시대/고분시대
古里유적	분묘	고분시대
塔首유적	분묘	야요이시대/고분시대
津和原유적	유물 포함지	야요이시대/고분시대
고후노사에유적	분묘	고분시대
朝日山유적	분묘	고분시대
浜久須유적	분묘	야요이시대/고분시대
上中原유적	유물 포함지	고분시대/중세
芦見유적	유물 포함지	고분시대/고대/중세
尾崎유적	분묘	야요이시대/고분시대
劍島유적	분묘	야요이시대/고분시대/중세
尾崎段유적	유물 포함지	야요이시대/고분시대
那須加美金子 신사유적	분묘	고분시대
豊大畑유적	유물 포함지	고분시대
妙劍神社유적	유물 포함지	고분시대/고대/중세
古里道岸유적	유물 포함지	야요이시대/고분시대

4) 대마도의 고대 유적지(12개소)

유적명	종별	시대
馬乘石유적	유물 포함지	고분시대/고대/중세
箕島유적	분묘	야요이시대/고분시대/고대/중세
和田浦제3유적	분묘	야요이시대/고분시대/고대/중세
寺口유적	유물 포함지	고분시대/고대
佐賀유적	유물 포함지	죠몽시대/야요이시대/고분시대/고대/중세

大田原야마토 유적	유물 포함지	야요이시대/고분시대/고대/중세
軍備壇유적	城館 유적	고대
伊奈在廳跡	城館 유적	고대/중세
結石山城跡	城館 유적	고대
上在家유적	유물 포함지	고대/중세
芦見유적	유물 포함지	고분시대/고대/중세
妙劍神社유적	유물 포함지	고분시대/고대/중세

통일신라시대의 對馬島

이근우*

이 글에서는 통일신라시대의 對馬島에 대하여 검토해 보고자 한다. 특히 우리나라 사료의 경우 『三國史記』에서 실성이사금 이후 對馬島에 관한 기록이 전혀 보이지 않다가 고려시대에 가서 비로소 다시 나타난다. 그렇기 때문에 그 사이의 부산과 대마도 관계는 결국 일본측 사료 즉 『日本書紀』와 『續日本紀』를 통해서 짐작해 볼 수밖에 없다. 『日本書紀』 속의 대마도에 관한 기사는 부분적으로 「대마도와 고대한일관계사」(정효운)에서 다루어졌으나, 7세기 중엽 이후의 내용과 『續日本紀』의 내용을 중심으로 부산과 대마도 관계를 추측해 보고자 한다.

---

* 부경대학교 사학과 교수.

Ⅰ. 신라 통일기의 대마도

백강구전투(백촌강전투)에서 나당연합군에서 대패한 일본은 국내 체제의 정비에 힘쓰는 한편, 대마도와 북부 구주 그리고 세토(瀨戶) 내해 연안에 山城 및 水城 등을 축조하여 신라와 당의 공격에 대비하였다. 이때 대마도에 축조한 성이 金田城으로 전한다. 아울러 防人을 두고 烽燧를 설치하여 변경의 경계를 강화하였다. 방인이란 諸國 軍團의 병사로 변방을 수비하는 자를 말하는데, 前人, 崎守, 岬守라고도 표기하였으며, 특히 西海道에서 九州 北部를 수비하는 병사들을 가리킨다. 663년 백제 구원전에서 패전한 이후 이 제도가 정비되었다고 한다. 그러나 당 및 신라와의 긴장관계가 해소된 8세기에 들어서면 防人制가 이완되었고, 筑紫 지역의 防人을 폐지하게 된다. 그러나 壹岐・對馬島의 경우는 筑紫의 인원을 차출하여 防人에 충원하도록 하여 끝까지 防人制가 유지되었다. 이러한 사실은 국방상 대마도가 갖는 중요성을 반영한 것이라고 할 수 있다.

> 천지 3년(664). 이해, 대마도・일기도・축자국 등에 방인과 봉수를 두었다. 또한 축자에 큰 제방을 만들어 물을 가두고, 수성이라고 이름하였다.[1]

> 천지 3년(664) 12월. 이달, 왜국의 고안성, 찬길국 산전군의 옥도성, 대마국 금전성을 쌓았다.[2]

---

1) 『日本書紀』 天智紀 三年. 是歲, 於對馬島・壹岐島・筑紫國等, 置防與烽. 又於筑紫, 築大堤貯水. 名曰水城.

2) 『日本書紀』 天智紀 三年 十二月. 是月, 築倭國高安城・讚吉國山田郡屋島城・對馬國金田城.

성무 천평 9년(737) 9월 계사, (전략) 이 날 축자(筑紫)의 방인(防
人)을 그만두게 하여 본향으로 돌려보냈다. 축자(筑紫)의 사람을
차출하여 일기(壹伎)·대마(對馬)를 지키게 하였다.[3]

그러나 672년에 이르러 대마국사는 승려 道久 등의 傳言에 따라 당
이 사신 곽무종 등 2000인을 파견하려고 한다는 사실에 중앙에 보고
하였다. 이는 당이 일본을 침공할 의사가 없음을 밝힌 것이라고 할 수
있다. 이때 당이 사신을 보낸 의도를 정확히 알 수는 없지만 신라와의
전쟁에 돌입하게 되면서, 일본이 배후에서 신라를 위협해 줄 것을 기
대한 것으로 보인다. 그리고 이때 대마도는 외부로부터의 침입을 가장
먼저 감지하고 이를 막기 위한 변경의 최전선일 뿐만 아니라, 대외 외
교에 있어서도 첨병적인 역할을 하였음을 알 수 있다.

천지 11년(672) 11월 갑오삭 계묘, 대마국사(對馬國司)가 사신
을 축자 대재부에 보내어 보고하기를, "이번 달 2일에 사문 道久
및 축자군살야마 한도승사파 포사수반 등 4인이 당으로부터 돌
아와서 말하기를, 당국 사신 곽무종 등 600인이, 송사 사택손등
등 1,400인, 도합 2,000인이 47척의 배를 타고 모두 비지도에 머
물면서 서로 말하기를, 우리 사람과 배가 아주 많으니, 갑자기 그
쪽에 가면 그쪽 방인들을 두렵게 하여, 놀라서 활을 쏘며 싸우게
될 것이라고 하였다. 이에 道久 등을 보내어 미리 내조한 뜻을 밝
히고자 한다."고 하였다.[4]

---

3) 『續日本紀』聖武 天平 九年 九月癸巳 詔曰 如聞 臣家之稻貯蓄諸國 出擧百姓 求利交
關 無知愚民不顧後害 迷安乞食忘此農務 遂逼乏困逃亡他所 父子流離 夫婦相失 百姓
幣窮因斯弥甚 實是國司教喩乖方之所致也 朕甚愍焉 濟民之道豈合如此 自今以後 悉
皆禁斷 催課百姓 一赴産業 必使不失地宜 人阜家贍 如有違者 以違勅論 其物沒官 國
郡官人 即解見任 是日 停筑紫防人歸于本鄉 差筑紫人令戍壹伎對馬.

4) 『日本書紀』天智紀 十一年 十一月甲午朔癸卯, 對馬國司, 遣使於筑紫大宰府言, 月生
二日, 沙門道久・筑紫君薩野馬・韓嶋勝娑婆・布師首磐, 四人, 從唐來曰, 唐國使人

Ⅱ. 8·9세기의 대마도와 신라·발해

8세기 중엽 이후에 신라와 일본의 갈등이 고조된 것으로 생각된다.[5] 배경은 분명히 알 수 없지만 신라는 722년에 毛火에 關門城을 축조하였다. 이는 일본의 침입을 막기 위한 것이라고 한다. 이후 신라와 일본의 불편한 관계가 본격화되어, 737년에는 신라사신이 常例를 어겨서 使旨를 받아들이지 않았으며, 이 사건을 계기로 관인들을 불러 의견을 진술하게 하니, 사신을 보내어 그 이유를 물어야 한다는 의견과 병사를 내어 정벌해야 한다는 의견이 제기되었다.[6] 한편 일본 사신이 신라에서 오만무례하다는 이유로 왕이 접견하지 않자 그냥 돌아가는 일이 생기는가 하면(753년),[7] 일본에서는 신라를 정벌하기 위한 군선 500척을 3년 이내에 건조하도록 하는 한편,[8] 변경의 수비를 강화하기 위하여 노력한 흔적들이 확인된다. 대표적으로 759년에 대재부로 하여금 신라를 정벌하기 위하여 行軍式[9]을 작성하도록 하였다.[10] 아울러 대마도 등에 배치하는 군선을 규정대로 유지해야 하는 논의가 제기되는가 하면, 761년에는 절도사를 두어 지방에 대한 통제를 강화하는 한편 대마도에 兵士와 水手 200인을 유지하도록 하였다.

郭務悰等六百人, 送使沙宅孫登等一千四百人, 總合二千人, 乘船卅七隻, 俱泊於比知島, 相謂之曰, 今吾輩人船數衆. 忽然到彼, 恐彼防人, 驚駭射戰. 乃遣道久等, 預稍披陳來朝之意.

5) 한규철, 「발해와 일본의 신라 협공계획과 무산」, 『중국문제연구』 5, 1992.

6) 『續日本紀』 聖武 天平 九年 二月 己未 및 丙寅條.

7) 『三國史記』 新羅本紀 景德王 十二年 秋八月, 日本國使至, 慢而無禮, 王不見之, 乃廻.

8) 『續日本紀』 淳仁 天平寶字 三年 九月 壬午條.

9) 行軍式이란 군사를 운용하기 위한 세부 규정을 말하는 것으로 보인다. 당시 大宰府에는 중국의 병법에 능한 吉備眞備가 大宰府의 次官인 大貳로 근무하고 있었다.

10) 『續日本紀』 淳仁 天平寶字 三年 六月 壬子條.

이와 더불어 일본은 외교적인 의례 등에도 여러 가지 제한을 두게 된다. 신라 사신에 대해서는 신라왕이 직접 조공해야 하고 부득이 직접 올 수 없을 때는 表文을 가지고 오도록 요구하였다. 또한 발해에 대해서도 동해안 연안이 아닌 大宰府로 오는 항로를 이용하도록 요구하였다. 그러나 신라도 표문을 가지고 오지 않는 경우가 많았고, 발해도 대재부로 오는 항로를 현실적으로 이용하기 어렵다고 하였다.

순인 천평보자 3년(759) 3월 경인, 대재부(大宰府)에서 보고하기를, "부관(府官)이 보는 바, 바야흐로 불안한 것이 4가지가 있습니다. 「경고식(警固式)」에 따르면, '박다(博多) 대진(大津) 및 일기(壹岐), 대마(對馬) 등 요해인 곳에 배 100척 이상을 두어서 근심하지 않도록 준비해야 한다.'라고 합니다. 그런데 지금 배는 사용할 수 없습니다. 번갈아가면서 중요한 일에 빠져서 불안한 것이 첫 번째입니다. 대재부(大宰府)는 삼면이 바다로 둘러싸여 있고, 제번(諸蕃)은 이를 기다립니다. 그런데 동국(東國)의 방인(防人)을 그만두게 하고나서는 변방을 지키는 일이 날로 성글고 산만합니다. 만약 생각지도 못한 변고가 있다면, 무엇으로 갑자기 응하며, 무엇으로 위엄을 보일 수 있을지 불안한 것이 두 번째입니다. 관내(管內)의 방인(防人)은 오로지 성을 쌓는 것을 그만두고, 부지런히 무예를 닦으며, 전쟁의 진법을 익혀야 합니다. 그리하여 대이(大貳) 길비조신진비(吉備朝臣眞備)가 논하기를, '한편으로 경작하고 한편으로 싸우는 것은 옛사람은 선(善)이라고 하였다. 이처럼 50일은 배워서 익히고, 10일은 성을 짓는데 사역해야 한다.'라고 하였습니다. 청하는 바 행해야 하겠지만, 부료(府僚)가 혹은 같지 않을까 불안한 것이 세 번째입니다. 천평(天平) 4년 8월 22일 칙이 있어, 해당 병사는 모두 조(調)·용(庸)을 면제하고, 그 백정(白丁)은 조(調)를 면하고 용(庸)을 거두어들이게 해야 한다고 하였습니다. 당시는 백성이 편안하고 병사가 강하여 변방을 지키는 군영이 될 만했습니다. 지금 관내(管內)의 백성은 공급이 끊어진 자가 많습니다. 조세를 면제하지 않으면, 스스로 넉넉하지 못할 것입니다. 불안의 네 번째입니다."라고 하였다. 칙하기를, "배는 공량(公糧)을 지급하고 잡요(雜徭)로써 만들게 하라.11) 동국(東國)의 방인(防人)은 중의(衆議)하여 허락하지 않는다. 관내의 방인을 10일 사역하게 하는 것은 진비(眞備)의 의견에 따르라. 도탑게 조세를 면제하는 것은 정치가 이치를 얻어서 백성 스스로 부강하게 하는 것이다. 맡은 직무에 힘쓰고, 조정에서 위임받은 바를 도와야 할 것이다."라고 하였다.12)

순인 천평보자 3년(759) 10월 신해(辛亥), 등원하청(藤原河淸)을 맞이하는 사신 판관내장기촌전성(判官內藏忌寸全成)은 발해로부터 돌아올 때, 바다 가운데에서 바람을 만나 대마(對馬)에 표착(漂著)하였다. 발해사신 보국대장군(輔國大將軍) 겸 장군현토주자사(將軍玄菟州刺史) 겸 압아관개국공(押衙官開國公) 고남신(高南申)이 따라와 내조(來朝)하였다. 그 중대(中臺)의 첩(牒)에서 말하기를, "영등원하청사(迎藤原河淸使) 총 99명은 대당(大唐)의 녹산(祿山)이 먼저 명을 거역하고 사명(思明)은 후에 난을 일으키는 때를 만나, 안팎으로 시끄럽고 어지러워 평정하지 못한 상태였으므로, 곧 방환(放還)하고자 해도 필시 죽임을 당할 것이고, 또 늑환(勒還)하고자 해도 생각건대 이웃된 도리에 어긋납니다. 그러므로

---

11) 연간 60일 이내의 力役(賦役令 37). 다만 이때에는 30일로 반을 감했다(天平寶字 元年 8월 甲午條). 雜徭에는 원래 식료는 지급되지 않지만, 여기서는 특별히 公糧을 지급하고 사역시키고 있다.

12) 『續日本紀』淳仁 天平寶字 三年 三月 庚寅 大宰府言 府官所見 方有不安者四 據警固式 於博多大津及壹岐, 對馬等要害之處 可置船一百隻以上以備不虞 而今无船可用 交關機要 不安一也 大宰府者 三面帶海 諸蕃是待 而自罷東國防人 邊戍日以荒散 如不慮之表 萬一有變 何以應卒 何以示威 不安二也 管內防人 一停作城 勤赴武藝 習其戰陳 而大貳吉備朝臣眞備論曰 且耕且戰古人稱善 乞五十日教習而十日役于築城 所請雖可行 府僚或不同 不安三也 天平四年八月廿二日有勅 所有兵士全免調庸 其白丁者免調輸庸 當時民息兵强 可謂邊鎭 今管內百姓乏絶者衆 不有復復无以自贍 不安四也 勅船者宜給公糧以雜徭造 東國防人者衆議不允 仍不依請 管內防人十日役者 依眞備之議 優復者 政得其理民自富强 宜勉所職以副朝委.

두수(頭首) 고원도(高元度) 등 11명을 보내어 대당(大唐)으로 가서 하청(河淸)을 맞이하고, 곧 이번 사신을 내어서 같이 출발하게 하였습니다. 그 판관(判官) 전성(全成) 등도 아울러 고향을 돌려보냅니다. 또 사신을 뽑아서 따라가게 하여 상세하게 보고하게 합니다."라고 하였다.[13]

순인 천평보자 5년(761) 11월 정유, 종4위하 등원혜미조신조수(藤原惠美朝臣朝狩)를 동해도절도사(東海道節度使)로 삼았다. 정5위하 백제조신족인(百濟朝臣足人), 종5위상 전중조신다태마려(田中朝臣多太麻呂)를 부(副)로 삼았다. 판관(判官) 4인, 녹사(錄事) 4인이다. 그 관할하는 바 원강(遠江)·준하(駿河)·이두(伊豆)·갑비(甲斐)·상모(相摸)·안방(安房)·상총(上總)·하총(下總)·상륙(常陸)·상야(上野)·무장(武藏)·하야(下野) 등 12국(國)은 배 152척, 병사 15,700인, 자제(子弟) 78인, 수수(水手) 7,520인을 검정한다. 인원수 중에서 2400인은 비전국(肥前國), 200인은 대마도(對馬嶋)이다. 종3위 백제왕경복(百濟王敬福)을 남해도사(南海道使)로 삼았다. 종5위상 등원조신전마려(藤原朝臣田麻呂), 종5위하 소야조신석근(小野朝臣石根)을 부(副)로 삼았다. 판관(判官) 4인, 녹사(錄事) 4인이다. 기이(紀伊)·아파(阿波)·찬기(讚岐)·이상(伊豫)·토좌(土左)·파마(播磨)·미작(美作)·비전(備前)·비중(備中)·비후(備後)·안예(安藝)·주방(周防) 등 12국(國)은 배 121척, 병사 12,500인, 자제(子弟) 62인, 수수(水手) 4,920인을 검정한다. 정4위하 길비조신진비(吉備朝臣眞備)를 서해도사(西海道使)로 삼았다. 종5위상 다치비진인토작(多治比眞人土作)·좌백숙녜미농미려(佐伯宿祢美濃麻呂)를 부(副)로 삼았다. 판관(判官) 4인, 녹사(錄事) 4인이다. 축전(筑前)·축후(筑後)·비후(肥後)·풍전(豊前)·풍후(豊後)·일

13) 『續日本紀』淳仁 天平寶字 三年 十月 辛亥 迎藤原河淸使判官內藏忌寸全成 自渤海却廻 海中遭風 漂著對馬 渤海使輔國大將軍兼將軍玄菟州刺史兼押衙官開國公高南申相隨來朝 其中臺牒曰 迎藤原河淸使惣九十九人 大唐祿山先爲逆命 思明後作亂常 內外騷荒 未有平殄 卽欲放還 恐被害殘 又欲勒還 慮違隣意 仍放頭首高元度等十一人 往大唐迎河淸 卽差此使 同爲發遣 其判官全成等竝放歸卿 亦差此使隨往 通報委曲.

향(日向)·대우(大隅)·살마(薩摩) 등 8국(國)은 배 121척, 병사 12,500
인, 자제(子弟) 62인, 수수(水手) 4,920인을 검정한다. 모두 3년의
전조(田租)를 면하게 하고, 모두 궁술과 마술을 익히게 하고, 5개
진법을 훈련하도록 하였다. 그 남은 병사는 곧 부려서 병기를 만
들게 하였다.14)

순인 천평보자 4년(760) 8월 갑자, (전략) 또 칙하기를, "대우(大
隅)·살마(薩摩)·일기(壹岐)·대마(對馬)·다예(多襧) 등의 관리는
몸은 변방의 요새에 있어서 차츰 굶주림과 추위로 고생하는데, 출
거(出擧)하려면 관도(官稻)가 부족하여 일찍이 이자를 얻을 수 없었
다. 사물(私物)을 운반하고자 해도 길이 험하여 통할 수가 없다. 이
치로 헤아리니 진실로 가여울 따름이다. 마땅히 대재부가 관할하
는 제국의 지자(地子)를 나누어 각각 지급해야 할 것이다. 수(守)에
게는 1만속(束), 연(掾)에게는 7,500속, 목(目)에게는 5,000속, 사생
(史生)에게는 2,500속이다. 먼 변경을 지키는 데 밑천으로 삼아 타
관살이하는 마음을 조금이라도 위로하라."고 하였다.(하략)15)

---

14) 『續日本紀』淳仁 天平寶字 五年 十一月 丁酉 以從四位下藤原惠美朝臣朝狩爲東海
道節度使 正五位下百濟朝臣足人·從五位上田中朝臣多太麻呂爲副 判官四人 錄事
四人 其所管遠江·駿河·伊豆·甲斐·相摸·安房·上總·下總·常陸·上野·
武藏·下野等十二國 檢定船一百五十二隻·兵士一萬五千七百人·子弟七十八人
·水手七千五百廿人 數內二千四百人肥前國·二百人對馬嶋·從三位百濟王敬福
爲南海道使 從五位上藤原朝臣田麻呂·從五位下小野朝臣石根爲副 判官四人 錄事
四人 紀伊·阿波·讚岐·伊豫·土左·播磨·美作·備前·備中·備後·安藝
·周防等十二國 檢定船一百廿一隻·兵士一萬二千五百人·子弟六十二人·水手
四千九百廿人 正四位下吉備朝臣眞備爲西海道使 從五位上多治比眞人土作 佐伯宿
禰美濃麻呂爲副 判官四人 錄事四人 筑前·筑後·肥後·豊前·豊後·日向·大
隅·薩摩等八國 檢定船一百廿一隻·兵士一萬二千五百人·子弟六十二人·水手四
千九百廿人 皆免三年田租 悉赴弓馬 兼調習五行之陣 其所遺兵士者 便役造兵器.
15) 『續日本紀』淳仁 天平寶字 四年 八月 甲子 (전략) 又勅 大隅·薩摩·壹岐·對馬
·多襧等司 身居邊要 稍苦飢寒 擧乏官稻 曾不得利 欲運私物 路險難通 於理商量
良須矜恕 宜割大宰所管諸國地子各給 守一萬束 掾七千五百束 目五千束 史生二千
五百束 以資遠戍 稍慰羈情.

칭덕 신호경운 3년(766) 11월 병자, 신라사(新羅使) 급찬(級湌) 김초정(金初正) 등 187인과 이끌어 보내는 자[導送者] 39인과 대마도에 도착하였다.[16]

광인 보귀 8년(777) 정월 계유, 사신을 보내어 발해사 사도몽(史都蒙) 등에게 묻기를, "지난 보귀 4년에 오수불(烏須弗)이 本蕃(발해)으로 돌아가는 날, 태정관이 처분하기를 발해의 입조사(入朝使)는 앞으로 고례(古例)에 따라서 대재부를 향하고 북로(北路)로 오지 않도록 하라고 하였다. 그런데 지금 이 약속을 어기니 어찌된 일인가?"라고 하였다. 답하기를, "오수불이 돌아온 날 그 뜻을 받들었습니다. 그래서 도몽 등이 폐읍의 남해부(南海府) 토호포(吐号浦)를 출발하여 서쪽으로 대마도의 죽실진(竹室津)을 향하였습니다. 그런데 바다 가운데서 바람을 만나서 이쪽 땅에 도착하게 되었습니다. 약속을 어긴 죄를 피할 바가 없습니다."라고 하였다.[17]

광인 보귀 11년(780) 2월 경술, 명부(命婦) 정5위하 석천조신모비(石川朝臣毛比)에게 종4위하를 주었다. 신라 사신이 번(蕃)으로 돌아갔다. 새서(璽書)를 내려 말하기를, "천황은 정중히 신라 국왕에게 묻노라. 짐이 과박(寡薄)한데 과업[業]을 이었다. 백성[蒼生]을 다스리고 길렀으며, 안과 밖을 편안하고 융화되게 하였다. 왕은 먼 선조 때부터 항상 바다 건너에 있는 땅[海服]을 지키면서 표(表)를 올리고 조(調)를 바치는 것이 오래되었다. 요즘 번례(蕃禮)를 어겨서 해가 거듭되어도 알현하지 않는구나. 신분이 낮은

---

16) 『續日本紀』 稱德 神護景雲 三年 十一月 丙子 新羅使級湌金初正等一百八十七人 及 導送者卅九人 到著對馬嶋.

17) 『續日本紀』 光仁 寶龜 八年 癸酉 遣使問渤海使史都蒙等曰 去寶龜四年 烏須弗歸本 蕃日 太政官處分 渤海入朝使 自今以後 宜依古例向大宰府 不得取北路來 而今違此 約束 其事如何 對曰 烏須弗來歸之日 實承此旨 由是 都蒙等發自弊邑南海府吐號浦 西指對馬嶋竹室之津 而海中遭風 著此禁境 失約之罪 更無所避.

사신인데도, 표(表)로 아뢰지 않는구나. 이로 말미암아서 태렴(泰廉)이 돌아가는 날에 이미 약속을 상세하게 했고, 정권(貞卷)이 왔을 때에 다시 유고(諭告)를 더하였다. 그 후 비슷비슷한 사신이 왔으나 여전히 받들어 행하지 않았다. 지금 난손(蘭蓀)도 역시 말로써 아뢰었다. 이치는 선례에 의해서 경계에서 추방하여 돌려보내야 한다. 다만, 삼수(三狩) 등을 보내어 왔으니, 일이 이미 가볍지 않다. 그러므로 손님에 대한 예절을 갖추어 이로써 찾아 온 뜻에 답하였다. 왕은 이를 살펴야 할 것이다. 앞으로의 사신은 반드시 표함(表函)을 가져와서 예의로써 나아가고 물러나야 할 것이다. 지금 축자부(筑紫府)와 대마(對馬) 등의 수자리[戌]에게 칙하여 표(表)를 갖지 않은 사신은 들어오지 못하게 할 것이다. 마땅히 이를 알아야 할 것이다. 경치가 아름다우니, 생각건대 왕이 좋아하겠구나. 지금 돌아가는 사신에게 답신물(答信物)을 부치노라. 글을 보내는데, 두루 언급하지 못하였다."라고 하였다.[18]

9세기에 들면서 신라의 배들이 대마도에 출몰하는 일이 있었다. 대마도에서 신라 쪽을 보니 여러 곳에서 밤마다 불빛이 보였다고 한 것으로 보아 신라에서 내란과 같은 혼란 상태에 있었던 것으로 짐작된다. 대마도에서 보이는 신라 땅은 거제도와 부산지역이므로, 부산에서 방화 등으로 민가나 산이 불탄 것으로 생각된다. 대마도에 나타난 신라 배들도 거제도나 부산에서 난을 피해서 온 배일 가능성이 크다.

이처럼 대마도에 신라배가 나타나는 상황이 되자 대마도의 관인 중

---

18) 『續日本紀』光仁 寶龜 十一年 二月 庚戌 授命婦正五位下石川朝臣毛比從四位下 新羅使還蕃 賜璽書曰 天皇敬問新羅國王 朕以寡薄 纂業承基 理育蒼生 寧隔中外 王自遠祖 恒守海服 上表貢調 其來尙矣 日者虧違蕃禮 積歲不朝 雖有輕使 而無表奏 由是泰廉還日 已具約束 貞卷來時 更加諭告 其後類使曾不承行 今此蘭：猶陳口奏 理須依例從境放還 但送三狩等來 事旣不輕 故修賓禮以答來意 王宜察之 後使必須令齎表函 以禮進退 今勅筑紫府及對馬等戌 不將表使莫令入境 宜知之 春景詔和 想王佳也 今因還使附答信物 遣書指不多及.

에서 문서처리 등을 담당하는 史生을 폐지하고 그 대신 新羅譯語 즉 신라어를 할 수 있는 관인을 두었다. 이는 대마도에 오는 신라인들을 대마도에서 바로 심문하여 대마도에 온 이유와 신라의 사정을 신속하게 파악하려는 의도로 생각된다.

차아 홍인 3년(812) 정월 갑자 勅하기를, '大宰府'가 지난 12월 28일에 奏하기를 '對馬嶋'가 보고하기를 "이번달 6일 新羅船이 3척이 西海에 떠와서 갑자기 한 척이 下縣郡의 佐須浦에 도착하였습니다. 배 안에는 10명이 있었는데 말이 통하지 않아서 사정을 알기 어려웠습니다. 나머지 두 배는 어두운 밤에 흘러가서 도착한 곳을 알지 못하였습니다. 7일에 배 20여 척이 섬의 서해 가운데 있어서 불이 서로 이어져 있었습니다. 이에 비로소 적선임을 알고 먼저 도착한 자들 5명을 죽였는데, 5명은 도망쳤습니다. 후에 4명을 붙잡았습니다. 곧 병고를 지키고 또한 군사를 내었습니다. 또한 멀리 신라를 보니 밤마다 불빛이 여러 곳에 있었습니다. 이로 말미암아 의심하고 두려운 마음을 그칠 수 없었습니다. 이에 보고하고(신라인들을) 보냅니다."라고 하였습니다. 그 일을 물어보기 위하여 신라역어(新羅譯語)와 군의(軍毅)를 파견하였습니다. 또한 전례에 따라서 마땅히 지켜야 할 것이라는 문서를 管內 및 長門·石見·出雲 등의 국에 알렸습니다.'라고 하였다. 보고한 사정은 큰일이므로 허실에 대하여 계속 보고해야 한다. 그런데 연월이 많이 지났으나 아뢰는 바가 없다. 또한 요해지국이 사람과 병사를 내었으니 경비에 지쳐 있다. 경계를 푸는 일은 어느 날로 기약할 수 있는가. 마땅히 그 이유를 보고하고 다시 태만한 일이 없도록 하라. 또한 일의 형세를 헤아려 걱정할 만한 일이 아니면 마땅히 出雲·石見·長門 등의 국이 요해처를 지키는 일을 정지해야 할 것이다."라고 하였다.[19]

---

19) 『日本後紀』嵯峨 弘仁 三年 正月 甲子 勅 大宰府去十二月卄八日奏云 對馬嶋言 今月六日新羅船三艘浮□西海 俄而一艘之船著於下縣郡佐須浦 船中有十人 言語不通

차아 홍인 6년 정월 임인, 이날 對馬의 史生 1員을 정지하고 新羅譯語를 두었다.[20]

Ⅲ. 대마도의 위상과 광물자원

일본국의 지방행정단위로서 對馬島의 위상도 주목할 만하다. 『삼국지』 위서 동이전에서 對馬國으로 나타난 이래 율령제가 시행될 때까지 對馬島는 對馬國으로 존재하였다. 그래서 對馬國司・對馬國司守라는 용어에서 알 수 있다. 지방장관으로서 國司가 임명되었다. 對馬國司로 사료에 보이는 忍海造大國은 대마도 현지의 수장이 아니라 大倭國 忍海郡 지역과 관련을 가진 것으로 보이므로 중앙에 파견된 관인으로 생각된다. 백강구전투 이후 일본의 위기의식이 고조되는 과정에서, 대마도의 중요성을 인식하고 중앙의 인물을 대마도로 파견하였을 것이다.

그러나 701년에 대보령이 반포되는 시기를 전후하여 對馬國은 對馬島가 되어, 대재부가 관할하는 筑前・筑後・豊前・豊後・肥前・肥後・日向・薩摩・大隅의 9國과 壹岐・對馬・多禰의 3島로 위치하게 되었다. 그 장관은 對馬島司라고 불렀으나 편제상으로는 그 아래 郡司를 거느리고 있는 國司에 준하는 지위였다. 즉 島이기는 하지만 國에 준하는 행정단위였기 때문에 國과 마찬가지로 차관인 目도

消息難知 其二艘者 闇夜流去 未知所到 七日船廿餘艘在嶋西海中 燭火相連 於是遂知賊船 仍殺先着者五人 五人逃走 後日捕獲四人 卽衛兵庫 且發軍士 又遙望新羅 每夜有火光數處 由茲疑懼不止 仍申送者 爲問其事 差新羅譯語并軍毅等發遣已訖 且准舊例應護要害之狀 告管內并長門 石見 出雲等國訖者 所奏消息 旣是大事 虛實之狀 續須言上 而久移年月 逐無所申 又要害之國 必發人兵 應疲警備 解却之事 期於何日 宜言其由 不得更急 又量事勢 不足爲虞 宜令停出雲 石見 長門等國護要害事.

20) 『日本後紀』嵯峨 弘仁六年 正月 壬寅 是日 停對馬史生一員 置新羅譯語.

임명되었고, 醫師를 파견하는 등 일반적인 國司의 구성을 갖추고 있음을 알 수 있다. 對馬島에는 두 개의 군이 있었는데 上縣郡과 下縣郡이 그것이다. 이들 군은 흔히 上郡과 下郡이라고 하였다.[21] 또한 國分寺에 준하는 島分寺가 건설되어 중앙의 불교 정책 속에 편입되어 있었다.

원정 양로 6년(722) 여름 4월 병술, 육오(陸奧) 하이(蝦夷)와 대우(大隅) 및 살마(薩摩)의 준인(隼人) 등을 정벌한 장군 이하, 공이 있는 하이(蝦夷) 및 통역을 맡은 사람[譯語]에게 훈위(勳位)를 주었는데 각각 차등이 있었다. 처음으로 제(制)하기를, "대재(大宰) 관내의 대우(大隅), 살마(薩摩), 다예(多禰), 일기(壹伎), 대마(對馬) 등의 사(司)[22]가 결원이 생기면 부(府)의 관인(官人)을 선발해서 임시로 보충하라."고 하였다.[23]

성무 천평 3년(731) 12월 을유, 대재부로 하여금 처음으로 일기(壹伎)와 대마(對馬)에 의사를 파견하도록 하였다.[24]

성무 천평 4년(732) 5월 을축, 대마도사(對馬嶋司)에게는 이전부터 연량(年粮)을 지급하였다.[25] 임기가 차는 날[秩滿之日][26]에

---

21) 永留久惠,『對馬古代史論集』, 名著出版. 1991, 181쪽.

22) 大宰府 관할 諸國의 경우 掾 이하는 대재부가 전형할 수 있는 권한을 가지고 있었는데, 이 기사의 2國 3嶋에 대해서는 守 介 등의 國司(嶋司)도 대재부 관인을 임명할 수 있도록 하였다.

23)『續日本紀』元正 養老 六年 夏四月丙戌 征討陸奧蝦夷 大隅薩摩隼人等將軍已下及有功蝦夷 幷譯語人 授勳位各有差 始制 大宰管內大隅 薩摩 多禰壹伎 對馬等司有闕 選府官人權補之.

24)『續日本紀』聖武 天平 三年 十二月 乙酉 令大宰府始補壹伎對馬医師

25) 대마도는 경작지가 부족하므로, 매년 일정량의 곡식을 西海道에서 거두어 官人의 급료로 지급하였다.

갑자기 상량(常粮)을 정지하니, 본관(本貫)으로 돌아갈 때 식량이 모자란다. 또 살마국사(薩摩國司)는 계록(季祿)[27]이 정지당하니 의복이 모자란다. 모두 요청한 데 따라 이를 지급하였다.[28]

성무 천평 11년(739) 3월 계축, 조하기를, "짐이 삼가 보명(寶命)을 받아 이 나라의 군주가 되어, 밝지 않을 때 옷을 찾아 입고, 해가 기울 때까지 식사를 잊는다.[29] 그런데 종4위상 치부경(治部卿) 모야왕(茅野王) 등이 아뢰기를, '대재소이(大宰少貳) 종5위하 다치비진인백(多治比眞人伯) 등이 보고하기를, "대마도목(對馬島目) 정8위상 양덕마사련을마려(養德馬飼連乙麻呂)가 잡은 것이 신마(神馬)인데, 몸은 푸른색이고 털과 꼬리는 흰색입니다"라고 하였다.(하략)[30]

성무 천평 14년(742) 8월 정유, 제(制)하기를, "대우(大隅)·살마(薩摩)·일기(壹岐)·대마(對馬)·다녜(多禰) 등 국(國)의 관인의 녹(祿)은 축전국사(筑前國司)가 폐지된 부[廢府][31] 물품으로 지급하게 하고, 공해(公廨)는 또한 편의에 따라서 국도(國稻)를 종전대로 지급한다. 그 세 섬의 의군사(擬郡司)[32]와 성선(成選)한 사람은 본

---

26) 국사의 임기가 끝남과 동시에 그때까지 행해지고 있었던 食料의 지급을 정지한다.

27) 관직에 상당하는 관위에 따라 春夏·秋冬의 녹을 2월·8월에 지급하는 것. 外官으로서는 본래 대재부 관인 및 壹伎·대마도사 만이 지급의 대상이었다. 薩摩國司에게도 壹伎·對馬島司에 준하여 지급되고 있었지만, 어떤 시점에서 정지된 것 같다.

28) 『續日本紀』聖武 天平 四年 五月 乙丑 對馬嶋司 例給年粮 秩滿之日 頓停常粮 比還本貫 食粮交絶 又薩摩國司停止季祿 衣服乏少 並依請給之.

29) 『漢書』董仲舒傳에 "周文王至於日昃不暇食"라는 표현이 보인다.

30) 『續日本紀』聖武 天平 十一年 三月 癸丑 詔曰 朕恭膺寶命 君臨區宇 未明求衣 日昃忘膳 即得從四位上治部卿茅野王等奏稱 得大宰少貳從五位下多治比眞人伯等解稱 對馬嶋目正八位上養德馬飼連乙麻呂所獲神馬.(하략)

31) 대재부를 말한다.

32) 군사의 후보자로서 국사에 의해 銓擬된 자를 말한다.

인은 해당 섬에 머물러 있고 명단은 축전국(筑前國) 편으로 올려서 보내라. 사정(仕丁)은 국별로 세 사람을 뽑아 모두 경(京)으로 바치라."고 하였다.[33]

성무 천평 17년(745) 겨울 10월 무자, 제국(諸國) 출거(出擧)하는 정세(正稅)를 논하여 청하였다. 국(國)마다 액수가 정해져 있다. 다만 다녜(多禰)·대마(對馬) 양 도(嶋)는 모두 제한에 들지 않는다.[34]

칭덕 신호경운 원년(767) 8월 9월 무신삭, 右大臣 從二位 吉備朝臣眞備가 對馬嶋의 墾田 三町一段과 陸田 五町二段, 雜穀 二萬束을 바쳐 대마도의 비축물로 삼았다.[35]

칭덕 신호경운 2년(768) 2월 경진, (전략) 대마도(對馬嶋) 상현군(上縣郡) 사람 고교련파자미녀(高橋連波自米女)는 남편이 죽은 후 맹세하여 뜻을 고치지 않았다. 그 아버지도 이어서 역시 죽었다. 여막을 묘의 근처에 짓고 매일 재식(齋食)하였다. 효의(孝義)의 지극함이 길 가는 사람에게 감동을 주는 바가 있었다. 그 문려(門閭)에 표시하고 조(租)를 종신토록 면제하였다(하략).[36]

칭덕 보귀 원년(770) 4월 신축, 대마도에 기근이 들어서 賑給하

---

33) 『續日本紀』聖武 十四年 八月 丁酉 制 大隅 薩摩 壹岐 對馬 多禰等國官人祿者 令筑前國司以廢府物給 公廨又以便國稻依常給之 其三嶋擬郡司 幷成選人等 身留當嶋 名附筑前國申上 仕丁國別點三人 皆悉進京.

34) 『續日本紀』聖武 天平 十七年 冬十月 戊子 論定諸國出擧正稅 每國有數 但多禰對馬兩嶋者 並不入限.

35) 『續日本紀』稱德 神護景雲 元年 九月 戊申朔 日上有五色雲 右大臣從二位吉備朝臣眞備獻對馬嶋墾田三町一段, 陸田五町二段, 雜穀二萬束 以爲嶋儲.

36) 『續日本紀』稱德 神護景雲 二年 二月 庚辰 出雲國國造外從五位下出雲臣益方奏神賀事 授外從五位上 賜祝部男女百五十九人爵各一級 祿亦有差 對馬嶋上縣郡人高橋連波自米女 夫亡之後 誓不改志 其父尋亦死 結廬墓側 每日齋食 孝義之至 有感行路 表其門閭 復租終身.

였다.[37]

칭덕 보귀 3년(772) 12월 기미, (전략) 대재부가 보고하기를, "壹岐島의 掾 종6위상 上村主墨繩 등이 對馬島에 年糧을 수송하였는데, 갑자기 역풍을 만나 배가 부서지고 사람들이 물에 빠졌으며, 실은 곡식 또한 물에 떠내려갔다.(하략)[38]

환무 연력 7년(788) 8월 무자, 대마도수(對馬嶋守) 정6위상 혈사자마려(穴咋皆麻呂)에게 진기촌(秦忌寸)이라는 성을 내렸다. 실수로 어머니의 성(姓)을 따랐기 때문이다.[39]

정관 17년(875) 3월 병신, 태정관에 대재부에 명하여, 대마도 島分寺[40]에 쓸 깃발 16개를 만들도록 하고, 대마도의 例擧 이외의 콩으로 그 비용을 충당토록 하였다. 대마도의 청에 의한 것이다.[41]

한편 대마도는 일본열도에서 최초로 은이 생산된 곳으로도 유명하다. 이후 은이 산출된 곳은 對馬銀山으로 불렸는데 현재의 嚴原 樫根 일대였다고 한다. 이후 13세기까지 대마도에서만 은이 생산되었기 때문에 和銅開珍의 銀錢도 대마도의 은을 사용하였을 가능성이 크다. 그래서 대마도에는 貢銀所라는 국영기관을 설치하고 은을 채굴하여

---

37) 『續日本紀』稱德 寶龜 元年 夏四月 辛丑 對馬嶋飢 賑給之.

38) 『續日本紀』稱德 寶龜 三年 十二月 己未 星隕如雨 大宰府言 壹岐嶋掾從六位上上村主墨繩等 送年糧於對馬嶋 急遭逆風 船破人沒 所載之穀 隨復漂失 謹檢天平寶字四年格 漂失之物 以部領使公廨填備 而墨繩等款云 漕送之期不違常例 但風波之災 非力能制 船破人沒足爲明證 府量所申 實難黙止 望請 自今以後 評定虛實徵免 許之.

39) 『續日本紀』桓武 延曆 七年 八月 戊子 對馬嶋守正六位上穴咋皆麻呂賜姓秦忌寸 以誤從母姓也.

40) 國分寺가 國마다 건설된 절이라면 島分寺는 島에 설치된 국분사에 해당하는 절이다.

41) 『三代實錄』卷二七貞觀十七年 三月丙申 太政官下大宰府 令造對馬嶋分寺料幡一十六旒 以彼嶋例擧外之大豆 充其價直 緣嶋司之請也.

국가의 재정에 충당하였다. 이처럼 대마도는 일본열도에서 최초로 은이 생산되었을 뿐만 아니라, 일본의 본격적인 광업이 시작된 곳도 대마도로 생각된다.[42] 이처럼 대마도는 농업생산력은 빈약하지만, 은·금·납 등이 광물자원의 공급처로서 일본사회에 중요한 역할을 하였음을 알 수 있다.

　　천무 3년(675) 3월 경술삭 병진, 대마국사수 인해조대국이 보고하기를, "은이 처음으로 이곳에서 나서 이에 바칩니다."라고 하였다. 이에 대국에게 소금하위를 주었다. 무릇 은이 왜국에 처음으로 이 때 생산되었다. 그래서 여러 신들에게 바쳤다. 또한 소금 이상 대부에게 두루 하사하였다.[43]

　　문무 2년(698) 12월 신묘, 대마도(對馬嶋)로 하여금 금광(金鑛)을 단야토록 하였다.[44]

　　문무 대보 원년(701) 3월 갑오, 대마도(對馬嶋)에서 금을 바쳤다. 연호를 세워 대보(大寶) 원년(元年)이라고 하였다.[45]

　　문무 대보 원년 8월 정미, 이전에 대왜국(大倭國) 인해군(忍海郡) 사람 삼전수오뢰(三田首五瀨)를 대마도(對馬嶋)에 보내어 황금(黃金)을 벼리게 하였다. 이때에 이르러, 조(詔)를 내려 오뢰(五瀨)에게 정6위상의 관위를 수여하고, 봉 50호(戶)·논 10정(町)과 비

---

42) 中島信久,「我が国の鉛需給の変遷と世界大戦前後の鉛需要動向」,『金屬資源レポート』73, 2007.

43)『日本書紀』天武紀 三年 三月庚戌朔丙辰, 對馬國司守忍海造大國言, 銀始出于當國. 卽貢上. 由是, 大國授小錦下位. 凡銀有倭國, 初出于此時. 故悉奉諸神祇. 亦周賜小錦以上大夫等.

44)『續日本紀』文武 二年 十二月辛夘 令對馬嶋冶金鑛.

45)『續日本紀』文武 大寶 元年 三月 甲午 對馬嶋貢金 建元爲大寶元年.

단·면·포·가래[絁綿布鍬]를 내렸다. 아울러 잡호(雜戶)의 이름을 면하였다. 대마도사(對馬嶋司) 및 군사(郡司) 주전(主典) 이상에게 관위를 1계(階)씩 올려주었다. 금을 바친 군사(郡司)에게는 2계(階), 금을 캔 사람인 가부궁도(家部宮道)에게는 정8위상을 수여하고, 비단·면·포·가래를 내리고, 종신토록 그 호(戶)는 과역을 면제하고, 다른 백성들은 3년 동안 과역을 면제하였다.[46]

정관 7년(865) 8월 계해, 대재부가 보고하기를, "대마도의 銀穴[47]은 下縣郡에 있는데, 높은 산의 아래 바닥에서 바위를 파서 20장을 파고 들어갔습니다. 대낮에도 횃불을 가져야 들어갈 수 있습니다. 몇 년 전부터 곳곳이 무너지고 막혀서 사람들의 품이 많이 필요합니다. 그런데 지난여름 장마로 광산 바닥에 물이 차서 그 품을 계산하니 제가 사사로이 팔 수 있는 것이 아닙니다. 바라옵건대, 延曆 15년의 예에 따라서 대마도에 전과 같이 콩 100가마와 租·地子 곡식 100가마를 주어 광산을 굴착할 수 있도록 해 주십시오."라고 하였다. 조를 내려 이를 허락하였다.[48]

Ⅳ. 대마도가 본 신라

9세기 중엽에 이르면 일본측에서 견당사의 파견과 관련하여 신라에 미리 그 사실을 알리고 만약 표착하는 경우가 있다면 도와주고 통과시

---

46) 『續日本紀』 文武 大寶 元年 八月 丁未 先是 遣大倭國忍海郡人三田首五瀨於對馬嶋 冶成黃金 至是 詔授五瀨正六位上 賜封五十戶 田十町 并絁綿布鍬 仍免雜戶之名 對馬嶋司及郡司主典已上進位一階 其出金郡司者二階 獲金人家部宮道授正八位上 并賜絁綿布鍬 復其戶終身 百姓三年.

47) 은광산을 말한다.

48) 『三代實錄』 貞觀 七年 八月 癸亥 大宰府言 對馬嶋銀穴在下縣郡 自高山底 穿鑿巖 堀入卄丈 白晝執炬而得入 頃年以來 處處崩塞 屢費人功 而去夏霖雨 穴底水湛 計其功力 非可堪司私輒穿開 望請 准延曆十五年例 以彼嶋例擧大豆遺百斛 并租地子 穀百斛 且其令堀開 詔許之.

켜서 지체하거나 길을 가로막지 말아달라고 요청하는 문서를 지참한 사신을 신라에 파견하였다.[49] 물론 이때 사신으로 파견된 紀三津은 사신을 파견한 의도를 제대로 이해하지 못하여 신라에서 사신으로 받아들여지지 못하고 放還되기에 이르렀지만,[50] 이 일을 계기로 변경으로서의 대마도가 다시 주목받기에 이른 것으로 보인다.

대마도는 당을 왕래하는 사신의 중간 기착지였을 뿐만 아니라, 신라로 왕래하는 사신들도 대마도를 거쳐서 신라로 건너갔다. 대마도가 일본이 신라로 보내는 사신이 대마도에서 출발한 사실을 보고하고 있는 점에서 이러한 사실을 확인할 수 있다. 또한 직접 대마도가 등장하지 않는 경우라고 하더라도, 중국 대륙이나 한반도 쪽에서 大宰府 쪽으로 기착하는 선박들은 대체로 대마도를 경유하였던 것으로 생각된다.

또한 대마도는 육안으로도 신라 지역을 관찰할 수 있었고, 특히 거제도나 부산 지역에서 나는 소리도 듣고 이를 중앙에 보고하는 등, 일본측이 신라의 동향을 탐지하는 교두보 역할을 하고 있었다. 특히 9세기 중엽 경에는 종래와 다른 여러 가지 징후들이 신라에서 나타나고 있었던 것으로 생각된다. 우선 신라 해적들이 대재부의 공물을 약탈하는 일이 벌어졌다. 이는 일본 사회에 큰 충격을 주어, 神社에 폐백을 바치고 神明에게 무사하기를 기원하는가 하면 대마도 지역의 방어를 강화하였다. 또한 신라가 쳐들어올지도 모른다는 위기감이 고조되었다. 우연히 신라로 표류한 대마도인이 신라인들이 대마도를 정벌하기 위하여 배를 만들고 군사를 조련하고 있다는 알게 되었으며, 이 사실이 일본 조정에 알려지게 되었다.

이러한 신라의 동향은 장보고의 사후 해상세력에 대한 통제가 약화

---

49) 『續日本後紀』承和三年 閏五月 辛巳條.

50) 『續日本後紀』承和三年 十二月 乙未條.

되면서 신라의 海商들이 교역과 아울러 약탈 행위에 가담하기도 한 것으로 보인다. 동시에 신라 하대의 혼란한 상황 속에서 각 지방에서 배를 만들고 무장한 병사를 양성하는 세력들이 나타나고 있었음을 보여주는 것이기도 하다. 특히 이러한 기사는 870년에 집중적으로 나타나고 있어 주목을 끈다.

승화 3년(836) 8월 기해, 遣唐大使[51] 藤原朝臣常嗣에게 칙하기를, 대재부의 지난 20일이 飛驛으로 보고한 것을 살펴보니, "제3선 水脚[52] 16인이 판자를 엮어 마룻대처럼 만들어서, 이를 타고 대마도의 南浦에 표착하였습니다. 그 수각들이 아뢰기를, '배는 실로 4척 모두 흩어졌다'고 하였습니다.'라고 하였다.[53](하략)

승화 3년(836) 8월 계축, 大宰府가 馳驛[54]으로 遣新羅使[55]와 출발한 사실과 遣唐 제3선[56]이 對馬島 上縣郡 南浦에 도착하였는데 배 위에 3사람만 있었다는 사실을 아뢰었다.[57]

승화 7년(840) 9월 정해, 대재부가 보고하기를, "對馬島司가 보고하기를, '먼 바다의 일은 바람과 파도가 위험하여, 해마다 바치는 調와 4차례의 公文이 자주 표류하거나 물에 가라앉습니다.

---

51) 당으로 파견하는 사신단 중에서 大使의 역할을 맡은 관인을 가리킨다.

52) 水手 즉 뱃사공들을 가리킨다.

53) 『續日本後紀』承和 三年 八月 己亥 勅符遣唐大使藤原朝臣常嗣 省大宰府去月廿日 飛驛奏言 第三舶水脚十六人 編板如桴 駕之漂着對馬嶋南浦 其水脚等申云 舶實依 數解散者 翻水不收 悔而何及 言念災變 永用憫傷.

54) 驛마다 말을 갈아타면서 가장 빠르게 문서나 정보를 전달하는 방법을 말한다.

55) 신라로 파견되는 일본측의 사신을 말한다.

56) 당으로 파견하는 일본측 사신단을 주로 4척으로 배로 구성되었는데, 그 중에서 3번째 선박을 말한다.

57) 『續日本後紀』承和三年 八月 壬戌 大宰府馳驛 奏遣新羅使進發 幷遣唐第三舶漂着 對馬嶋上縣郡南浦舶上唯有三人之狀.

전하여 듣건대 新羅船[58]이 능히 파도를 넘어 다닐 수 있다고 합니다. 바라여 청하옵건대 신라선 6척 중에서 1척을 나누어 주십시오.'라고 하였습니다."라고 하였다. 이를 허락하였다.[59]

승화 8년(841) 8월 병진 대재부조 104구를 대마도에 충원하였다. 아울러 방인을 충원하였다.[60]

승화 10년(843) 8월 무인, 대재부가 보고하기를, "대마도 上縣郡 竹敷崎[61] 방인들이 아뢰기를, '지난 정월 중순부터 이번 달 6일까지 신라국에 해당하는 곳에서 멀리 북소리가 들렸습니다. 귀를 기울여 들으니 매일 세 차례가 소리가 났는데 항상 巳時에 이르면 그 소리가 들리기 시작합니다. 또한 해질 무렵에 이르면 불빛이 또한 보입니다.'라고 하였습니다."라고 하였다. 칙하기를, "무릇 잘 다스려질 때 위기와 난리를 잊지 말아야 할 것이니, 옛 사람들이 분명히 경계한 것이다. 장수가 교만하고 사졸이 게으른 것을 병가에서 꺼리는 바이다. 비록 사고가 없다고 하더라도 조심하지 않을 수 없다."고 하였다. 대재부가 보고하기를, "대마도사가 보고하기를, '지난 延曆 중에 東國人을 防人으로 배치하였다가 후에 다시 筑紫人을 방인으로 배치하였으나 모두 폐지하였습니다. 당국의 백성들은 지난 홍인 연간에 역병으로 많이 죽었습니다. 갑자기 적이 쳐들어온다면 어찌 방어할 수 있겠습니다. 바라옵건대 과거의 사례에 따라서 축자인을 방인으로 삼아주소서.'라고 하였습니다."라고 하였다. 이를 허락하였다.[62]

---

58) 新羅船이란 신라의 조선기술을 이용하여 만든 배를 말한다.

59) 『續日本後紀』承和 七年 九月 丁亥 大宰府言 對馬嶋司言 遙海之事 風波危險 年中 貢調 四度公文 屢逢漂沒 傳聞 新羅船能凌波行 望請新羅船六隻之中 分給一隻 聽之

60) 『續日本後紀』承和 八年 八月 丙辰 以大宰府曹百四口充對馬嶋 兼充防人.

61) 對馬島 津島町에 있는 어항을 말한다.

62) 『續日本後紀』承和 十年 八月 戊寅 大宰府言 對馬嶋上縣郡竹敷埼防人等申云 從去 正月中旬 迄于今月六日 當新羅國 遙有鼓聲 傾耳聽之 每日三響 常俟巳時 其聲發動 加以至于黃昏 火更見矣 勅曰 夫治不忘危乱 古人明戒 將驕卒惰 兵機所忌 縱雖无事

가상 2년(849) 2월 경술, 대재부가 보고하기를, "대마도사가 解[63]를 올리기를, '대마도는 바다 가운데 있으며, 땅이 신라에서 가깝습니다. 만약 큰 일이 생기면 어찌 예기치 못한 일에 대비하겠습니까? 바라여 청하옵건대 史生 1명을 정지하고 弩師 1명을 배치하여 주십시오.'라고 하였습니다."라고 하였다. 청에 따라서 이를 허락하였다.[64]

정관 8년(866) 7월 정사, 大宰府가 馳驛으로 아뢰기를, "肥前國 基肆郡 사람 川邊豊穗이 고하기를, '같은 擬大領[65] 山春永이 저에게 말하기를, "신라인 珍賓長과 함께 신라국에 건너가서 병기와 쇠뇌, 장비를 만드는 기술을 배워서 돌아와서 대마도를 쳐서 취하자."라고 하였습니다. 또한 藤津郡의 郡領 葛津貞津과 高來郡의 擬大領 大刀主, 彼杵郡 사람 永岡藤津 등이 함께 모의하는 자입니다.'라고 하였습니다."라고 하고, 射手 45명의 명단을 첨부하였다.[66]

정관 12년(870) 2월 갑오, 이보다 앞서 大宰府에서 보고하기를, "對馬島 下縣郡 사람 卜部乙屎麻呂가 새를 잡기 위하여 신라의 경계로 갔다가 신라국에 잡혀서 토옥에 갇혔습니다. 乙屎麻呂는 그 나라에서 재목을 끌어 운반하여 큰 배를 만들고 북을 치고 피리를 불어 병사를 뽑아 훈련시키는 것을 보았습니다. 乙屎麻呂가 몰

故 不可不愼 大宰府言 對馬嶋司言 去延曆年中 以東國人配防人 後又筑紫人配防人 而並停廢也 當國百姓 去弘仁年中 疫癘多死 急有寇賊 何堪防禦 望請准舊例 以筑紫人爲防人者 聽之.

63) 解란 하급관사가 상급관사에 올리는 上達文書의 형식을 말한다.

64) 『續日本後紀』嘉祥 二年 二月 庚戌 大宰府言 對馬嶋司解稱 此嶋居海中 地近新羅 若有機空者 何以備不虞 望請 停史生一員 置弩師一員 依請許之.

65) 大領은 군의 관리인 郡司 중 장관을 뜻한다. 擬는 임시·대리라는 뜻이다.

66) 『三代實錄』貞觀八年 七月丁巳 大宰府馳驛奏言 肥前國基肆郡人川邊豊穗告 同郡 擬大領山春永語豊穗云 與新羅人珍賓長 共渡入新羅國 熹造兵弩器械之術 還來將擊 取對馬嶋 藤津郡領葛津貞津 高來郡擬大領大刀主 彼杵郡人永岡藤津等 是同謀者也 仍副射手冊五人名簿進之.

래 防援人에게 물었더니, '대마도를 쳐서 취하기 위한 것이다.'라고 하였습니다. 乙屎麻呂가 묶은 것을 풀고 옥을 벗어나 겨우 도망쳐 돌아올 수 있었습니다."라고 하였다. 이 날 칙하기를, 대재부에서 지난여름에 "큰 새가 병고와 문루 위에 모여들었다."라고 하여 점을 쳐보니 그해 여름에 이웃 나라의 침입이 있을 것이라고 하였다. 이로 인하여 폐백을 베풀고 불경을 轉讀[67]하여 미리 재난을 물리쳤다. 듣건대 신라의 상선이 때때로 大宰府에 이르러 제멋대로 물건을 판매한다고 하면서 침략하고 포악한 일을 하였다. 만일 미리 대비하지 않는다면 창고의 문단속을 제대로 하지 않는 것과 같을까 염려스럽다. 하물며 신라라는 흉측한 적이 침공하려는 마음을 품어 꼬리를 거두지 않고 장차 독침을 쏘려고 한다. 바다에 연한 여러 군으로 하여금 특별히 삼가고 경계를 굳게 하도록 하라고 하였다. 또한 因幡 伯耆 出雲 石見 隱岐 등의 나라에게 방어하기 위한 물품을 갖추도록 명령하였다.[68]

정관 12년(870) 2월 임인, 대재부에 칙하여, 신라인 潤淸・宣堅 등 30명과 원래 관내에 거주하던 무리들로 하여금 水陸 두 길로 음식과 말을 지급하여 入京토록 하였다. 이보다 앞서 대재부가 보고하기를, "신라의 흉악한 적들이 공물로 바친 비단을 약탈하였는데, 潤淸 등에게 혐의를 두어 그들을 구금하고 아뢰었습니다. 태정관이 처분하기를 특별히 인자한 은혜를 베풀어 양식을 주어 방환토록 하였습니다. 그런데 潤淸 등은 순풍을 얻지 못하여 출발해서 자기 나라로 돌아갈 기회를 얻지 못하였습니다. 對

---

67) 불경의 처음과 끝을 읽는 것으로 불경 전체를 읽은 것으로 간주하는 것이다.

68) 『三代實錄』貞觀十二年 二月甲午 先是 大宰府言 對馬嶋下縣郡人卜部乙屎麻呂 爲捕鳥 向新羅境乙屎麿爲新羅國所執 囚禁土獄 乙屎麿見彼國挽運材木 搆作大船 擊鼓吹角 簡士習兵 乙屎麿竊問防援人 曰 爲伐取對馬嶋也 乙屎麿脫禁出獄 纔得逃歸 ▼是日 勅 彼府去年夏言 大鳥集于兵庫樓上 決之卜筮 當夏隣兵 因 頒幣轉經 豫攘如聞 新羅商船時時到彼 縱託事買販 來爲侵暴 若無已 恐同慢藏 況新羅凶賊心懷覬覦 不收尾 將行毒螫 須令緣海諸郡特愼警固 又下知因幡 伯耆 出雲 石見 隱岐等國 修守禦之具焉.

馬島司가 신라의 정황을 적은 日記와 그 나라에서 표류해온 7명을 바쳤는데, 대재부에서는 예에 따라서 식량을 주어 돌려보냈습니다. 다만 좁고 작은 신라가 흉독하고 이리처럼 사납습니다. 또한 최근에 대마도인 卜部乙屎麿가 그 나라에 붙잡혔다가 탈옥하여 돌아와서, 그들이 병사를 훈련시키고 있는 정황을 말하였습니다. 저들이 말이 새었을까 의심하여 기색을 살피기 위하여 7명을 보내고는, 떠내려 왔다고 사칭한 것일지도 모릅니다. 어질게 돌려보냈으나 사소한 일로 간사하게 왕래하니 마땅히 처단했어야 합니다. 또한 潤淸 등은 오랫동안 교역에 종사하면서 이 땅에 머물러 살았으므로, 능히 사정을 살필 수 있습니다. 우리가 방비가 없다는 것을 아는데, 자기 나라로 돌아가게 하였으니, 우리의 약점을 보인 것이며, 이는 편안할 때 위태로움을 잊지 않는다는 뜻에 이미 어긋납니다. 또한 종래부터 管內에 거주하던 자가여러 명이 있습니다. 이들은 모두 바깥으로는 귀화한 것 같지만안으로는 계략을 꾸밀 뜻을 품고 있으니, 만약 침략해 온다면 반드시 내응할 것입니다. 청하옵건대, 天長 원년(824) 8월 20일의 格에 따라서 新舊를 논하지 말고 모두 陸奧의 빈 땅으로 옮겨서 엿보는 마음을 끊도록 하십시오."라고 하였다. 이에 따랐다.[69]

정관 20년(870) 3월 무진, 종5위하 行對馬嶋守 小野朝臣春風이 두가지 일을 記請하였다. 그 첫 번째로 말하기를, "군사의 장비는갑옷과 투구에 있습니다만, 갑옷과 투구가 얇다면 保侶[70]로 도울

---

69)『三代實錄』貞觀十二年 二月壬寅 (전략) 勅大宰府 令新羅人潤淸宣堅等卅人及元來居止管內之 水陸兩道給食馬入京 先是彼府言 新羅凶賊掠奪貢綿 以潤淸等處之嫌疑禁其身奏之 太政官處分 殊加仁恩 給粮放還 潤淸等不得順風 无由歸發其國 對馬嶋司進新羅消息日記 并彼國流來七人 府依例給粮放却 但尔新羅 凶毒狼戾 亦迺者對馬嶋人卜部乙屎麿 被禁彼國 脱獄遁歸 説彼練習兵士之狀 若彼疑浅語 爲伺氣色差遣七人 詐稱流來歟 凡垂仁放還 尋常之事 挾往來 當加誅 加之 潤淸等久事交關 僑寄此地 能候物色 知我无 令放歸於彼 示弱於 既乖安不忘危之意 又從來居住管內者亦復有數 此皆外似歸化 內懷造謀 若有來侵 必爲內應 請准天長元年八月廿日格旨不論新舊 併遷陸奧之空地 絶其覬覦之心 從之.

70) 母衣라고도 하며 천으로 자루 형태로 만들어 등에 짊어짐으로써 화살 등을 막는

수 있습니다. 바라여 청하옵건대, 調布로 바느질하여 保侶衣 1000 벌을 만들어 예기치 못한 일에 대비하고자 합니다."라고 하였다. 두 번째로 말하기를, "예기치 못한 일로 군사를 일으키게 되면 평소 하루에 이동하는 거리의 2배를 가야 하므로 군량미를 나르지만 끊어지기 쉽고 보급하기도 어렵습니다. 바라여 청하옵건대, 調布를 바느질하여 군량미를 넣을 수 있는 허리에 차는 주머니 1000매를 만들어 사졸의 허리춤에 차도록 하여 급하고 바쁜 일을 감당할 수 있도록 하고자 합니다."라고 하였다. 조를 내려 이에 따르고, 대재부의 창고에 보관하던 布로 만들도록 하였다.[71]

정관 20년(870) 3월 신사, 從五位下 行對馬守 겸 肥前權介 小野朝臣春風이 아뢰어 말하기를, "죽은 從五位上 小野朝臣石雄 집안의 양가죽 갑옷 1벌과 소가죽 갑옷 1벌이 陸奧國에 있습니다. 지난 홍인 4년(813)에 적의 우두머리 吉彌侯部止彼須可牟多知 등이 난을 일으켰을 때, 石雄이 그 갑옷을 입고 남은 도적들을 쳐서 평정하였습니다. 그 후에 형 春枝[72]가 바쳤습니다. 바라여 청하옵건대, 양가죽 갑옷을 지급하여 경계로 삼도록 하시고, 歸京하는 날에 모두 관에 바치도록 하십시오."라고 하였다. 조를 내려 허락하였다. 소가죽 갑옷은 陸奧權守 小野朝臣春枝에게 주었다.[73]

방어도구를 말한다. 헤이안시대부터 나타나기 시작하여 이후 오랫동안 武士들의 방어도구로 사용되었다.

71) 『三代實錄』貞觀十二年 三月戊辰 從五位下行對馬嶋守小野朝臣春風進起請二事 其一日 軍旅之儲 當在介冑 介冑雖薄 助以保侶 望請 縫造調布保侶衣千領 以不虞 其二日 軍興不虞 倍日兼行 轉餉易絶 輜重難給 望請 以調布縫造納糒帶袋千枚 可帶士卒腰底 以支急速之備 詔從之 以大宰府庫布造之.

72) 小野朝臣春風의 형을 말한다.

73) 『三代實錄』貞觀十二年 三月辛巳 從五位下行對馬守兼肥前權介小野朝臣春風奏言故從五位上小野朝臣石雄家羊革甲一領 牛革甲一領在陸奧國 去弘仁四年賊首吉弥侯部止彼須可牟多知等造乱之時 石雄着彼甲 討平殘賊 厥後兄春枝進之 望請 給羊革甲 以警 歸京之日 全以進官 詔許之 其牛革甲給陸奧權守小野朝臣春枝.

정관 12년(870) 6월 무자, 대재부에 칙하여 대마도에 選士[74] 50
인을 두었다.[75]

정관 12년(870) 6월 갑오, 이보다 앞서 대재부가 보고하기를
"肥前國 杵嶋郡의 병고가 진동하였으며 북이 두 가지 소리로 울었
습니다. 점을 쳐서 알아보니 이웃 나라의 병사를 경계한다고 합
니다."라고 하였다. 이날 筑前 肥前 壹岐 對馬 등의 國嶋에 칙령을
내려 예기치 못한 일을 경계하고 삼가도록 하였다. 또한 보고하
기를, "구금해 두었던 신라인 윤청 등 30인 중에서 7인이 도망쳤
습니다."라고 하였다.[76]

정관 12년(870) 8월 무신 이보다 앞서 대마도가 보고하기를,
"경계가 신라에 가까워 자칫하면 침략해 오는데, 이를 막을 병사
가 없으니 쇠뇌가 같은 무기들이 무슨 쓸모가 있겠습니다. 동 떨
어진 외로운 섬을 누가 급한 일에서 구할 수 있겠습니다. 이에 들
으니 저 나라의 도적들은 칼 쓰는 것을 배우고 싸우는 것을 익힌
다고 하니 만약 예측하지 못한 일이 생기면 갑작스러운 일을 감
당하기 어려울까 두렵습니다. 바라옵건대 弩師 1명을 배치해 주
십시오."라고 하였다. 대재부에 칙하여 적당한 사람을 간택하여
보임하여 배치하도록 하고 항례로 삼도록 하였다.[77]

정관 15년(873) 12월 계축, 이보다 앞서 대재부가 아뢰기를,

---

74) 나라 헤이안시대에 大宰府에 소속되어 국방과 경비를 담당한 병사들을 말하는데
  호족의 자제 중에서 선발되었다.

75) 『三代實錄』貞觀十二年 六月戊子 勅大宰府 置對馬嶋選士五十人.

76) 『三代實錄』貞觀十二年 六月甲午 先是 大宰府言 肥前國杵嶋郡兵庫震動 皷鳴二聲
  決之著龜 可警隣兵 是日 勅令筑前 肥前 壹岐 對馬等國嶋 戒愼不虞 又言 所禁新羅
  人潤淸等卅人 其中七人逃竄.

77) 『三代實錄』貞觀十二年八月戊申 先是 對馬嶋言 境近新羅 動恣侵掠 旣無其師 弩機
  何用 絶域孤嶋 誰救警急 廼者有聞 彼國寇賊 學釼習戰 若不豫 恐難應卒 望請置弩
  師一員 勅 大宰府簡擇其人 補任置之 立爲恒例.

"지난 9월 25일, 신라인 32명이 배 한 척을 타고 대마도 해안에 표착하였습니다. (對馬)島司가 사신을 차출하여 (大宰)府로 보냈습니다. 곧 그들을 구금하여 홍로관에 두었습니다."라고 하였다. 이날 칙하기를, "신라인들이 여러 해 동안 흉악하고 독랄함을 뉘우치지 않고 있다. 표착한 이유가 틈을 엿보려는 음모일지도 모른다. 마땅히 엄중히 조사하여 실정을 확인하고 속히 돌려보내도록 하라."고 하였다.[78]

정관 16년(874) 8월 갑자, 이보다 앞서 대재부가 아뢰기를, "신라인 金四 金五 등 12인이 배 한 척을 타고 대마도에 표착하였습니다."라고 하였다. 이때에 이르러 府使에게 칙하여 온 연유를 묻고 속히 돌려보내도록 하였다.[79]

V. 맺음말

이상의 검토를 통하여 통일신라시대의 대마도는 일본국의 지방행정단위로 위치하고 있음을 알 수 있었다. 대마도에는 對馬島守를 비롯하여(目)·掾과 같은 차관, 의사·사생·弩師·譯語(통역관) 등의 관인이 파견 혹은 임명되었으며, 당이나 신라의 사절을 영접하거나 신라선의 동향을 감시하는 역할을 하고 있었다. 당·신라와의 위기감이 고조되었을 때는 金田城을 쌓고 또한 봉수대를 설치하여 침략에 대비하였다. 변경에 위치한 특수성 때문에 對馬島守에는 忍海造 등과 같이 중앙의 관인이 파견되었으며, 그들에게는 대재부 등에서 年

---

78) 『三代實錄』貞觀十五年十二月癸丑 先是大宰府言 去九月廿五日 新羅人卅二人 乘一隻船 漂着對馬嶋岸 嶋司差加使者送府 即禁其身 着鴻臚舘▼是日勅曰 新羅人挾年久 兇毒未悛 疑亦流着之體 搆候隙之謀 宜重加搜 審覈情状 早令放歸.

79) 『三代實錄』貞觀十六年 八月甲子 先是 大宰府上言 新羅人金四 金五等十二人 駕船一艘 漂着對馬嶋 至是勅府司問來由 早從放還.

糧을 제공하여 재정적인 지원을 하였다. 또한 대마도는 광물자원이 풍부하여, 은·금·납 등을 생산하여 중앙에 바쳤으며 특히 은의 생산지로서는 중요한 위치를 차지하고 있었다.

아울러 신라 정정의 불안과 더불어 신라선들이 대마도에 나타났을 때, 대안인 거제도나 부산에서 불길이 일어나는 사실을 관찰하여 중앙에 보고하고 있다. 8세기 중엽에 일본에서 신라 정벌의 논의가 일어났을 때는, 대마도의 군사력을 증강하는 등의 조치가 취해졌다. 또한 9세기 중엽에 이르면 신라 하대의 혼란상 속에서 대마도를 중심으로 한 대재부 관할 지역 내에서 신라 해적들이 貢物을 약탈하는가 하면, 지방세력들이 배를 만들거나 군사력을 증강하는 모습을 대마도인들이 목격하기도 하였다. 신라인들이 일본 해안을 약탈한 것은 일본측의 주장처럼 종전에 없던 충격적인 사건이었다.

그런 와중에 대마도는 불길한 느낌으로 신라지역에서 솟아오르는 불길이나 일정하게 울리는 북소리를 접하고 있었다. 종래에 교역을 위하여 왕래하던 상인들도 의혹의 눈길로 바라보게 된다. 이처럼 대마도는 신라지역의 상황을 눈을 보거나 귀로 들을 수 있었기 때문에 한반도의 정세에 민감할 수밖에 없었고 동시에 일본의 입장에서는 한반도의 정세에 대한 정보를 입수하는 창구로 중요시하지 않을 수 없었을 것이다.

고려 말, 조선 전기의 왜구와 대마도

이 영*

Ⅰ. 서론

왜구는 고려와 조선왕조의 교체에 지대한 영향을 미쳤다. 즉, 수십 년 동안 지속적으로 침구해 물자를 약탈하고 백성들을 납치해갔다. 약 1세기 동안 동 아시아 세계의 국제 질서를 규정해왔던 <곽스 몽골리카>가 붕괴되어 가는 과정에 나타나는 혼란 속에서, 고려는 북방 국경지대에 대한 방어에 전력을 기울여야 했기에, 적당한 왜구 대책을 마련할 수 없었다. 그래서 연해지역의 농경지를 포기하고 백성들을 내륙지방으로 이전시켜야 했고 그것은 곧 백성의 유망(流亡)과 기근(饑

---

* 방송대 일본학과 교수.

饉), 그리고 국가 재정 수입의 격감을 초래했다.[1] 왜구의 약탈과 납치 행위는 고려 백성들의 삶을 도탄에 빠뜨렸을 뿐 아니라, 조운제도(漕運制度)와 군사제도를 위시한 제반 행정체제에 큰 혼란을 일으켰다. 고려 조정은 이에 대응하기 위해 끊임없이 군사제도 등 여러 제도를 개혁해 나가야 했다. 그 귀착점이 고려 왕조의 멸망이고 조선의 건국이었다고 생각할 수 있다.

즉, 왜구들의 빈번한 침구는 장수들을 지방 현지에 장기간 주둔하게 함으로써 국가의 공병(公兵)이 사병화(私兵化)되는 계기를 제공했다. 고려를 멸망시키고 조선을 건국한 이성계 역시 그런 장수들 중 한 명이었다고 할 수 있다. 이성계가 왜구를 토벌하는 과정에서 큰 공을 세워, 군사적·정치적으로 성장하였음은 널리 알려진 사실이다. 그는 위화도 회군(回軍)을 통해 권력을 장악하고 결국 고려왕조를 타도하였는데, 그런 그가 회군의 명분으로 내세운 주장 중 하나가, 바로 북방의 명(明)나라를 공격하면 남방의 왜구에 대한 방비가 허술해져 큰 화(禍)를 초래할 것이라고 한 것이다.[2]

이처럼 한국사의 중요한 전환기라고 할 수 있는 고려 말 – 조선 초의 역사에 왜구가 미친 영향은 아무리 강조해도 지나침이 없을 것이다. 이처럼 중요한 왜구 문제를 논할 때, 빼놓을 수 없는 것이 바로 '대마도'이다. 그런데 이 시기의 왜구와 대마도의 관계에 대하여 본격적으로 고찰한 연구는 거의 없었다. 본고는 고려 말 조선 전기의 왜구가

---

1) 왜구가 고려 말의 사회에 미친 폐해는 <직접적인 피해>와 <파생적인 피해>가 있다. 전자(前者)로는 ① 약탈 ② 납치 ③ 살인 ④ 방화 등을, 후자(後者)로는 ① 해상을 통한 사람과 물자의 이동을 방해 ② 농사를 방해 ③ 기근과 유망을 초래 ④ 국가 재정을 고갈 ⑤ 과도한 병사 징집으로 인한 백성들의 반발을 생각할 수 있다. 그런데 결론적으로 보자면 파생적인 피해가 더 컸다고 할 수 있다.

2) 『고려사』 권 제137. 우왕 14년 4월 을사조.

대마도와 어떠한 관련을 맺고 있었는지에 대하여 다각적인 관점에서 고찰하고 정리하고자 한다.

Ⅱ. 고려 말 조선 전기 왜구의 실상

1. 왜구의 규모와 침구 빈도

고려와 조선왕조의 교체기에 주요한 모멘트로 작용하였던 왜구의 실상(實像)은 어떠하였을까? 13~16세기에 걸쳐서 동아시아 해역(海域)을 무대(舞臺)로 해적행위를 했던 <왜구>가 사료에 최초로 등장하는 것은, 고려 고종(高宗) 10년(1223)이다.[3] 그렇지만, 왜구가 한반도를 본격적으로 침구하기 시작한 것은 1350년 2월부터 그 이후 수십 년에 걸친 기간이다. 1350년이 경인년(庚寅年)에 해당하기 때문에 흔히 이 시기 이후의 왜구를 『고려사』나 『조선왕조실록』 등에서는 <경인 이후의 왜구>라 하여 특별히 기록하고 있다.

그러면 이 <경인 이후의 왜구>의 규모는 어느 정도였을까? 선박의 숫자로는, 소규모 집단의 경우 20척, 많을 때에는 500척에 이르는 대선단(大船團)으로 구성되어 있었다.

---

3) 『고려사』 권 제22, 고종 10년 5월 갑자조에 「倭寇金州」라고 보인다.

진포구(충남 서천군 장항읍 장암리 일대)

진포구 전투 승전기념비(진포구 전투의
현장은 승전기념비가 있는 곳이 아니고,
장항읍 장암리 일대)

전라북도 남원시 운봉읍 인월리 소재 황산전투대첩비 전경

    우왕(禑王) 6년(1380) 8월 충청남도 금강하구 일대인 진포(鎭浦)에 침구한 500척의 경우, 그 인원은 수 천 명에 달하였을 것이다. 『고려사』 에 그 정확한 숫자가 확인되는 최대의 것으로, 기병 700명, 보병 2000 명을 들 수 있다.4) 이는 이미, 단순히 약탈을 목적으로 하는 해적의 수준을 넘어서, 고려의 정규군(正規軍)과도 대적할 수 있는 전력(戰力) 이라 할 수 있다. 실제로, 가장 많은 침구횟수(侵寇回數)를 기록한 1377 년의 경우에, 왜구는 양광도(楊廣道)를 집중 공격해 그곳으로 고려군 대를 유인한 다음, 그 허(虛)를 찔러 수도인 개성(開城)을 직접 공격하려고 시도했기 때문에, 고려 조정은 내륙지방인 철원(鐵原)으로 천도 (遷都)를 계획할 정도였다.5) 당시 고려에게 있어서 왜구는 그야말로

---

4) 『고려사』 권 제114, 열전 제27, 양백연전.

5) 『고려사』 권 제133, 열전 제46, 신우 3년 5월 계미조.

국가의 존망(存亡)이 걸려 있는 큰 문제였던 것이다.

그러면, 어느 정도 빈도로 침구하였을까? 다음의 <표1>을 보면, <경인 이후의 왜구>는, 경인년(1350)에서 고려왕조가 멸망하는 1391년까지 40여 년 동안에, 394건이나 발생하고 있다. 더욱이 1356년, 1368년, 1386년의 3년 동안을 제외하고 매년 침구했다. 그 중에서 10회 이상 침구한 것이 15개년, 20회 이상 침구한 것은 3개년이나 되고 있으며, 1377년에는 한 해 동안 실로 29회나 된다. 이처럼 왜구가 빈번하게 침구해오자, 고려조정은 관료(官僚)들에게 지불해야 할 급료를 지급하지 못하게 되었으며, 지방에서 겨우 도착한 조세(租稅)를 배분하는 문제를 둘러싸고 관료들이 서로 다툰 끝에 살인을 저지르는 일도 있을 정도였다.[6]

정부는 왜구에 대응해 연해(沿海) 지역 주민들과 창고를 내륙으로 옮기거나, 지방에서 중앙으로 보내어지는 조세의 수송을, 일시적으로 해로(海路)를 피해 육로(陸路)를 이용하도록, 지시해야만 했다.[7] 이처럼 <경인 이후의 왜구>는, 고려정부의 재정(財政)을 궁핍하게 해 국가행정을 포함한 여러 가지 기능을 크게 약화시켰던 것이다.

---

6) 『고려사』권 제80, 지 제34, 식화3, 녹봉, 신우 4년 5월조.

7) 『고려사』권 제39, 공민왕 7년 4월 정유조에 「倭寇韓州及鎭城倉, 全羅道鎭邊使高用賢, 講徒沿海倉廩於內地, 從之」라고 보이고, 권 제80, 식화지3, 賑恤水旱疫癘賑貸之制條에 「近因倭寇,漕運不通,遠近輸轉,皆由陸路」라고 보인다. 또 고려의 조운제도에 관하여는, 丸龜金作「高麗の十二漕倉に就いて」(『靑丘學叢』21・22, 1935년), 崔完基「高麗朝の稅穀運送」(『韓國史硏究』34, 1981년)을 참조.

<표 1> 경인 이후의 왜구 침구표

	연도	지역	회수	집단		연도	지역	회수	집단
1	50년	8	6	5	22	71년	4	4	3
2	51년	5	3	2	23	72년	18	11	5
3	52년	13	10	7	24	73년	10	6	4
4	53년	1	1	1	25	74년	15	13	7
5	54년	1	1	1	26	75년	13	5	3
6	55년	2	2	1	27	76년	50	15	6
7	56년	0	0	0	28	77년	58	32	7
8	57년	3	3	2	29	78년	51	23	7
9	58년	12	10	2	30	79년	31	22	5
10	59년	4	4	2	31	80년	40	14	5
11	60년	19	5	1	32	81년	33	14	6
12	61년	11	4	2	33	82년	25	8	5
13	62년	2	2	1	34	83년	55	13	6
14	63년	2	1	1	35	84년	19	12	8
15	64년	12	8	5	36	85년	17	11	5
16	65년	6	3	1	37	86년	0	0	0
17	66년	3	3	2	38	87년	7	4	3
18	67년	1	1	1	39	88년	23	9	4
19	68년	0	0	0	40	89년	9	5	3
20	69년	5	2	3	41	90년	7	3	3
21	70년	2	2	1	42	91년	1	1	1

* <표 1>은『고려사』와『고려사절요』의 왜구 침구 기사를 토대로 하여 작성한 것이다.

2. 왜구의 침구 지역과 행동 양식

당시 <경인 이후의 왜구>들이 침구하던 지역은 어느 정도의 범위였을까? 이미 경인년의 다음 해인, 충정왕 3년(1351) 8월에, 130척의 대선단(大船團)으로 인천 부근에 있는 자연도(紫燕島)와 삼목도(三木島)에 침구하고 있고,[8] 다음 해인 공민왕 원년(1352) 3월에는 개성의

---

8)『고려사』권 제37, 충정왕 3년 8월 병술조.

바로 코앞에 있는 교동도(喬桐島)까지 대 선단으로 몰려 왔다.9) 그 후 왜구집단은 북한의 용천(龍川: 현재의 평안북도 의주) 부근이나, 러시아와의 국경에 가까운 함경도 북청 일대 등, 한반도의 전 지역은 물론 중국과 러시아의 연해주 일대에까지 발을 뻗치고 있다.10)

왜구(倭寇)가 중국에 출몰하게 된 것은, 원나라 말기(元末)인 지정(至正) 18년(1358)부터이다.11) 원(元)과 명(明)의 조정은 고려정부에 대해 사신을 파견, 왜구를 방어할 것을 강력하게 요구한다.12) 그래서 당시 고려 조정에서는 중국이 왜구토벌을 명분으로 내세워 고려를 공격해올지도 모른다고 하는 위기감이 만연하였고,13) 이러한 위기의식이 결국은 박위의 대마도정벌로 나타나게 된다.14) 왜구 문제는 고려 ─ 중국간의 외교문제로까지 발전해 간 것이다.

또 <13세기의 왜구>가 금주(金州: 경남 김해시)나 남해안지역에서 약탈을 마치면 곧바로 물러갔던 것에 반해, <경인 이후의 왜구>는, 금방 철퇴하지 않고 연해지방의 도서(島嶼)에 머물고 있거나, 내륙 깊숙이까지 침입하고 있다. 그 뿐 아니라, 고려의 지방 관청에 방화(放火)했다. 이러한 관청에 대한 방화가, 고려의 지방통치에 큰 장애가 되었을 것이다.

그러나 고려 조정에게 있어서 가장 큰 고민 중의 하나는 왜구들이

---

9)『고려사』권 제38, 공민왕 원년 3월 경신조.

10)『고려사』권 제43, 공민왕 21년 6월 임인조.

11)『원사』권 제46, 순제본기 9, 지정 23년 8월 정유삭조에「倭人寇蓬州, 守將劉遍撃敗之, 自十八年以來, 倭人連寇瀕海郡縣, 至是海隅逐安」라고 보인다.

12) 이 문제에 관해서는 有井智德,「14·5世紀の倭寇をめぐる中韓關係」(『高麗李朝史の研究』國書刊行會, 1985年)을 참조.

13)『고려사』권 제113, 열전 제26, 정지전.

14)『고려사』권 제137, 창왕 원년(1389) 2월조.

백성을 살상하고 납치해가는 것이었다. 그 결과, 연해지방의 수 천리(數千里)에 해당하는 지역이 인적이 없는 무인지대화(無人地帶化)하였다고 한다.[15] 왜구는 단순한 약탈행위의 차원을 넘어서, 고려의 외교 및 내정(內政)의 모든 부문에 걸쳐서 엄청난 폐해를 초래한, 국가의 존망이 달린 문제가 되어 갔다. 왜구의 근절 없이, 고려는 국가로서의 존립 자체도 위험한 상태에 놓이게 된 것이었다.

3. 왜구의 조직과 전략, 전술

<경인 이후의 왜구>가 어느 정도 수준의 무장 세력이었는지를, 조직화(組織化)의 관점에서 살펴보기로 하자. <경인 이후의 왜구>는 적지(敵地)인 고려의 내륙 깊숙이까지 들어와 정규군을 연파(連破)하고 있는데, 이는 그들이 뛰어난 전투능력을 지닌 전문적인 무력집단이었음을 의미한다. 그들의 전투능력은 선박과 말을 이용한 기동력(機動力)으로 뒷받침된 것이었다. 그 선박은 해상 이동(移動)만 아니라, 흐름이 완만한 고려의 하천(河川)을 거슬러 올라가, 내륙 깊숙이까지 병력과 군수물자(軍需物資)를 신속하게 운반한다. 그런 다음, 그들은 말을 이용하여 이동과 공격을 행하고, 고려의 토벌부대가 도착하기 전에 재빨리 타고 왔던 배를 이용해 철퇴하는 식의 기동력을 지닌 무장집단이었다.

또 <경인 이후의 왜구>는 무계획적으로 침구하는 것이 아니라, 작전회의를 통하여 구체적인 계획을 입안(立案)하고, 필요하면 첩보전을 적절하게 구사하는 등, 전략과 전법에 따라 행동하는 무력집단이었

---

15) 『고려사』권 제115, 열전 제28, 우현보조. 『고려사』권 제114, 열전 제27, 김주조. 『세종실록』권 제101, 계해 25년 8월 경인조.

다.[16] 실례로, 왜구토벌대의 지휘관인 왕안덕(王安德)이라는 장수가 붙잡힌 한 왜구를 심문한 결과, 그들은 개성 남쪽의 양광도(楊光道)의 여러 주군(州郡)을 공격해 최정예인 최영(崔瑩)장군의 부대를 유인한 뒤, 개성을 공격한다고 하는 작전을, 작전회의를 통하여 세우고 이를 실행에 옮기고자 했다고 한다.[17]

이 외에도, 공민왕(恭愍王) 때의 설장수(偰長壽)는 왜구의 전술에 대하여, '왜구의 음모술책이 무진장하다', '병력이 많을 때에는, 서쪽을 공격하는 것처럼 보이고 동쪽으로 향하여 고려군이 분산된 다음에 조용히 공격해 온다', '병력이 적으면 미리 첩자를 파견하여 부잣집을 확인한 다음 몰래 약탈한다'고 언급하였다.[18]

이처럼 다양한 전술을 구사하는 <경인 이후의 왜구>는 전체적인 전략 하에 복수의 집단이 각각 주어진 역할에 따라서 조직적으로 움직이고 있었다. 왜구의 지휘체계에 관해서 구체적으로는 알 수 없지만, 경신년(1380) 7월에 500척의 대 선단으로 금강 하구에 위치한 진포구(鎮浦口: 충남 서천군 장항읍 일대)[19]에 상륙한 왜구집단의 경우, 각각에게 부여된 역할을 수행하는 복수의 중간 지휘관과, 그 위에서 작전을 총괄하는 한 명의 총대장(總大將=아지발도)이 있었으며, 그들 사이에는 엄격한 상하관계(上下關係)가 존재하였던 것으로 보인다.[20]

이렇게 본다면, <경인 이후의 왜구>는 단순한 해적(海賊)이 아니

---

16) 앞의 주(15) 사료의『고려사』권 제114, 열전 제27, 김주조.

17) 앞의 주(15) 사료.

18)『고려사』권 제112, 열전 제25, 설손전.

19) 진포구에 관해서는 졸고, 「진포구 전투의 역사지리학적 고찰」(『잊혀진 전쟁, 왜구』 에피스테메, 2007년)을 참조.

20)『고려사』권 제126, 열전 제39, 변안열전, 「<庚寅年以降の倭寇>と內乱期の日本社会」(『倭寇と日麗関係史』東京大学出版会, 1999년)을 참조.

라, 뛰어난 전투수행능력을 갖춘 전문적인 전투 집단, 즉 군대(軍隊)로 볼 수 있다. 그렇기 때문에 고려의 정규군도 패퇴(敗退)시킬 수 있었던 것이었다.

Ⅲ. 왜구와 대마도

1. 고려와 대마도의 진봉관계

왜구 문제를 생각할 때, 가장 우선적으로 주목되는 것이 대마도이다. 대마도는 고려에서 가장 가까웠기 때문에 일찍부터 고려와 접촉해왔다. 고려 문종 36년(1082) 11월에, 일본국의 대마도가 사절을 파견하여 방물(方物)을 헌상(獻上)하였다는 기사가 보인다.[21] 또 풍랑으로 인한 표류와 같은 비상시(非常時)를 제외하고, 고려와 일본간의 정상적인 루트에 있어서는 반드시 대마도를 경유하게끔 되어 있었다. 예를 들면, 양국간의 범죄인 또는 표류인(漂流人)의 송환은 물론이고, 11세기 초의 도이(刀伊: 여진족)나 13세기 중엽의 여몽 연합군의 일본침공(이하 일본 침공)등, 군사 침공이 행하여졌을 때에도, 양국 사이를 가장 짧은 거리로 연결하는, 가장 안전한 금주(金州)와 대마도(對馬島) 사이의 항로가 이용되었다.

이러한 고려와 대마도와의 밀접한 관계는, 12세기말부터 일본침공 직전까지 약 1세기 가깝게 <진봉관계>가 지속되었다고 하는 사실을 통해서도 알 수 있다. 그러면 여기서 진봉관계에 대하여 좀 더 구체적으로 살펴보기로 하자.

12세기말부터 13세기 중엽까지의 약 1세기 동안, 대마도를 창구(窓

---

21) 『고려사』 권 제9, 문종 36년 11월조.

口)로 해서 고려와 일본 사이에는 <진봉관계(進奉關係)>라는 일종의 준공적(準公的)인 관계가 성립했고 이를 매개로 한 항상적(恒常的)인 교류가 행하여지고 있었다.[22] 이 진봉관계는 일종의 조공(朝貢)관계라고 할 수 있는데, 성립한 시기와 파탄에 이르는 시기를 정확하게 명시하는 문헌사료는 남아 있지 않다. 그렇지만, 여러 가지 정황으로 볼 때, 무신반란이 발생하였던 의종(毅宗) 말년에 해당하는 1169년 무렵에 성립하여 몽고의 일본침공이 실행에 옮겨지기 직전인 1266년 무렵에 파탄될 때까지 약 1세기 동안 지속되었던 것으로 생각된다.[23]

진봉관계는, 일본의 지방행정기관인 대마도가, 일송무역(日宋貿易)의 안전한 항로 확보와 경제적인 수익을 목적으로 행하였던 '진봉(進奉)'이라는 형태의 공적인 무역이 그 실체였다고 할 수 있다.

『고려사』에 의하면, 매년 한 번의 진봉을 행하되 배는 한 번에 두 척에 한정한다고 하는 내용이 보이는데, 대마도가 고려에 대하여 조공형식의 무역을 행하는 대가로 고려정부는 대마도가 가지고 오는 물건의 몇 배의 가치가 있는 물건을 하사하였다.[24]

당시, 진봉무역을 포함한 대마도에 관한 제반 사무는, 원칙적으로 고려 측의 대일창구(對日窓口)였던 동남해도부서(東南海都部署)의 관할 하에 이루어지고 있었다.[25] 따라서 대마도의 진봉관계, 바꾸어 말하자면 진봉무역 역시 동남해도부서의 관리 하에 놓여 있었다. 당시 동남해도부서는 대마도와의 교섭을 전담하면서, 권한(權限)을 초월하

---

22) 진봉관계에 관해서는 졸고,「中世前期の日本と高麗－進奉關係を中心として－」
 앞의 주(20) 연구서 참조.

23) 앞의 주(22) 졸고 참조.

24) 앞의 주(22) 졸고 참조.

25) 앞의 주(22) 졸고 참조.

는 사안에 대해서는 중앙 조정에 연락을 취해 지시를 받기도 하였지만, 원칙적으로는 현지인 금주(金州)에서 해결하고 있었다.

한편, 일본의 경우, '고려에 대한 진봉'의 주체는 대마도였지만, 대마도의 상급기관인 다자이후(大宰府)의 감독과 관리를 받고 있었다. 이러한 '진봉관계'에 대하여 무가정권(武家政權), 즉 헤이씨(平氏) 정권 및 그 뒤의 가마쿠라 막부는 이를 묵인 내지는 용인(容認)하고 있었고, 천황을 중심으로 한 교토의 조정(朝廷)은 '진봉관계'의 존재조차 깨닫지 못하고 있었다.

그런데, 진봉관계에 대한 인식은 당시의 양국 사이에 큰 차이가 있었다. 고려는 이를 '일본의 고려에 대한 진봉'으로 이해하고자 하였다. 반면에, 일본은 당시 시대적인 요구였던 일송(日宋)무역의 원만한 전개를 위해, 이웃나라 고려와 우호적인 관계를 유지해야 한다는 특수한 상황 속에서 이를 묵인 내지는 용인한다는 자세를 취하고 있었던 것으로 생각된다.

고려시대의 이러한 대마도와 동남해도부서와의 관계는, 조선왕조 전기(前期)에 들어와서도 양자(兩者)의 관계를 규정하게 된다. 즉, 세종(世宗) 원년(1419)에 행해진 대마도 정벌[26] 직후, 일본에 파견되어 왔던 조선 사신이 대마도정벌에 대하여 항의를 받자 다음과 같은 발언을 하였다. '대마'는 섬으로 경상도의 계림에 속해 있다. 본래는 우리나라 땅으로 여러 가지 문서에도 올라 있어 분명하게 확인된다.[27]

여기에서 말하는 계림(鷄林)이란 경상도 경주(慶州)를 가리킨다. '대마도가 계림에 속해 있다'고 하는 것은 고려왕조 당시 대마도가 계

---

26) 이를 일본사에서는 '오에이노가이코(應永の外寇)'라고 한다.

27) 「對馬爲島, 隷於慶尙道之鷄林, 本是我國之地, 載在文籍, 昭然可考」, 『세종실록』 권제4, 원년 7월조.

림에 위치해 있던 동남해도부서(경상도 안찰사)의 관할 하에 있던 것을 의미한다. 동남해도부서는, 처음 경주에 설치되었지만, 후에 금주(金州)로의 이전과 경주로의 복귀를 반복해, 고려 말기에 와서는 경주에 정착했던 것이다.[28]

요컨대, 대마도의 고려(구체적으로 말하자면, 동남해도부서, 뒷날 안찰사영이 됨)에 대해 행한 진봉관계의 결과, 세종 때에는 전 왕조 당시, 대마도를 경상도의 속령(屬領)이었던 것처럼 이해하고자 하였음을 알 수 있다. 즉, 다시 말하자면 세종 당시에 파견되어 왔던 사신이 대마도를 경상도의 계림에 속한 땅이라고 주장한 것은 전왕조(前王朝)인 고려 때에 행하여진 대마도의 진봉관계에 대한 인식에 그 근거를 둔 것이었다. 그런데, 당시 사신의 주장은, 어디까지나 수세기 동안 대마도를 독점적으로 지배해 왔던 쇼니씨(少貳氏)가, 자기 영지인 대마도를 정벌한 것에 항의하자, 이에 대항하기 위한 조선사신의 외교적인 발언에 지나지 않는 것이지, 당시 조선의 위정자(爲政者)들이 실제로 대마도를 자국영토로 인식한 것은 아니었다.[29]

현재 일본이 독도를 자국의 영토라고 주장할 때마다 우리나라 사람들은 독도는 물론이고 대마도 역시 한국 땅이라고 맞대응하는 경우가 있는데, 현대에 들어와서 최초로 이런 주장을 한 사람은 대한민국의 초대 대통령이었던 이승만으로, 그의 대마도에 대한 발언은 바로『세종실록』의 기록에 근거한 것이었다.

그러면 '대마도의 고려에 대한 진봉관계'는 언제까지 지속되었을까? 1263년 2월에 경상도의 금주(金州)를 침구한 왜구에 대해서, 같은 해 4월, 고려측은 진봉 규약(規約)을 지켜야 한다는 것을 내용으로 한

---

28) 변태섭,「고려안찰사고」(『고려정치제도사연구』일조각, 1971년).
29) 앞의 주(22) 졸고 참조.

첩장을 일본의 다자이후(大宰府)에 보내어 항의하고 있다.[30] 이것은 대마도의 고려에 대한 진봉관계가 적어도 이 1263년까지는, 단속적 (斷續的)이기는 했지만, 여전히 유지되고 있었음을 의미한다. 그러나 1260년, 고려가 몽고에 항복하고, 1266년 11월 마침내 몽고의 쿠빌라 이가 일본이 자신에 대하여 조공을 바치게 하도록 고려가 협조하라는 내용의 조서(調書)를 고려에 보낸 것을 계기로 하여, 고려와 일본의 양 국관계는 빠른 속도로 파탄되어 갔다. 이러한 사실을 잘 알 수 있는 것 이 바로, 고려 사신 반부가 일본에 전한 첩장 내용 중에, 고려가 금주에 설치되어 있던 일본인을 위한 객관(客館)을 없앴다, 고 하는 기록에서 확인된다.[31] 이는 바꾸어 말하면, 1266년까지 고려와 대마도 사이의 진봉관계가 지속되고 있었음을 입증하는 것이라 할 수 있다.

진봉관계가 이 무렵까지 유지되고 있었음을 보여 주는 또 다른 사료 가 있다. 그것은 1375년, 금왜요구사절로 파견되었던 나흥유(羅興儒) 가 '신사동정(辛巳東征: 몽고군의 제2차 침공) 이래 고려와 일본의 관 계가 끊어졌다'[32]라고 하는 기록이 『고려사』에 보이는 것이다. 진봉 관계의 소멸시기를 몽고의 제2차 침공에서 구하는 점에서 약간의 시 간적인 간격은 있지만, 일본침공 이전까지는 양국관계, 즉 '진봉관계' 가 유지되고 있었음을 보여 주는 사료라고 할 수 있다.

2. 쇼니씨(少貳氏), 소씨(宗氏)와 대마도

대마도인(對馬島人)들은, 고려에 내항(來航)하는 일본인을 위해 설

---

30) 앞의 주(22) 졸고 참조.

31) (至元 5년·文永 5년) 正月日高麗國牒狀案(大和尊勝院文書, 『鎌倉文書』 9845호).

32) 『고려사』 권 제114, 열전 제27, 나흥유전.

치한 객관(客館)이 있던 금주(金州)를 중심으로 하여, 주변의 연해(沿海) 및 도서(島嶼)지역과 빈번하게 교류하고 있었다. 따라서 대마도인들은, 일본의 다른 지역 출신자들과는 비교되지 않을 정도로 고려의 지리(地理)나 지형(地形) 그리고 내부 사정(事情)에 상당히 밝았으리라고 생각된다.

그러한 고려와 대마도와의 특별한 관계를 고려한다면, 왜구 특히 고려를 침구하였던 왜구를 논할 경우에, 이 대마도의 존재는 빠뜨릴 수 없다. 실제로 왜적이 대마도로부터 바다를 뒤덮을 정도로 많은 선단(船團)을 이루고 고려로 향하고 있다고 하는 보고나,[33] 고려와 조선 조정이 대마도를 왜구의 주된 근거지로 인식하여 두 차례에 걸친 원정을 단행하였던 점, 그리고 조선 세종 때에 사신으로 일본을 방문한 박서생(朴書生)의 보고에, 대마도가 서쪽으로 향하는 왜구의 총 집합 지점이라고 했던 것[34]을 보더라도, 대마도는 고려로 침구할 때의 주된 루트였음이 분명하다.

왜구의 발생과 밀접한 관련이 있는 대마도에 대하여, 가마쿠라시대 중기(中期) 이래로 강력한 독점적인 지배를 행사하고 있었던 것이 대마도의 슈고(守護)이자 지토(地頭)였던 쇼니씨(少貳氏), 그리고 지토다이(地頭代)였던 소씨(宗氏)였다.[35] 소씨(宗氏)는 쇼니씨의 부하(被官=地頭代)로서, 남북조(南北朝)의 쟁란기에는 쇼니씨와 함께 규슈(九州) 본토(本土)로 여러 차례 출병(出兵)하고 있었다. 그들의 밀접한 관계는 그 후에도 지속되어, 쇼니씨는 규슈지방에서의 세력다툼에서

---

33) 『고려사』 권 제114, 열전 제27, 우인열전에 「慶尙道元帥禹仁烈報, 倭賊自對馬島蔽海而來帆檣相望(後略)」이라고 보인다.

34) 『세종실록』 권 제46, 세종 11년 12월 3일조.

35) 졸고, 「<庚寅年以降の倭寇>と内乱期の日本社会」 앞의 주(20) 연구서.

밀리면 대마도로 피신(避身)한 뒤, 재기(再起)를 꾀하는 등, 대마도를 최후의 요새로 삼고 있다.[36] 대마도는 육지에서 멀리 떨어진 섬이기 때문에, 다른 지역과는 달리 일찍부터 지토다이(地頭代)인 소씨(宗氏)의 독점적인 지배가 침투하였던 지역이었다.[37]

그러한 쇼니씨는 대마도의 고려에 대한 진봉관계가 유지되고 있었던, 일본침공 이전까지 어떠한 입장을 취하고 있었을까? 고려가 사신을 파견하여 1226년에 금주(金州)에 침구한 대마도출신의 왜구에 대하여 항의하자,[38] 다자이쇼니(大宰少貳) 무토스케요리(武藤資賴)는, 즉시 악당(惡黨) 90명을 색출해 목을 베고(斬首), 고려에 대하여 사과하는 내용의 서신을 보내는 적극적인 조치를 취한 것이다.[39] 무토스케요리(武藤資賴)의 왜구에 대한 이러한 조치는 막부의 현지책임자로서 역할을 충실하게 수행한 것이었다.

왜구금압에 관한 쇼니씨의 태도는, 그로부터 약 40년이 지난 후에도 똑같이 확인된다. 고려 원종(元宗) 4년(1263) 4월, 고려정부는 같은 해 2월에 금주(金州) 관내인 웅신현(熊神縣) 물도(勿島)에 왜구가 침입해, 여러 주현(州縣)의 공선(貢船: 조세를 수송하는 배)을 약탈해간 것에 대하여, 항의하는 사신을 파견하였다.[40] 그런데 그 사신은 같은 해

---

36) 長節子(오사 세쯔꼬), 「日朝兩國史料より見た對馬島宗氏」(『中世日朝關係と對馬』, 吉川弘文館, 1986年) 22쪽.

37) 山口隼正는, 남북조 내란기를 통하여, 대마도에 대한 중앙계통의 문서가 보이지 않는 것(막부－슈고 쇼니씨 사이의 문서를 위시하여), 규슈탄다이(九州探題) 이마가와 료슌(今川了俊) 시대에도 그 권한이 미치지 않았던 것 등이 당시의 규슈의 다른 지역과 다른 점으로써 지적했다(「對馬國守護」[『南北朝期九州守護の研究』文獻出版, 1989年] 588쪽).

38) 『吾妻鏡』安貞元年 5月 14日條.

39) 『고려사』 권 제22, 고종 14년 5월 을축조.

40) 『고려사』 권 제25, 원종 4년 4월조.

8월에 귀국하여, 범인이 대마도민(對馬島民)이었음과, 그들로부터 쌀 20석, 마맥(馬麥) 30석, 쇠가죽 70령(領)을 징발하였음을 보고하였다.[41] 그러한 징발이 외교사절인 홍저(洪佇) 일행(一行)의 실력행사에 의한 것으로 보기는 어렵다. 아마도 당시 대마도의 슈고(守護)인 쇼니씨의 지시에 따라 현지의 최고책임자인 지토다이(地頭代) 소씨(宗氏)가 행한 것일 것이다. 이러한 쇼니씨의 의지(意志)가 실제로 왜구의 금압(禁壓)에 크나큰 효과가 있었음은, '일본이 왜적들을 붙잡아 사형에 처하였더니 당분간 왜구가 발생하지 않게 되었다'고 하는 『고려사』의 기록[42]에 의해서도 확인된다.

3. 경인년 왜구의 주체

경인년(1350) 이후 고려가 멸망할 때까지 약 40여 년 동안에 발생하였던 모든 왜구의 실체를 구체적으로 밝히는 것은 매우 어렵다. 그러나 그 계기가 된 <경인년 왜구>에 한해서 생각한다면, 어느 정도의 접근은 가능하다고 생각한다. 즉, 이 왜구가 13세기와는 비교도 되지 않을 정도로 대규모 집단이었던 것, 또 1350년 2월, 수십 년 동안의 공백기(空白期)를 깨뜨리고 '간노(觀應)의 조란(擾亂)'과 궤를 같이하여 발생한 것, 이후 수십 년 동안이나 지속된 것 등에서 <경인년 왜구>의 배경에는 구체적인 동기가 숨어 있다고 생각하지 않을 수 없다. 그러면, 이 <경인년 왜구>의 주체는 어떤 세력이었을까?

<경인년 왜구>의 침구 장소는 모두 대마도로부터 가까운 거리에 있는 경상도 남해안 및 경상ᄉ전라 양도의 경계 연안지역에 집중되어

---

41) 『고려사』 권 제25, 원종 4년 8월 무신조.
42) 『고려사』 권 제22, 고종 14년 12월 을해조.

있으며, <13세기 왜구>의 침구지역과 거의 중복되고 있는 것이다. <경인년 왜구>에 관한『고려사』4월조의 기사에서, 당시 그들이 목표로 하고 있던 것은 경상＾전라 양도(兩道)에서부터 수도인 개성으로 조세를 운반하는 조운선이었음을 알 수 있다. 당시 조운선에는 많은 양의 쌀과 주포(섬유)가 실려 있었다.[43] <경인년 왜구>가 목표로 삼은 지역은, 다도해(多島海)지역으로, 이 지역은 한국에서 가장 긴 낙동강과 경상＾전라 양도의 경계를 이루는 섬진강이 흐르는 곡창지대가 펼쳐지고 있는 곳이다. 이 일대 내륙지방에서 생산되는 쌀이나 보리 등의 농산물은 완만하게 흐르는 하천을 통해, 일단 남해안까지 운반되었다가 개성으로 옮겨졌던 것이다. 따라서 <경인년 왜구>가 침구하였던 지역에는, 지방의 조세를 중앙으로 옮기기 위해 전국 12개소에 설치되었던 조창(漕倉) 가운데, 승주(昇州)의 해룡창(海龍倉), 사주(泗州)의 통양창(通陽倉), 금포(今浦)의 석두창(石頭倉)의 3개가 포함되어 있다.[44]

이 일대 해안에서는, 이들 3개의 조창을 목표로 하여 경상＾전라도의 각지로부터 곡물 등의 조세를 실은 선박이 빈번하게 왕래하고 있었다. 예를 들면, 죽림(竹林)은 사주(泗州)의 통양창(通陽倉), 합포(合浦)＾고성(固城)은 금포(今浦)의 석두창(石頭倉)과 가까운 거리에 있고, 승주(昇州)의 해룡창(海龍倉)은 순천부(順天府)에 속해 있었다.[45] 순천부를 습격한 4월의 기사 내용이, 해룡창을 습격한 결과인지 아닌지는 명확하지 않지만, 약탈된 남원＾구례의 조선(漕船)은 전라도 내

---

43) 예를 들면, 고려 원종 4년(1263)에 왜구가 나포(拿捕)한 고려의 조운선 한 척에는 「穀米幷一百二十石」과 「紬布幷四十三匹」이 적재되어 있었다(『고려사』권 제25, 세가 제25, 원종 4년 4월 갑인조).

44)『고려사』권 제79, 지제33, 조운조.

45)『고려사』권 제57, 지제11, 지리2.

류의 섬진강 상류에서부터 강을 다라 남하(南下)해 광양만(光陽灣)까지 옮겨진 것일 것이다. 같은 해 5월에 또 다시 순천부가 공격을 받고 있는 것을 볼 때, 전 달(前月)의 성공에 힘입어 다시 이를 습격했던 동일 집단(同一集團)의 소행으로 생각된다.

그 규모를 살펴보면, 2월의 경우, 왜구의 목이 잘린 것이 300명으로, 13세기 이후 이 시점까지의 왜구가 침공한 예 중에 가장 큰 규모이다. 이 300명이라고 하는 숫자에서, 전체의 규모를 산출해 낼 수는 없다. 그러나 같은 해 4월에는 100여 척, 5월은 66여 척, 그리고 6월에는 20여 척의 규모로 연속해서 침구하고 있으며, 같은 해 5월, 고려군에 붙잡혀 처형된 배 한 척의 인원이 13명이었던 것을 생각하면, 100여척이라면 1,000명 정도의 인원이 침구하였던 것으로 생각된다. <13세기 왜구>가 한 번에 1~2척의 배에 수십 명 단위의 규모였던 것에 비한다면, 이는 하나의 독립된 전투단위로서 공격^수비와 같은 소규모작전도 실행할 수 있는 숫자이다. 아무리 내란기라 할지라도, 이 무렵에 1,000명 전후의 왜구를 동원 또는 조직하기 위해서는 상당한 정치력이 필요하였을 것으로 생각된다. 그 배후에 계획적^조직적으로 왜구를 조종하는 권력의 존재를 생각하지 않을 수 없다. 과연 이 <경인년 왜구>의 주체는 무엇이었을까.

이 문제를 생각할 때 가장 먼저 고려해야 하는 것은 역시 대마도이다. 그것은 앞에서도 언급한 바와 같이 고려와 일본의 경계에 위치한 대마도의 지리적인 특성과 더불어 이러한 지리적인 특성에서 유래된 고려와의 특수한 관계(예를 들면, 진봉관계)를 생각한다면, <경인년 왜구>의 주체로서 가장 먼저 혐의선상에 오르는 것은 역시 대마도세력이라고 할 수 있을 것이다. 그러면, 경인년 당시의 대마도의 내부 상황은 어떠하였을까?

가마쿠라(鎌倉)시대 말기부터 남북조시대 초기에 걸쳐서 대마도의 슈고다이(守護代)는 소 모리구니(宗盛國)였는데,[46] 1349년에 모리구니(盛國)는, 자신의 지위를 장남인 쓰네시게(經茂)에게 물려주었다.[47] 쓰네시게(經茂)는 간노(觀応) 원년(元年)을 전후해서 히젠(肥前)＾히고(肥後) 등의 지역에서 쇼니 요리히사의 부하(代官)로 활약하고 있다.[48] 소씨의 대마도에 대한 지배는 쓰네시게(經茂)[49]가 슈고다이(守護代)로 재임하던 기간에 크게 진전되는데, 그가 바로 왜구의 중심적 인물이었다.

즉, 쓰네시게(經茂)는 후술하는 바와 같이, 고려로 침구해 가는 왜구를 통할하고, 공사(公事: 세금)를 징수하는 권리를 갖고 있었다.[50] 그리고 고려 조정도 후술하는 것처럼 그를 왜구의 배후로 인식하고 있었다. 그는 또한 대마도 슈고다이(守護代)로서 쇼니 요리히사(少貳賴尚)를 따라서, 규슈의 정치정세에 깊이 관여하고 있었다. 같은 시기에 대마도(對馬島) 내에서는 소씨의 지배가 확립되고 있고, 그리고 쓰네시게(經茂)가 왜구의 중심적 존재인 점을 근거로 하면, 이 대마도 세력이야말로 <경인년 왜구>의 주체였을 가능성이 아주 크다.

---

46) 山口隼正, 「對馬国守護」 전게주(37) 山口저서.

47) 『寛政重修諸家譜』 501, 소(宗)(『大日本史料』 6~13, 178~79쪽)에 「経茂－正平四年, 封を襲う」와 같이 보인다.

48) 川添昭二, 「南北朝時代における少貳氏の守護代について」(『九州中世史の研究』 吉川弘文館, 1983년) 149~50쪽.

49) 후에 출가하여 崇慶이라는 법명을 칭하게 된다.

50) 이를 '고라이구지(高麗公事)'라 하는데, 다음과 같은 사료에서 '고라이구지(かうらいくうし)'가 확인된다. 正平 24년 7월 5일 宗宗慶書下(對馬庄司文書, 『南北朝遺文』 규슈편, 4779호). 이보다 시기적으로 선행하는 것으로 4년 전인 貞治 4년(1365) 11월 13일 宗宗慶書下写(宗家御判物写, 『南北朝遺文』 규슈편, 4603호)에 「くちきのたんところの下人のかうらいくうし」가 보인다.

그러면 대마도 세력이 경인년에 고려를 침공해야 했던 어떠한 구체적인 동기가 있었는지를, 경인년 당시의 대마도를 둘러싼 규슈지방의 국내정세를 통하여 생각해 보자.

경인년을 전후해서, 규슈지방은 동요하고 있었다. 즉, 전년도인 1349년 9월에, 쇼군(將軍) 아시카가 다카우지(足利尊氏)의 서자(庶子)이며, 다카우지의 동생인 다다요시(直義)의 양자이기도 하였던 다다후유(直冬)가, 다카우지의 집사(執事) 고노 모로나오(高師直)에 쫓겨 규슈로 들어온 뒤 급속히 세력을 확대해 갔다. 다다후유는 이후, 규슈를 떠날 때까지 약 3년 동안, 질풍노도(疾風怒濤)와 같은 기세로 중하급 무사들인 고쿠진(國人)들을 자기 휘하로 집결시키는 것에 성공한다.

교토의 다카우지(尊氏)측도 이를 좌시하지만은 않았다. 그는 다다후유(直冬)에게 출가할 것을 명령하고,[51] 이어서 규슈 지역의 무사들에게 다다후유를 토벌하라고 지시하였다.[52] 그런데 다다후유의 급속한 세력확장에 가장 크게 놀라고 위협을 느낀 것은, 규슈지역을 통괄하는 다자이쇼니(大宰少貳)직을 전통적으로 계승하고 있던, 쇼니씨의 적통(嫡統)인 쇼니요리히사(少貳賴尙)였다.

왜냐하면 다다후유는 북상(北上)을 결정하고, 간노(觀応) 원년(元年, 경인년, 1350년) 2월에 대규모의 병력을 동원하여 다자이후(大宰府)ᄼ하카타(博多)에 대한 공격을 시작한다.[53] 이러한 다다후유의 공격을

---

51) 貞和 5년 10월 11일 足利尊氏御判御教書(肥後阿蘇家文書, 『南北朝遺文』 규슈편, 2647호), 貞和 5년 10월 11일 足利尊氏御判御教書写(碩田叢史所取田原文書, 『南北朝遺文』 규슈편, 2648호).

52) 貞和 5년 12월 27일 足利尊氏軍勢催促狀写(大友家文書録, 『南北朝遺文』 규슈편, 2680호), 同年月日足利尊氏軍勢催促狀(田中光顕所藏文書, 『南北朝遺文』 2681호), 同年月日足利尊氏軍勢催促狀写(肥後阿蘇家文書, 『南北朝遺文』 규슈편, 2682호), 同年月日足利尊氏軍勢催促狀写(肥後阿蘇家文書, 『南北朝遺文』 규슈편, 2683호).

53) 藤田明, 『征西将軍宮』(東京宝文館, 1915년) 60쪽.

맞이하여 요리히사가 무엇보다 먼저 해결해야 했던 문제 중의 하나가 <병량미 확보>였다. 그러나 본거지라고 할 수 있는 지쿠젠(筑前)지방에, 요리히사의 소령(所領: 경제적 기반)은 결코 풍부하지 못하였다.[54] 요리히사는 이처럼 급박한 상황에서 벗어나기 위한 돌파구를, 고려에 침구해 약탈함으로써 해결하고자 하였던 것으로 생각된다. 즉, 군사적 요충지를 제외하고는 방비가 거의 없고,[55] 지방으로부터의 조세수송이 주로 해상을 통해 이루어지고 있다는 고려의 내부사정을, 요리히사는 고려와 오랫동안 교류해온, 고려와 가장 가까운 곳에 위치한 대마도를 직할영토로 두고 있었기에, 일본 국내의 어떤 세력보다 잘 알고 있었다. 더욱이 특히 주목해야 할 것은, 1350년 당시, 대마도를 실제로 지배하고 있던 슈고다이(守護代) 요리히사의 오른팔과 같은 존재로, 항상 주변에 있으면서 그의 군사적인 동향(動向)에 깊숙이 관여하고 있었던 소 쓰네시게(宗經茂)였다. 갑자기 군사적 위기에 처하게 된 쇼니씨로서는 언제까지 지속될지 모를 전투에 대비해, 무엇보다도 중요한 것은 <병량미 확보>였고 그것을 해결해야 하는 것은 소 쓰네시게의 역할이기도 했다. 즉, <경인년 왜구>의 주된 목적은 <병량미의 확보>에 있었던 것이다.

이처럼 병량미를 확보하고자 고려에 침공한 요리히사(賴尙)의 행동은, 당시 무사들의 일반적이고 보편적인 동향이었다. 즉, 당시의 중하급 무사들인 고쿠진(國人)층은 <병량미 확보>를 명분으로 내세워 막부에 대하여 병량료소(兵糧料所)를 요구하였다. 이 병량료소라고 하

---

54) 가와조에 쇼지(川添昭二), 「鎌倉南北朝時代における少弐氏の所領」, 『九州中世史の硏究』, 吉川弘文館, 1983년.

55) 원 간섭기 고려의 군사제도의 변화에 관해서는 권영국, 「고려 말 지방군제의 변화」 (『한국중세사연구』 제1호, 1994년)을 참조.

는 것은, 전시(戰時)에 있어서의 임시적인 군량공급지(軍糧供給地)를 의미하는 것으로, 무로마치 막부는 간노(觀應) 3년(1352)에 병량료소를 합법화하는 '반제령(半濟令)'을 실시하는데, 그것은 '유력한 슈고들이 고쿠진(國人)의 소령에 대한 요구에 부응하면서, 그들을 자기들의 조직에 편입시키고자 막부에 대하여 요청한 것에 따른 조치'였던 것이다.

경인년 이후, 규슈지방에서 군사적 충돌이 격화되면 왜구도 또한 그 침구가 격심해지며, 남북조 내란이 종식되어감에 따라서 왜구도 격감했다는 점은, <병량미 조달>이 '왜구'의 주요한 침구 목적이었음을 간접적으로 보여 주는 것이라고 생각할 수 있다.

Ⅳ. 대마도・왜구의 근거지・경유지

1. 문헌적 근거

대마도가 왜구의 근거지였음을 보여주는 문헌적 근거는 이미 <13세기 왜구>의 사례에서도 확인할 수 있다.56) 그렇지만 대마도가 단순히 왜구의 근거지 중 하나가 아니라, 본토에서 출발한 무장집단들이 고려로 침공해가기 위해 거쳤던 경유지였음을 구체적으로 규명한 연구는 많지 않다. 이 시기의 왜구를 올바르게 이해하기 위해서는 당시 일본의 중앙 및 규슈의 군사, 정치 정세와 왜구의 침구가 상호 밀접한 관련을 지닌 역사적 현상이었다고 하는 인식의 전환이 요구된다. 그러기 위해서는 대마도가 단순히 왜구의 근거지 중 하나가 아니라, 규슈본토를 진원지로 하는 무력 충돌의 여파(餘波)가 대마도를 거쳐 쓰나

---

56) 앞의 주(35) 졸고 참조.

미(津波)가 되어서 한반도로 몰려온 것이었음을 입증해야한다.

대마도 아소만의 전경

다음의 <사료2>를 보자. 이 사료는, 우왕 3(1376)년 10월, 고려 출신의 일본 승려 양유(良柔)와 함께 일본에서 귀국한 고려 사신 나홍유가 전한, 일본 승려 토구소 슈사(德叟周佐)의 서신 내용이다.

<사료2> ㉠ 서해도 일로(一路)의 규슈(九州) 지역에 반란을 일으킨 신하들이 할거하여 공부(세금)를 바치지 않은지 이미 20년이 지났다. ㉡ 서변 해도의 완고한 백성들이 이 틈을 타고(고려를) 침구하고 있는데, 이는 우리들의 소행이 아니다. ㉢ 조정이 장수를 그 곳(규슈지방)에 파견해 들어가서 매일 싸우고 있으니, ㉣ 바라건대 규슈만 평정된다면 해적은 금지시킬 수 있을것임을 하늘과 태양을 두고 맹세한다.[57]

---

57) 「其國僧周佐寄書曰, ㉠ 惟我西海道一路九州亂臣割據, 不納貢賦, 且二十餘年矣,

이 <사료2>에 대하여 가와조에 쇼지(川添昭二)씨가 "이 편지는 일본의 덴류지(天龍寺)의 승려 토구소 슈사(德叟周佐)의 이름으로 보내진 것으로, 내용으로 보아 막부의 뜻을 전하고 있음은 분명하다"고 언급했다.[58]

이 사료에서는 왜구 발생의 배경으로, '㉠ 규슈의 반란을 일으킨 신하들(난신)'의 존재를 들고 있으며 왜구의 주체로 '㉡ 서변 해도의 완고한 백성들'을 지적하고 있다. 여기서 ㉠의 난신(亂臣)이란 쇼니 요리히사와 정서부의 연합 세력을 가리킨다.[59]

그런데 왜구의 주체와 발생 배경에 관해 <사료2>와 유사하면서 다른 내용을 담고 있는 사료가 있다. 다음의 <사료3>을 보자. <사료3>은 (나흥유가 가지고 온, 귀국(일본)의 서신에 의하면, (고려를) 침구하고 있는 해적들은 우리 서해 일로 <u>규슈의 난신(亂臣)들이 서쪽 섬에 할거하여 행하고 있는 것이지</u>, 우리의 소행이 아니다. (따라서) 아직 감히 즉시로 금지시킬 수 있다고 약속할 수 없다.[60]

이 <사료3>은 1377년 6월에 안길상을 사절로 파견하였을 때 보낸 고려의 서신으로, 거기에는 나흥유가 가지고 온 승려 토쿠소 슈사의 서신(<사료2>)의 내용 일부가 포함되어 있다. 그런데, 그것을 보면 '왜구의 주체'에 대하여 약간 다르게 기술하고 있음을 알 수 있다. 즉, <사료2>에서는 왜구 행위의 직접적인 주체를 「서변해도의 완고한

㉡ 西邊海道頑民觀隙出寇, 非我所爲, ㉢ 是故朝廷遣將征討, 架入其地, 兩陣交鋒, 日以相戰, ㉣ 庶幾克復九州, 則誓天指日, 禁約海寇」, 『고려사』 권 133, 열전 제46, 우왕2년 10월.

58) 가와조에 쇼지(川添昭二), 「今川了俊の對外交涉」, 『九州史学』 제75호, 1982년 10월.

59) 졸고, 「경인 이후의 왜구와 마쓰라토(松浦党) – 우왕 2년(1377)의 왜구를 중심으로 –」(『일본역사연구』 제24집, 2007년)을 참조.

60) 「去後據羅興儒賷來貴國回文言稱, 此寇因我西海一路九州亂臣, 割據西島, 頑然作寇, 實非我所爲, 未敢卽許禁約」

백성들(頑民)」, <사료3>에서는 「규슈의 난신(亂臣)」이라는 것인데, <사료2>와 <사료3>은 모두 나흥유가 전달한 승려 토쿠소 슈사의 서신 내용인 것이다.

이 두 사료의 내용을 조합해 원래의 서신 내용을 복원한 결과, 고려 말의 왜구의 구성은 다음과 같이 정리할 수 있다.[61]

<표 2> 경인 이후의 왜구의 구성

㉠ 서해 일로(西海一路) 규슈(九州)의 난신(亂臣)	ⓐ 쇼니씨 세력	① 대마도 ② 북규슈의 쇼니씨 일족[62]
	ⓑ 정서부 세력[63]	기쿠치씨(菊池氏) 주축의 남조 수군
㉡ 서변 해도(西邊海道)의 완고한 백성(頑民)	ⓐ 규슈지역 해민 ⓑ 혼슈 서부 해민[64] ⓒ 시코쿠의 해민	①마쓰라토(松浦党) ②오오스미노구니(大隅國, 현재의 鹿兒縣)지역의 아쿠토(惡党) 等.

---

61) 앞의 주(59) 졸고 참조.

62) 가와조에 쇼지(川添昭二)는 가마쿠라 이후 남북조에 이르는 시기의 쇼니씨에 대하여 다음과 같이 언급했다.
"무토 스케요리(武藤資賴)의 뒤를 이은 쇼니씨 본종(本宗)과 서가(庶家) 일족은 그 규슈 전역에 걸친 특수한 권한을 배경으로 하여 슈고(守護)관국 내의 각 지역에 분할 소령을 획득해 분포, 광범위한 족적(族的) 번성을 보이고 있었다. 재지영주화를 위한 움직임은 오오토모(大友), 시마즈(島津) 두 집안보다도 한 걸음 앞서고 있었다. 또한 구래의 다자이후(大宰府)가 지니고 있었던 대외무역 관리 기능을 계승해 대외무역에 관여, 그 경제적인 지반을 강화하고 있었던 것이다."『이마가와 료슌(今川了俊)』(吉川弘文館. 1964년)116~7쪽 참조. 가마쿠라 시대에 대외무역에 관련하고 있었다면 전란기인 남북조 시대에는 전시라는 특수상황 하에 왜구 활동을 전개하였을 것으로 봐야 할 것이다.

63) 쇼니 요리히사가 치쿠고가와(筑後川) 전투에서 패배해 일선에서 은퇴한 이후, 쇼니씨는 적자(嫡子)인 쇼니 후유스케(少弐冬資)와 그 동생 쇼니 스미요리(少弐澄賴)로 나뉘어 각각 북조(北朝)와 남조(南朝)에 속해 있었다. 특히 정서부가 다자이후를 장악하고 있었던 시기(1361~71)에 쇼니 스미요리는 정서부의 다자이쇼니(大宰少弐)로서 행정의 주요한 역할을 행하고 있었다. 가와조에 쇼지씨에 따르면,

<사료3>에서 「규슈의 난신들이 "서쪽 섬"에 할거(割據) 하고 있다」
고 했는데 정확하게 서쪽의 섬은 어디를 가리키는 것일까? 일단 한일
양국의 국경에 위치한 대마도와 이키노시마(壹岐島)를 그 대상에서
제외시킬 수는 없을 것이다. 다음 사료를 보자. <사료4>는 왜적으로
말하면 온 나라가 모두 도적인 것이 아니고 그 반란을 일으킨 사람들
이 대마(對馬)・일기(一岐) 등 여러 섬에 근거지를 둠으로써 나라 동
쪽 변방에 접근해 무시(無時)로 침범해 옵니다.[65]

이것은 남해의 관음포(觀音浦) 전투에서 왜구 선단을 무찌른 정지
(鄭地)가 대마도를 정벌할 것을 건의한 내용이다. 여기서 우리는 반란
을 일으킨 사람(亂臣)들이 할거 하고 있었던 "서쪽 섬"이란 바로 대마

신안 해저 침몰선에서 발견된 총계 364매의 목간 중에서 쇼텐지(承天寺)의 쵸쟈
쿠안(釣寂庵) 내지는 미야자키(宮崎)라고 쓴 묵서명(墨書銘)이 나오고 있는 것을
토대로, 쇼텐지의 쵸쟈쿠안은 하카타의 사찰과 신사가 행했던 대외무역의 거점과
같은 존재였던 것. 그리고 거기에 쇼니 요리히사의 가신(심복 부하)라 할 수 있는
아에바 도데쓰(饗庭道哲)가 거기에서 정무(政務)를 보고 있는 것은 정서부 가네요
시 친왕의 대외 교섭의 실무를 그가 집행하고 있었을 것이라고 상상케한다, 고 하
고 있다『九州の中世世界』24쪽. 海鳥社, 1994년). 후술하는 것처럼 대마도는 1369
년 무렵 북조에서 남조로 전향하게 되는 데 이것은 아마도 쇼니 후유스케에서 쇼
니 스미요리의 휘하에 들어간 것으로 보인다. 이처럼 대마도를 세력 하에 둔 쇼니
씨 세력은 정서부와 더불어 규슈탄다이 이마가와 료슌에게 있어서 "서해 일로 규
슈의 난신"이었던 것이다.

64) 조선 초기의 수도서제(授圖書制), 즉 도서(圖書)라고 하는 것은 인판(印判)을 의미
하는 것으로 조선정부가 통호(通好)를 공인한 일본인에 대하여 이것을 주어서 증
명서에 찍어서 본인임을 확인하는 제도인 것이다. 이 인판(印判)은 동인(銅印)으로
인문(印文)에는 받은 사람의 실명(實名)을 새기는 것이 원칙이었다고 한다. 세종
초년부터 행해져 이를 받은 사람을 수도서인(受圖書人)이라고 했는데, 수도서인
의 분포는『해동제국기(海東諸國紀)』에 의하면 쓰시마, 이키, 규슈를 주로 하여
서부 츄고쿠(中國) 지방 일부에 이르고 있다. 미요시 후지오『佐賀県史』참조. 이
런 점을 고려하면 <경인 이후의 왜구>에 츄고쿠(中國) 지방 즉 혼슈 서부 지방
사람들이 가세했을 가능성을 배제할 수 없다.

65) 「倭非擧國爲盜, 其國叛民, 分據對馬一岐兩島, 隣於合浦, 入寇無時」,『고려사절요』
제32권 우왕 13년 가을 8월조).

도와 이키노시마(一岐島, 壹岐島) 등의 섬이었음을 알 수 있다. 정지의 건의내용, 즉 온 나라가 모두 도적이 아니다. 반란을 일으킨 사람(난신)들이 도적질(왜구)을 하고 있다. 대마도와 일기도 등이 그 근거지다. 라고 하는 점에서 이 정보는 <사료3>의 내용과 일치함을 알 수 있다. 따라서 <사료4>의 내용도 일본 측이 제공한 정확한 정보를 토대로 한 것으로 봐야 한다. 다시 말하자면 '규슈의 난신(亂臣)', 즉 쇼니씨와 정서부 세력이 왜구의 핵심 세력이었던 것이며, 이는 대마도가 <난신>, 즉 쇼니 요리히사가 배타적으로 지배하던 곳이었음을 생각하면, <사료2>, <사료3>, <사료4>는 전체적으로 상호 보완관계에 있다고 할 수 있다.

쇼니 요리히사가 <경인 이후의 왜구>의 한 주축이었음을 보여주는 문헌 사료는 또 있다. 그것은 조선 정종 원년(1399) 7월, 쓰시마 도수 소 사다시게(宗貞茂)가 조선 의정부 정승에게 자신이 쓰시마 섬의 지배자가 되었음을 알리는 내용의 서계(書契)이다. 다음 사료를 보자. <사료5>는 (A) 일본국 쓰시마 도총관 소 사다시게가 사자를 보내어 방물과 말 6필을 바쳤다. 그 글에서 다음과 같이 아뢰었다. "배신 형부시랑 소 사다시게(宗貞茂)는 정승 각하에게 삼가 글을 올립니다. 오래도록 덕화를 앙모하였으나 참배할 길이 없었습니다. 50년 전에 우리 할아버지가 일찍이 이 땅의 장관이 되었는데, 말하기를 '감히 귀국의 큰 은혜를 저버릴 뜻이 없다'고 했습니다.

(B) 그 뒤에 관(官)이 혹리(酷吏)를 파견해 오로지 탐욕스러운 생각을 제 마음대로 하여 좌우에 큰 죄를 지었습니다. 어찌 부월의 베임을 면하였겠습니까? 이러한 무리들이 지난 해에 하나도 남김없이 죽었으니 하늘이 패망하게 한 것입니다. 이제 불초(不肖)로써 할아버지의 직책을 맡기었으므로, 이에 저의 역량을 헤아리지 못하고 외람되이 정성

을 바칩니다.[66)

이 <사료5>의 (A)와 (B) 부분을, 오사 세쓰코(長節子)는 다음과 같이 해석하였다.[67)

예전에 사다시게의 조상이 쓰시마 섬의 지배자였는데, 그 뒤 '관(官)'이 파견한 '혹리(酷吏)'로 바뀌어 악정이 행하여졌다. 그런데 그들은 '지난 해'에 전멸당하고 사다시게가 조상의 자리를 계승하였다고 하는 것이다. 이에 따르면 도내(島內)의 지배권이 우선 사다시게의 조상에서부터 '혹리'로 옮겨갔고 또 그것을 사 다시게가 다시 빼앗아왔다고 하는 두 차례의 정변이 있었다고 하는 것이 된다.

오사는 (B)의 구절을 단순히 '악정(惡政)'이라고 해석하고 있지만, 이 구절은 (A)와 댓구(對句)가 되고 있다. 따라서 윗 구절을 보다 정확하게 해석한다면, 다음과 같은 뜻이 될 것이다. 즉 50년 전(1349년)에 나의 조상(사다시게의 조상, 쓰네시게)은 이 땅(쓰시마 섬)의 행정책임자가 되어, 귀국(고려)의 '큰 은혜를 입은 의리를 배반할 뜻이 없었지만, 이후 관이 혹리를(쓰시마 섬)에 파견하여 오로지 탐욕스러운 생각을 제 마음대로 하여(마음 내키는 대로 약탈을 행함으로써) 좌우(고려

---

66) 日本國對馬島都摠管宗貞茂遣使來獻方物及馬六匹, 其書曰, 陪臣刑部侍郎宗貞茂拜書政丞閣下, 久仰德化, 無由瞻拜, 五十年前吾祖曾爲此地之宰曰, 不敢有負貴國鴻恩之義. 爾後, 官差酷吏專縱貪婪之心, 獲罪於左右者, 豈免鈇鉞之誅乎, 此輩去歲曾無噍類天敗之也, 今以不肖補祖之職, 玆者不喘巳(己?)量叨濫納疑. 盖以關西强臣拒朝命, 用縱橫之兵, 侵掠旁午海陸, 無官法, 邊民每歲縱放賊船, 虜掠貴國沿海男女, 燒殘佛寺人屋, 此非國朝所使也. 今則國土一統, 海陸平靜, 朝命嚴禁, 人民懼法, 今後貴國人舩來往, 無碍沿海寺宇人家, 依舊經營, 則陪臣心願也, 天日明矣, 不敢食言, 謹★丹衷, 仰冀憐禁.

67) 오사 세쓰코(長節子) 「十四世紀後半の二度の政変」, 『中世日朝關係と對馬』 吉川弘文館, 1988년.

와 막부?)에 큰 죄를 지었다'라는 의미이다.

1350년이 '경인년'으로 소위 <경인년 이후의 왜구>가 시작된 해임을 생각하면, 여기서의 '이후'가 정확하게 어느 시점을 가리키는지 흥미롭지만, 이 문장은 적어도 쓰시마 측이 설사 '관'이 '혹리'를 파견해 고려에 침구한 것을 자인하고 잘못을 사죄하는 의미의 문장이라고 단언할 수 있다.

그런데 여기에서 주목해야 할 점은, 쓰시마의 소씨의 상관(上官)이 혹리를 파견해 고려에 침구하도록 했다는 것이다. 즉, 사료의 (A)와 (B) 부분에서 소 사다시게는 고려를 침구해간 왜구의 배후로 '관'이 파견한 '혹리'를 지목하고 있는 것이다. 오사는 이 부분에 대하여 사다시게가 말하는 바 '관'이란 '이마가와 료슌(今川了俊)'이며 '혹리'란 '소 요리시게(宗賴茂)'를 의미한다고 했다.[68] 왜구를 금압하는 입장에 있었던 료슌이 왜구의 배후일리는 없지만, 적어도 당시의 왜구가 쓰시마의 소씨(宗氏)의 상관(上官)의 지령에 의해 이루어지고 있었음을 암시한다고 할 수 있다.

이 양자(兩者)의 관계를 경인년 당시로 돌아가 생각하면, 쓰시마의 슈고(守護)는 쇼니 요리히사(少貳賴尙), 슈고다이(守護代)는 소 쓰네시게(宗經茂)였다. 쓰네시게는 경인년 전후 무렵, 규슈 현지의 요리히사 측근에 있으면서 군사업무를 전담하고 있었다. 따라서 실제로 쓰시마 현지의 행정을 맡아본 것은 쓰네시게의 동생 소 소코(宗宗香)였으며 이는 요리시게의 조부(祖父)에 해당하는 인물로 여겨진다. 다음의 <소케 계도>를 보자.[69]

---

68) 앞의 주(67) 오사 논문 참조.
69) 앞의 주(67) 오사 논문 참조.

<소케(宗家) 계도>

①宗資國....②右馬太郎....③盛國－④經茂(쓰네시게)－靈鑑(法名)－
⑦貞茂(사다시게)－⑧貞盛－宗香(法名, 소코)－⑤澄茂....⑥賴茂(요리시게)

<사료5>에서의 암시, 즉 왜구의 침구가 쇼니씨－소씨의 명령 계통을 통해 이루어지고 있었다고 하는 것을 입증할 당시의 문헌 사료로 다음의 <사료6>를 들 수 있다.

<사료6>
かうらいわたりの大山ふね二そうのくうしの事、さしをき申所如件、
正平二十四
七月五日
　　　　　　(宗經茂)
宗慶(花押)
大山宮內さへもん殿70)

이 <사료6>은 쇼헤이(正平) 24년(1369) 7월 5일에, 'かうらい(高麗)'로 건너가는 오야마(大山)의 배 두 척이 지불해야 할 일종의 도항료(渡航料)인 'くうし(公事, 세금)'을 면제해준다고 하는 내용의 문서다. 그런데 이 문서는 당시 쓰시마의 슈고다이(守護代)였던 소 쓰네시게(宗經茂)가 슈고(守護, 이 당시는 쇼니 요리히사의 아들, 후유스케)의 뜻을 받들어 오야마미야우치사에몬(大山宮內さへもん)에게 알리는 형식을 취하고 있다. 이 오야마미야우치사에몬(大山宮內さへも

___
70) 「宗宗慶書下」, 『對馬庄司文書』(南北朝遺文九州編, 4779호).

ん)라는 인물은 현재의 쓰시마시(對馬市) 미쓰시마쵸(美津島町) 오야마(大山)마을에 거주하던 사람으로 생각된다. 이처럼 대마도 슈고다이 소 쓰네시게는 주군인 슈고 쇼니씨의 허락 하에 고려로 도항하는 선박과 사람들에게 부과했던 '고라이구지(高麗公事)'를 면제해주고 있었다.

쇼헤이(正平) 24(1369)년은 공민왕 18년에 해당한다. 그런데 전년인 공민왕 17(1368)년의『고려사』에 다음과 같은 기록이 보인다.

> 7. (가을 7월) 기묘일. 대마도 만호가 사자를 보내어 토산물을 바쳤다.[71]
> 8. (가을 7월) 갑오일. 강구사 이하생을 대마도에 파견하였다.[72]
> 9. 11월 병오일. 대마도 만호 숭종경이 사자를 파견하여 입조하였으므로 숭종경에게 쌀 1천 석을 주었다.[73]

대마도의 만호 숭종경(崇宗經＝소 쓰네시게: 宗經茂)이 1368년에 사자를 보내 온 것은, 고려와 대마도의 <진봉관계>가 몽고의 일본 초유(招諭)로 인해 두절된 이후 실로 100여 년 만의 일 이었다.[74] 그것은 공민왕 15(1366)년에 파견된 최초의 금왜사절의 래일에 대한 대마도의 반응이었다. 거기에 대하여 고려는 강구사 이하생을 대마도에 파견하고 또 다시 송중경이 사자를 파견해 입조하자 이에 화답하는 형태로 고려는 그에게 쌀 1천 석을 주었다.

---

71)『고려사』권 제41, 공민왕 17년 가을7월 기묘일조.

72)『고려사』권 제41, 공민왕 17년 윤달조.

73)『고려사』권 제41, 공민왕 17년 11월 병오일조.

74) <진봉관계>에 관해서는 졸고「中世前期の日本と高麗－進奉關係を中心として」전게 주(20) 연구서 참조.

이처럼 고려와 대마도 사이의 사자 교환을 전후한 기간 즉, 공민왕 16년(1367) 3월에 강화부를 침구한 뒤, 18년(1369) 11월에 다시 아주(牙州, 충남 아산)에 침구할 때까지 약 2년 9개월 동안 왜구는 침구하지 않았다. 특히 7월에 대마도 만호의 사자가 고려에 온 곰민왕 17년(1368)에는 단 1건의 왜구도 발생하지 않았다. 이처럼 왜구가 일체 발생하지 않았던 것은 거의 매년 왜구가 침구해오던 당시 상황을 고려할 때 특별히 주목해야 할 사안이다. 즉 이것은 당시의 왜구가 대마도 세력에 의한 것이었거나 아니면 적어도 대마도의 송중경(宗經茂, 崇宗慶)이 왜구를 통제할 수 있는 위치에 있었음을 보여주는 것이다. 그런데 <사료6>, <사료7>, <사료8>, <사료9>와 관련이 깊은 것이 바로 다음 해인 공민왕 18년(쇼헤이 24, 1369)의 『고려사』의 다음 사료들이다.

10. (가을 7월) 신축일. 거제·남해현에 있는 투화(投化) 한 왜인들이 배반해 자기 나라로 돌아갔다.[75]

11. 11월 임진일. 아주(牙州, 충남 아산)에서 왜적의 배 3척을 포획하고 포로 2명을 바쳤다.[76]

12. (11월 무오일). 왜적이 영주(寧州)·온수(溫水)·예산(禮山)·면주(沔州)의 양곡 운송선을 약탈하였던 것이다. 이에 앞서 왜인들이 거제도에 거주하면서 영원히 화친 관계를 맺고자 하므로 조정에서 그것을 믿고 허락하였었는데 이때에 와서 도적이 되어 침입한 것이다.[77]

---

75) 『고려사』 권 제41, 공민왕 18년 가을 7월 신축일조.
76) 『고려사』 권 제41, 공민왕 18년 11월 임진일조.
77) 『고려사』 권 제41, 공민왕 18년 11월 무오일조.

이 <사료12>의 밑줄 친 부분의 내용으로 볼 때, <사료10>의 거제
·남해현에 투화하였던 왜인들은, 전년도에 있었던 대마도와 고려와
의 교류 결과에 의한 것, 즉 대마도의 왜인들이었음을 알 수 있다.[78]
즉, 고려와 대마도가 서로 사절을 파견한 후, 고려가 대마도의 숭종경
에게 쌀 1천석을 주고 또 거제·남해현에 대마도 사람들을 거주(投
化)하게 하는 조건으로 고려에 대한 왜구 행위를 하지 않는다고 하는
일종의 평화조약이 체결되었음을 짐작할 수 있다.[79]

---

78) 거제도가 바로 대마도의 건너편에 위치한 가장 가까운 섬이라고 하는 점에서도
당시 거제·남해현에 투화한 왜인들이 대마도 사람들이었음을 알 수 있으며, 또
한 이러한 사료들을 통해서 우리는 경인년(1350)이후 왜구의 주역들이 바로 대마
도 사람들이었음을 확인할 수 있는 것이다.

79) 거제도에서 왜인들이 거주했던 곳은, 현재의 거제시 일운면 와현리 '예구' 마을로
추정된다.『거제시사(巨濟市史)』에 의하면, '예구' 마을의 어원은 '왜구'에서 유래
되었다고 한다. 조선시대 전기 서울에 있었던 왜관터(현재의 중구청 건물 일대)가
20세기 초에 '예관동(穢官洞)'으로 불리고 있었던 것을 생각하면, 이점은 수긍이
간다. 그리고 예구 마을의 위치가 거제도의 남쪽 끝, 대마도와 가까운 곳에 있다는
지리적인 조건과, 바다를 남면(南面)하면서 동서북(東西北) 쪽은 산지(山地)로 둘
러싸인 경사면에 위치하고 있어서 감시하기 좋은 곳에 위치하고 있다는 지형적인
조건 또한 이러한 추측을 가능하게 한다. 또 하나 예구 마을의 위치가 조선 시대
초, 거문도에서의 대마도 사람들의 어로 행위를 감독하던 관청이 있던 지세포와
인접하고 있다는 점 또한 간과할 수 없다.

거제도 일운면 와현리 예구 마을의 전경

　그런데 <사료6>과 <사료10>을 보면 둘 다 공민왕 18년(正平 24, 1369) 7월의 사료임을 알 수 있다. 이달의 『고려사』에는 왜구가 침구했다는 기사가 보이지 않으며 또 사절 파견이나 교역 등의 목적으로 쓰시마에서 선박이 왔다고 하는 기록도 없다. <사료6>이 7월 5일이고 <사료10>의 신축일이 며칠 인지는 정확하게 알 수 없지만, 시기적으로도 아주 근접한 것으로 볼 때 다음과 같이 해석할 수 있다. 즉 <사료6>에서 보이는 오야마미야우치사에몬(大山宮內さへもん)이, 쓰시마의 슈고(守護)의 지시를 받은 슈고다이(守護代) 소 쓰네시게(宗經茂)로부터 고려에 건너갈 때 내야하는 도항료(渡航料, 高麗公事)를 면제받은 배 두 척은, 바로 <사료10>의 남해와 거제도에서 각각 거주하고 있었던 대마도인들을 쓰시마로 송환하기 위해 파견한 배였던 것이다. 도항료를 면제해 준 이유도 그것이 약탈을 해서 수익을

올리기 위한 항해가 아니라, 남해와 거제도에 거주하던 쓰시마 사람들을 철수하기 위한 것이었기 때문으로 생각된다.

이 <사료6>을 통해 우리는 남해도와 거제도에 거주하던 쓰시마인들의 철수가 쇼니씨의 지시를 받은 소 쓰네시게(崇宗經)의 명령으로 이루어졌음을 알 수 있다. <사료11>과 <사료12>에서 알 수 있듯이, 그 뒤 11월에 왜구는 다시 재개된다. 이렇게 볼 때, 7월의 철수는 왜구를 재개하기에 앞서 남해와 거제도에 거주하던 쓰시마의 안전한 철수를 위한 것이었던 것이다, 고 생각한다. 철수에 앞서서 고려에 대한 침구가 자행되었더라면 당연히 두 섬에 거주하던 쓰시마 인들은 위험에 처하게 되었을 것이다. 이것을 보더라도, 당시 왜구가 결코 산발적·무계획적으로 행하여졌던 것이 아니라, 이처럼 쇼니씨의 지시 하에 소 쓰네시게가 조직적·계획적으로 그리고 신중하게 실행에 옮기고 있었음을 알 수 있다.

2. 상황적 근거

왜구사(倭寇史)는 '해적의 역사'라 할 수 있다. '해적사(海賊史)'는 '해양사(海洋史)'의 범주에 포함된다. 해양사는 인간이 바다를 무대로 하여 행한 활동에 관한 연구이다. 인간의 해양 활동에는, 해운, 수산, 해양개발, 해양탐험, 해전 등이 있고 항해는 이러한 행위를 원활하게 수행하기 위한 기본전제라고 할 수 있다.[80] 그러나 위와 같은 행위들은 그 자체가 목적이라기보다는 육지를 주무대로 생활하는 인간들의 행위와 밀접하게 상호 연관되어 있다.[81] 그래서 해양사는 그 자체 논

---

[80] 김성준, 「알프레드 마한의 해양력과 해양사에 관한 인식 — 그 의의와 한계를 중심으로 — 」(『한국해운학회지』 26호, 1998년 7월)을 참조.

리로 성립된다기보다는 내륙을 무대로 전개되는 여타 역사와 관련지어져 파악되어야 한다. 따라서 해양사는 '해양과 내륙 역사의 상호관계'에 초점을 맞춘 역사학의 한 분야라고 정의할 수 있다.[82] Haws와 Hurst는 "해양에서 발생한 사건과 육지에서 발생한 경향이나 사건들은 깊이 연관되어 있으며, 둘 가운데 어느 하나를 언급하지 않고서는 나머지를 제대로 이해할 수 없다"고 했다.[83]

왜구사 연구에 있어서도 왜구의 침구 시기와 지역을 일본 국내의 군사정세와 관련지어 연구되고 설명되어져야 한다. 그렇지만 기존의 연구는 이런 문제의식을 찾아볼 수 없었다. 필자의 <경인년 왜구=쇼니 요리히사 배후>설은 이하(以下) 서술하는 것처럼, 쇼니씨를 중심으로 한 규슈 정세와 『고려사』에 보이는 왜구의 침구 시기 및 지역을 관련지어 고찰했을 때 결코 상호 모순되지 않고 정합적(整合的)임을 확인할 수 있다.

즉, 경인년(1350)부터 병신년(1356)에 걸쳐서 고려를 침구해온 왜구를, 동 시기의 쇼니 요리히사를 중심으로 한, 중앙 및 규슈 지역의 정세변동과 유기적인 관련 속에서 고찰한 결과, 다음과 같은 특징을 지적할 수 있었다.[84] 즉 당시 왜구의 침구 양상은 대마도의 슈고(守護) 쇼니 요리히사(少貳賴尙)가 처한 군사 및 정치적인 상황과 상호 긴밀한 대응관계를 보이고 있다. 즉, 규슈 지역에서 요리히사가 군사적으로 수세(守勢)에 처하거나, 결전을 앞두고 군사적 대치 상황이 긴박해질

---

81) 앞의 주(80), 김성준 논문 참조.

82) 앞의 주(80), 김성준 논문 참조.

83) Duncan Haws & Alex Hurst, Maritime History of the World, VOL. 1 P.I.X

84) 졸고, 「경인년(1350) - 병신년(1356)의 왜구와 규슈 정세」(『한국중세사연구』 제 26호, 2009년 4월)을 참조.

때, 왜구가 침구한다. 반대로 요리히사가 군사적인 위기상황에서 벗어나거나 군사적 긴장관계가 일시적이나마 해소 또는 이완되는 경우, 왜구는 침구하지 않는다.

그리고 이 시기 왜구의 침구 지역은, 크게 남해안 지역과 중부 서해안 지역으로 나눌 수 있는 데, 대마도 대안(對岸) 지역 및 전라남도 남해안 지역을 침공하는 경우는 규슈 지역에서의 요리히사의 군사 작전이 임박해 시간적인 여유가 많지 않을 때 이루어진다.

한편 중앙의 정세 변화가, 규슈 지역의 요리히사에게 불리하게 파급될 것이 예상되지만 아직은 시간상 여유가 있을 경우, 왜구는 항해상의 위험과 고려군의 공격에 노출될 위험이 배가(倍加)되지만 대마도에서 멀리 떨어진 중부 서해안 지역을 침구한다.

그리고 규슈 지역에서 요리히사가 한창 격전을 전개하고 있을 때에는, 중부 서해안 지역에 대해서는 물론, 인접한 남해안 지역에도 왜구는 침구하지 않는다. 이는 전력이 분산되는 것을 피하기 위한 것으로 생각된다.

요리히사가 규슈 지역에서 군사적 구심점으로서의 지위를 상실해 군사 활동이 소극적으로 변하면, 왜구의 침공 횟수도 급감하고 침구 지역 역시 남해안 지역으로 한정된다. 또한 요리히사의 최대 당면 과제인 규슈탄다이(九州探題) 잇시키 도유를 규슈에서 축출하는 것이 성공하는 1355년 10월을 기점으로 해서 그 다음 해(1356)에는, 왜구가 경인년 이후 최초로 단 1차례도 침구해오지 않는다.

이상과 같이, 경인년부터 병신년에 이르는 약 7년 동안 고려를 침구해온 왜구를 고려와 일본의 문헌 사료를 함께 고찰해본 결과, 당시 왜구의 침구는, 12세기 말의 가마쿠라 시대 초부터, 대마도를 독점적으로 지배해온 쇼니씨의 가독(家督) 쇼니 요리히사가 처한 군사·정치적 상황과 상호 모순 되지 않으며 오히려 거의 모든 점에서 밀접한 상관관계를 갖고 대응하고 있었음을 확인할 수 있다.

3. 물적 근거

1) 쇼니 요리히사의 금자묘법연화경

일본 규슈의 나베시마(鍋島) 호코카이(報效會)가 소장하고 있는 칠권본(七卷本)「妙法蓮華經」이 있다. 권희경(權熹耕)의 연구에 의하면,[85] 현재 一部七卷으로 되어 있는데, 제4권이 결본(缺本)으로 되어 있다. 이 불경은 지원(至元) 6(1340)년 6월에 고려에서 제작된 것인데, 쇼헤이(正平) 12(1357)년 12월에 쇼니 요리히사(少貳賴尚)가 이것을 덴만구(天滿宮)에 기진했다고 기록되어 있다.[86] 즉, 이 불경은 제작된(1340년) 이후, 17년이라는 기간 중 어떤 시점에 일본으로 옮겨져 덴만구에 기진되어졌던 것이다.

제7권에 기록된 기진명(寄進銘)에는, 제작 당시 일본으로 팔거나 또는 보낸다고 하는 것과 같은 기록은 물론, 일본과의 관련성은 일체 보이지 않는다.[87] 더욱이 이 기간 중에 양국 간에는 <일본 침공>으로 인한 군사, 외교적 긴장관계가 지속되어져, 일체의 공식적인 교류가 없었다. 그런데 바로 이 기간 중에, 이 묘법연화경은 일본으로 건너가 필자가 <경인년 왜구>의 배후 인물로 지목한 쇼니 요리히사에 의

---

85) 권희경(權熹耕), 1977,「至元六年銘紺紙金字法華經について」,『佛教藝術』113.

86)「奉寄進 天滿宮, 金字妙法蓮華經一部七卷, 右爲現當二世所願成就乃, 至法界有情同原種智者, 正平十二年(歲次丁酉)臘月二十五日」.

87) 그 원문은 다음과 같다.「發願偈 妙法蓮花勝經典, 金泥寫成願不淺, 願此一部七大卷, 諸佛會中隨佛現, 證明諸佛無碍辯, 開示衆生佛知見, 發願息影沙門 淵鑑, 施財重大匡劉成吉, 掌合 朱暉, 監門衛錄事 朴中漸, 幹事, 道者 戒禪 師惲 克論, 至元六年庚辰六月日 栢嚴 聰古書」.

하여 덴만구에 기진되고 있는 것이다.

그렇다면 이 불경은 어떤 경로를 거쳐서 쇼니 요리히사의 손에 들어
오게 되었을까? 이러한 의문에 해결의 실마리를 제공해줄 수 있는 것
이 바로 다음의 <사료13>이다.

> 13. 무술일. 왜적이 승천부(昇天府)의 홍천사(興天寺)에 들어와서
> 충선왕(忠宣王)과 한국공주(韓國公主)의 초상화를 떼어가지고
> 갔다.88)

공민왕 6년(1357) 9월 26일(무술일)에 일어난 이 사건은, 당시 고려
의 조야(朝野)를 크게 놀라게 한 사건으로 목은 이색의 『목은집(牧隱
集)』에도 기록되어있다.89) 이 기사는 요리히사가 불경을 기진한 해,
즉 1357년 9월에 있었던 왜구의 침구기사다. 따라서 이 <사료13>은
다음과 같은 점에서 주목된다. 첫째, 일본과 아무런 관련이 없었던 금
자묘법연화경(金字妙法蓮華經)이 제작된 지 17년 사이에 고려에서
일본으로 건너온 점, 둘째 더욱이 그 기간 중에는 양국간에 일체의 공
식적인 교류가 이루어지지 않았던 점, 셋째 도자기나 고려 인삼과 같
은 것이 아니라, 불경이라는 특수한 물품이라는 점 등이다. 이상의 여

---

88) 『고려사』 권 제 39, 공민왕 6년 9월 무술일 조.

89) 「9월 16일에 입직(入直)하여 다시 앞의 운을 사용하다. 이날 밤에 왜적이 홍천사에
침범하였다」(『목은집』 제4권). 그런데 왜구들이 승천부 홍천사에 침구했다는
『고려사』의 기록(무술일)이 정확하다면, 그날은 9월 16일이 아니라 9월 26일이다
(『자치통감(資治通鑑)』에 의거)고 해야할 것이다. 승천부 홍천사는 강화도의 바로
건너편, 현재 북한의 개풍군 홍천리 일대 해안가에 있었던 사찰로, 현재 지도에는
홍천포와 구사동(舊寺洞) 그리고 절골(寺谷)이라는 지명이 남아있다. 홍천사는 1357
년 왜구가 침구했을 당시의 국왕인 공민왕(1351~74)의 조부에 해당하는 충선왕
과 그 부인 몽고 왕실 출신의 한국공주(韓國公主)의 원찰(願刹)이었다. 공민왕은
충숙왕의 둘째 아들로 충선왕의 손자에 해당한다.

러 조건을 고려할 때, 불경이 있어야 할 사찰, 즉 승천부 홍천사에, 그것도 요리히사가 덴만구에 기진한 바로 석 달 여 전에 왜구가 침구하였다는 기록은 무시할 수 없는 기사이다. 더욱이 이 공민왕 6년 9월의 왜구 침구 기사는, 경인년 이후 왜구가 고려의 사찰에 침구하였던 사례 중에 최초의 것인 점을 생각하면 더 더욱 그러하다.

홍천사에서 약탈한 수월관음도.
현재 규슈 사가현 카가미신사 소장.

이 금자묘법연화경(金字妙法蓮華經)은 왜구가 승천부 홍천사에서 약탈해 온 것이라고 단정해도 좋다. 그렇다면, 왜구가 승천부 홍천사에 침구한 것이 1357년 9월이고, 쇼니 요리히사가 덴만구에 금자묘법연화경을 기진한 것이 같은 해 12월이니까, 이 불경은 불과 4개월 이내라고 하는 단기간에 「약탈 – 고려에서 일본으로의 운반 – 쇼니 요리히사에 의한 기진」이라고 하는 과정을 거친 것이 된다. 따라서, 이것은 1357년 당시 왜구의 약탈의 먹이사슬의 정점에 쇼니 요리히사가 위치하고 있었음을 보여주는 것이라고 생각할 수 있을 것이다. 당시 교통의 발달 상황 등을 고려할 때, 이 공민왕 6년 9월의 왜구 침구 기사야 말로 쇼니 요리히사가 당시 왜구의 흑막(黑幕) 중의 하나였음을 보여주는 아주 좋은 자료라 할 수 있다.

2) 대마도의 고려 반자(飯子)

한국과 일본의 국경에 위치한 섬, 쓰시마(對馬島)의 남쪽 끝 쯔쯔(豆酘)라고 하는 곳은 현재 인구 약 1400여명, 600여 호(戶)로 이루어진 대마도에서 두 번째로 큰 집락이다. 북쪽으로 야다테산(矢立山)과 다테라산(龍良山)이라는 높고 험준한 산봉우리가 이어져있고, 동서 양쪽으로는 간자키(神崎)·쯔쯔자키(豆酘崎)라는 긴 곶(串)이, 바다를 향해 뻗어나 있으며 남서쪽으로는 현해탄의 거친 파도가 밀려오는 암초가 많은 해안으로 둘러싸이고, 동쪽으로 나이인(內院) 해곡(海谷)을 바라보고 있어서, 예전에는 쉽사리 접근하기 어려운 천연(天然)의 외딴 마을 이었다.[90]

제2차 세계대전 이후, 일본의 9개 학회가 공동으로 실시한 조사에서 쯔쯔 지역에 대한 연구를 주최한 이시다 에이이치로(石田英一郎)는 "쯔쯔는 쓰시마에서도 서남단(西南端)에 위치해 다른 부락과 멀리 떨어진 존재로서 오랜 역사를 지니고 있는 아주 특수한 부락"이라고 했다.[91] 일본의 입장에서 보면 쓰시마는 국경에 위치한 낙도(落島)인데 그 쓰시마 섬 안에서도 쯔쯔는 다른 마을과 격리되어 '쓰시마의 사쓰마(薩摩)'라고 불리고 있을 정도이다.

현재 다구쓰다마 신사에는 고려시대의 것으로 보이는 높이 75센티미터의, 구리로 만든(銅造) 정관음좌상(正觀音座像)과 해인사판 재조본(再雕本) 대장경 약 5000권(950여 책), 그리고 청동제 대형 반자(大鉦, 또는 金鼓)가 전해지고 있다. 이 반자에는 제작 당시에 새겨 넣은

---

90) 구로다 사토시(黒田智),「對馬豆酘の村落景観と祝祭空間」,『海のクロスロード 對馬』雄山閣, 2007년.

91) 日本人文科學會編,『人文』(1特集 對馬調査 1953년), 九學會連合對馬共同調査委員會編,『對馬の自然と文化』(古今書院, 1954년).

명문(原銘)과 신사에 기진될 당시에 새겨넣은 명문(追銘)이 있는데 이를 해석한 결과, 그 반자는 고려 고종32년(1245)에 최이의 집정기관인 진양부(晉陽府)가 부(父) 최충헌의 원찰인 창복사에 사용하기 위해 만든 것임을 알 수 있었다.[92] 또한 그 반자는 최씨 정권의 붕괴와 더불어 국가에 몰수되었다가 이후, 충선왕과 그 부인 한국공주, 그리고 충선왕의 장인이며 쿠빌라이의 적손자(嫡孫子)인 진왕(晉王)의 원찰, 홍천사가 세워지면서 옮겨진 뒤 공민왕 6년(1357) 9월에 왜구들에 의해 약탈당해 쓰시마 쯔쯔의 다구쓰다마 신사(당시의 관음당)에 바쳐진 것임이 밝혀졌다.[93]

그런데 반자를 바친 오오쿠라 쓰네다네는 1357년 10월 16일에 반자를 기진했는데, 그가 속한 오오쿠라씨는, <경인년 왜구>의 배후인 쇼니 요리히사와 다음과 같은 점에서 밀접한 관련이 있는 것으로 생각된다. 즉 첫째, 쇼니씨와 오오쿠라씨 일족은, 그 본거지가 다자이후(大宰府)를 중심으로 한, 북 규슈 지역이라는 점에서 활동의 지역적 거점이 거의 일치한다. 둘째 두 집안 모두 다자이후(大宰府)의 부관(府官)이라는 지위를 근거로 삼아, 세력을 확장해왔다는 점이다. 셋째 해외무역으로 재력을 축적했으며 또 군사력의 일부로 해군력을 내포하고 있다는 점이다. 넷째 쇼니씨의 영지(領地) 중 큰 비중을 차지하는 것이, 바로 오오쿠라씨 일족을 대표하는 적류(嫡流) 하라다씨의 3700町이었던 점이다. 다섯째 하라다쇼(原田庄) 내부에 쇼니씨의 군사시설이 설치되어 있어, 하라다씨 일족들이 쇼니씨의 군사력에 포함되었던 점이다. 여섯째 공민왕 6년(1357) 9월 승천부 홍천사에 왜구들이 침구했

---

92) 졸고, 「쓰시마 쯔쯔 다구쓰다마 신사 소재 고려 청동제 반자와 왜구」(『한국중세사연구』 제25호, 2008년)을 참조.

93) 앞의 주(92) 참조.

을 당시에 오오쿠라 쓰네다네는, 쇼니 요리히사와 정치적인 입장(남조)을 같이하고 있는 점이다. 일곱 번째 홍천사에서 있었던 청동제 대형 반자와 금자묘법연화경을 약탈해, 불과 1달여의 시간적인 간격을 두고 각각 쓰시마의 다구쓰다마 신사와 규슈 본토의 덴만구(天滿宮)에 바쳤다는 점이다. 따라서 금자묘법연화경과 쯔쯔의 반자는 요리히사의 지시로, 1357년 9월에 슨천부 홍천사를 침구한 왜적들이 약탈한 물품으로 생각된다.

V. 결론

『고려사』를 보면 고려 말 왜구의 침구는 사회 전반에 걸쳐 심각한 폐해를 초래해 결국은 왕조 멸망의 중요한 원인을 제공하였음을 쉽게 알 수 있다. 그러나 그럼에도 불구하고 역사현상으로서의 왜구는 적당한 평가를 받아왔다고 할 수 없다. 그 것은 왜구를 단순히 소위 삼도(三島)라고 하는, 쓰시마, 이키섬, 마쓰우라 지방 등 변경지방을 근거로 하는 해적들의 약탈행위로만 이해해왔기 때문이었다. 한국의 고려사 연구자들의 입장에서는 불과 국경 지역에 위치한 몇몇 섬에 거주하는 해적들 때문에 고려 왕조가 멸망하게 된 중요한 원인이 되었다고 생각하는 것을 꺼렸기 때문이다. 그 결과, 고려 말 왜구는 과소평가되어 왔다고 할 수 있다.

지금까지의 왜구 연구를 돌이켜 보면, 한국의 연구자들은, 주로 왜구로 인한 피해 상황이나 그 대응책에 대하여, 그리고 일본의 연구자들은 왜구의 발생 원인과 그 실체에 대하여 주로 연구해 왔다고 할 수 있다.

그런데 일본 측 연구자들이 당시 왜구를, 일본 본토의 정치 상황과의 관련 속에서 파악하려 하지 않고, '삼도(三島)'해적들의 소행으로 규정한 것은, 자기 조상들이 바다 건너 외국에서 저지른 해적행위를 부끄럽게 여기고 이를 감추고자 하는 심리가 강하게 작용하고 있었다, 고 생각된다. 그것은 영토에 대한 야욕이나 정치적인 목적 없이 오로지 약탈만을 위해 침구해왔던 '왜구'와는, 성격이 전혀 다른, 정치적 목적으로 이루어진 여몽연합군의 일본 침공을, 일본인들이 '원구(元寇)'라고 명명한 것에서도 알 수 있다. '원구'는 일본침공이 진행되었던 당시부터 있었던 사료 용어가 아니라, 근대에 들어와 생겨난 역사 용어이다. 거기에는, 몽고와 고려가 먼저 침공해왔고, 그에 대한 복수심의 발로(發露)로 왜구가 침구해간 것이라는 식의, 왜구를 합리화하려고 하는 심리가 작용하고 있다. 왜구를 '삼도'의 해적들의 행위로 축소 한정하는 것이나 또는 더 나아가 왜구의 실체가 고려(조선)인이었다고 하는 주장도 이러한 의식을 그 배경으로 하고 있다, 고 생각한다.

또 왜구 발생의 원인을 <고려의 전시과 토지제도가 문란해진 결과>에 의한 <군제의 붕괴>에서 찾는다든지, 일본 상인들의 정당한 무역 요구에 대한 <고려 측의 무리한 무역 제한과 억제>가 왜구 발생의 원인이라든지 하는 식의 견해도 위와 같은 심리가 영향을 끼친 것이라고 할 수 있다.

그러나 고려 말 왜구가 시작한 <경인년 왜구>의 실체는, 쓰시마를 주요 근거지로 하고 있었던 쇼니 요리히사가 처한 군사적 위기 상황 속에서 <병량미 확보>를 위해 고려를 침공한 것이었다. 따라서 고려 말의 왜구는 남북조 동란의 연장선상에서 발생한 것이며, 달리 표현하자면, <남북조 동란>이라는 일본의 내란이 국경을 넘어 고려와 중국으로 비화(飛火)한 것이라 할 수 있다. 국경의 섬, 대마도는 바로 그러한 일본 국내의 사회적 모순이 외부로 표출되는 출구였다. 이상이 고려 말 왜구 발생의 배경을 일본 사회의 내부적 요인에서 찾는 견해라고 한다면, 시야를 보다 넓게 확대하면 당시의 국제 질서의 변동이라는 외부적인 요인에서도 구할 수 있다. 즉, 그것은 <팍스 몽골리카>(몽골의 군사력에 의한 동 아시아 국제 사회의 평화 유지)의 동요와 붕괴이다. 두 차례의 여몽 연합군의 일본 침공이 초래한 동 아시아 세계의 군사 외교적 긴장관계 위에, 평화가 성립 유지되었다(<팍스 몽골리카의 성립>).

한편, 몽골의 재침 위협을 명분으로 내세워 전개된 가마쿠라 막부의 호죠씨(北條氏) 전제 정치였지만, 시간이 흘러 재침 위협에 대한 사회의 공포감이 사라지자, 전제 정치에 대항하는 사회 각계의 반발은 더이상 억제할 수 없을 정도로 증폭되었다. 이러한 사회적 불만을 규합해 막부를 타도하는 데 결정적인 역할을 한 것이 바로 고다이고 천황과 아시카가 다카우지였다. 그리고 두 사람의 갈등이 남북조 동란으로 이어졌으며 그리고 아시카가 다카우지와 다다요시 형제의 갈등은 간노노조란(觀応の擾亂)으로 전개되어 뒤이은 <경인년 왜구>로 표출되었던 것이다.

결과적으로, 여몽연합군의 일본침공 - 호죠씨의 전제정치 - 남북조 동란의 발발 - 간노노조란 - 경인년 왜구의 시작은, 상호 인과관계(因果關係) 속에서 전개된 역사 현상이었다. 그런데 고려 말 왜구를 남북조 동란이라고 하는 일본의 국내 정세와는 직접적인 관련이 없는, 단순히 '삼도'지역의 해적들의 약탈 행위로만 규정지은 결과, 일본의 사회적 변동을 동 아시아 세계라고 하는 국제사회의 틀 속에서 상호 유기적인 관계 속에서 이해하는 길을 차단시키고 말았던 것이다.

대마도는 국경의 섬답게, 일본 사회에 대하여 동 아시아 사회에 <팍스 몽골리카>가 성립하였음을 전하는 입구(入口)였다. 또한 그 동요와 붕괴로 인해, 그 동안 억눌려 왔던 일본 내부의 여러 모순이 남북조 동란으로 폭발하고 그것이 왜구라는 형태로 국경을 넘어 최초로 표출된 출구(出口)이기도 했던 것이다.

조선 전기의 부산과 대마도

하우봉*

Ⅰ. 머리말

부산과 일본의 관계는 역사적이고 다분히 숙명적이기도 하다. 일본으로 인해 피해를 제일 먼저 받기도 하였지만 어쩌면 일본이 있었기 때문에 오늘날의 부산이 있었다고 해도 과언이 아니다. 왜구－부산포 왜관－임진왜란－초량왜관－개항과 부산항－일제에 의한 식민지 등 중세이래 부산은 일본과 역사적으로 깊은 관계를 맺고 있는 것이다.

* 전북대학교 사학과 교수.

실은 현재의 지명인 '釜山'도 일본인들에 의해 붙여진 것이라는 설이 유력하다.

'釜山'이란 지명이 사료에 최초로 등장하는 것은 『東國輿地勝覽』이다. 『世宗實錄』에는 '東萊富山浦'라고 되어 있고, 성종 2년(1471)에 편찬된 申叔舟의 『海東諸國紀』에도 '東萊之富山浦'로 나와 있다. 그런데 그보다 15년 후인 성종 17년(1486)에 나온 『동국여지승람』에는 '富山'의 명칭이 '釜山'으로 바뀌어져 있고, "釜山은 東平縣에 있으며 산이 가마솥 모양과 같아서 이렇게 이름 지었다. 그 아래가 바로 釜山浦이니 恒居倭人들이 있으며 북쪽으로 縣까지의 거리는 21리이다."[1]라고 그 연원이 설명되어 있다. 중종 25년(1530)에 간행된 『新增東國輿地勝覽』에도 '釜山'으로 기술되어 있음으로 보아 그 이후로는 釜山이란 이름이 정착되었던 것 같다. 이상의 사실로 보아 부산의 명칭이 '富山'에서 지금의 '釜山'으로 바뀐 시점은 성종대였던 것으로 추정된다.

이 지명변천의 원인에 대해 李進熙씨는 이렇게 주장하였다. 즉, 부산포왜관 때의 이야기지만 부산으로 들어오던 왜인들은 子城臺 서쪽의 선착장으로 배를 정박하게 되었다. 그런데 바다 쪽에서 보면 자성대의 낮은 산이 가마솥을 엎어놓은 모습과 닮았다고 한다. 즉 釜山이란 이름은 자성대의 모습에서 유래한 것으로, 그 이름을 붙인 사람은 室町幕府 시대 조선으로 왔던 일본인일 가능성이 높다는 것이다.[2]

---

1) 『東國輿地勝覽』 권 12, 東萊縣.

2) 이진희, 『한국 속의 일본』, 동화출판사, 1986, 32쪽.
　　그런데 『釜山府史原稿』(都甲玄鄕 編, 小田省吾 閱) 제1권 제4장에는 부산의 지명이 고대 부산의 지명인 '登车多利'와 '可摩伊'가 합성되어 만들어 진 것이라고 주장하였다. 즉 이것이 戡蠻夷(혹은 戡蠻浦; 지금의 감만동)가 되고 '가마'의 '釜'에서 유래되어 '釜山'이 여기에서 왔다는 주장이다. 그런데 이 설은 감만이포와는 별도로 즉, 조선 전기 이래 일본과 교린관계의 활성화가 부산포를 낳았고, 그 후 왜관을 중심으로 한 정치·경제적 교류가 조선 후기 및 개항기의 부산을 계속 발전시켰다고 할 수 있다. 본고에서는 조선 전기 대일관계라는 큰 틀 속에서 부산과 대마도의 관계사를 고찰하고, 역사적함의를 생각해 보고자 한다.

II. 조선 초기의 왜구문제와 대마도정벌

1. 麗末鮮初의 倭寇와 대책

14세기 후반 동북아시아의 국제정세는 크게 소용돌이쳤다. 중국대륙에서는 1368년 朱元璋이 明을 건국하였고 1391년에 이르러 北元이 멸망하였다. 이로써 북방민족의 중원지배가 끝나고 漢族에 의한 중국지배시대가 시작되었는데, 이것은 동아시아 국제질서에 있어서도 큰 변화요인이 되었다. 바로 다음 해인 1392년 한반도에서는 고려왕조가 멸망하고 조선왕조가 창건되었으며, 일본에서는 장기간 내란상태였던 南北朝時代(1336~1392)가 끝나고 통일되었다. 거의 같은 시기에 동북아시아의 세 나라 모두 엄청난 변화를 맞이하였던 것이다.

이 시기 조선·중국·일본 세 나라의 외교적인 과제는 신정권 간의상호 승인과 관계 설정이 목표가 되겠지만 당장의 외교현안은 女眞과倭寇 문제였다. 왜구문제는 당시 조선·명·일본 세 나라 신정권의공통적인 외교과제였다. 조선과 명이 대일외교에 적극성을 띤 이유도倭寇의 禁壓과 被虜人의 송환이 그 바탕에 있었다.

麗末鮮初 대일관계에 있어 가장 큰 문제는 왜구의 위협이었다. 따

같은 시기에 부산포가 존재하고 있었다는 점에서 의문이다. 특히 그 지명이 변한
시점과 관련해 볼 때 이진희씨의 주장이 더 일리가 있다고 여겨진다.

라서 대일교섭의 일차적인 목적은 왜구의 금압을 통한 남쪽 변경의 평화였고, 그 방법은 倭寇를 평화적인 통교자로 전환시키는 것이었다. 이에 따라 조선정부는 대일교섭에 적극적으로 나섰다.

태조 이성계는 즉위한 직후 室町幕府에 승려 覺鎚를 보내 왜구의 금압과 피로인의 쇄환을 요구함과 동시에 修好할 것을 요청하였다. 이에 대해 막부의 3대 장군 足利義滿은 答使를 보내 피로인 100명을 송환하면서 조선의 요구를 적극적으로 수용하겠다는 의사를 밝혔다. 1403년 義滿이 명으로부터 '日本國王'으로 책봉 받은 것을 계기로 조선과 일본의 관계도 순조롭게 진전될 수 있었다.

冊封體制에 편입한 이듬해인 1404년 義滿은 '일본국왕'의 자격으로 使僧 周裳을 조선에 파견하여 國書를 전하였다. 조선이 이를 접수함으로써 양국 간에 정식으로 國交가 체결되었다. 이로써 朝・日 양국은 약 600년간에 걸친 국교단절 상태를 끝내고 국교를 재개하였다.[3]

1) 麗末鮮初의 倭寇

倭寇는 13세기로부터 16세기에 걸쳐 한반도와 중국 연안에서 활동한 '일본인의 해적집단'을 총칭한 것이다. 왜구는 그 활동시기와 성격에 따라 두 종류로 나눌 수 있다. 첫째, 13~15세기에 걸쳐 활동한 집단으로 前期倭寇라고 하는데, 무역외적인 측면이 많았고 침략지역은 한반도와 중국 연안이 주된 대상이었다. 둘째, 15세기 후반에서 16세기 말까지, 즉 일본의 應仁의 亂(1467~77) 이후부터 임진왜란 이전까

---

3) 일본은 8세기 후반 견신라사 파견을 폐지함으로써 통일신라와의 국교 단절하였고, 이어 遣唐使 파견의 폐지, 발해와의 교섭 중지 등으로 오랜 기간 동안 쇄국상태에 있었다. 15세기 초반에 이르러 室町幕府가 조선・명과 國交를 엶으로써 비로소 국제무대에 나오게 되었다.

지의 왜구를 後期倭寇라고 하는데, 이들은 주로 중국 및 동남아시아 일대에서 활동하였고 무역적인 요소가 강해 일본에서는 이들을 '武裝商人'이라고 부르기도 한다.

왜구의 근거지는 對馬島·壹岐島·松浦(平戶島)로서 요컨대 일본 西國 지역의 島嶼를 중심으로 한 지방이었다. 조선에서는 이들을 총칭하여 '三島倭'라고 하였는데, 이들은 지방영주들의 보호와 묵인 하에 조직적으로 해적행위를 하였다. 三島倭의 실체는 남북조시대의 전란에 패배한 北九州武士團과 在地勢力인 松浦黨 등 조직적 무장 집단, 그리고 전쟁으로 인해 곤궁에 빠진 비조직적 영세민 등으로 구성되어 있었다.[4]

2) 왜구대책

왜구가 극심했던 고려말 고려정부는 왜구의 금지를 위해 일본 측에 전후 8차례에 걸쳐 사신을 파견하였다. 그러나 외교적 교섭은 일본의 국내정세와 西國 지역 領主들의 소극적인 반응으로 실질적인 효과가 별로 없었다. 단지 今川了俊과 大內義弘이 왜구 진압에 약간 노력을 기울이고 피로인을 송환하는 등 성의를 표하는 정도였다.

외교적 노력이 별 실효를 거두지 못하자 고려는 적극적인 방어대책에 주력하였다. 왜구소탕의 대표적인 전투로는 禑王 2년(1376) 崔瑩의 鴻山大捷, 禑王 6년(1380) 羅世·崔茂宣의 鎭浦戰鬪와 李成桂의 荒山大捷, 禑王 9년(1383) 鄭地의 南海大捷 등을 들 수 있다. 이와 같은 군사적 대응의 성공으로 인해 왜구의 대규모적인 침구는 점차 줄어들게 되었다. 고려정부는 대마도주에게 쌀을 지급하는 등 왜구를

---

4) 田村洋幸,『中世日朝貿易の研究』, 三和書房, 1967.

진무하는 방책을 쓰기도 하였지만 본격적인 회유책은 태조 이성계에 의해서였다.

조선초기의 왜구대책은 고려 말기의 정책을 계승하면서도 정치·경제·군사적인 측면을 교묘하게 배합해서 대응함으로써 성공적으로 진행되었다. 태조 이성계는 고려말 왜구 진압에 성공한 것을 계기로 권력을 잡아 조선왕조를 건국한 인물이었던 만큼 당시 일본의 상황과 왜구문제에 관해 제일의 전문가라고 할 수 있다.

태조의 왜구대책을 보면, 첫째, 海防對策의 충실화이다. 태조는 고려 공민왕 22년(1373)에 창설된 水軍을 보다 정비하고 兵船을 개량하였으며, 연해 요처에 성을 쌓고 烽火를 설치하여 침입해 오는 왜구를 토벌하도록 하였다. 조선 초기의 수군강화책은 태종대에 이르르면 더욱 진전되어 태종 8년(1408)에는 병선 613척, 수군병력이 5만5천 명에 달하였다.[5] 이와 같은 군사적 방비책에 의해 왜구의 침략은 기세가 꺾이게 되었다.[6]

둘째, 외교적 노력이다. 태조는 즉위초 室町幕府의 足利義滿에게 사신을 보내 왜구 금지를 요청한 것을 비롯하여 왜구에 영향력을 가진 서국 지역의 호족들에 대해서도 왜구 진압을 요구하였다. 이에 막부와 서국 지역의 호족들도 왜구 진압과 피로인의 송환에 적극적으로 호응하였다. 그리하여 태조 4년(1395) 九州節度使 源了俊의 보고에 의하

---

5) 瀨野馬熊,「倭寇と朝鮮の水軍」,『史學雜誌』26편 1호, 1915.

6) 고려말 왜구 침략 사례를 보면, 공민왕대 74회, 우왕대 378회에 달한다. 지역별로 보면 경상도 139회, 전라도 55회, 충청도 62회, 경기도 56회, 황해도 27회에 달한다 (이현종,『조선전기 대일교섭사 연구』, 1964, 한국연구원, 12~13쪽). 한편 조선 초기 50년간(1392~1443)의 왜구 발생 사례를 보면, 태조대 54회, 정종대 4회, 태종대 64회, 세종대 37회로 도합 159회에 달한다. 지역적으로는 전라도 63회, 경상도 35회로서 주된 침략대상지였다. 이 수치는 공민왕, 우왕 2대 37년간에 452회의 침입이 있었던 것에 비하면 훨씬 줄어들었음을 보여준다.

면 옛날의 왜구 가운데 10의 8·9가 감소하였으며, 피로인의 절반이 쇄환되었다고 하였다.[7]

셋째, 회유책이다. 태조는 왜구진압과 피로인 송환에 적극적인 호족들에 대해서는 통교상의 특혜를 주고, 조선의 관직을 하사하는 授職制度를 활용하였다.[8] 수직제는 일본에 거주하고 있는 수령급이나 피로인 송환에 적극 호응한 공로자와 항복한 일본인(降倭) 중에서 왜구의 수령이나 왜구진압에 공로를 세운 자, 조선술·의술·철공 등의 특기를 가진 자 등에게 조선의 관직을 주어 우대한 제도이다.[9] 한편 왜구 중에서도 투화한 자에게는 토지·재물·집을 주고 조선에 살도록 해주었다. 이렇게 귀순한 일본인을 向化倭 혹은 投化倭·降倭라고 하였다. 그런데 海防對策이 성공하면서 향화왜인들이 급증하였다. 태종 9년(1409)에는 경상도에 정주하는 향화왜인이 2천 명에 달한다고 할 정도로 너무 많아지자 이들을 각 州郡에 분산시키고 沿海가 아닌 僻處로 거주지를 옮기도록 하였다.[10]

이러한 태조의 정책은 정종과 태종에게도 계승되어 태종대에 이르면 왜구는 거의 종식되어 갔다. 조선 초기의 성공적인 왜구대책으로 인해 왜구들은 분해되면서 대부분 평화적인 통교자로 변질되어 갔던

---

7)『태조실록』권 8, 4년 7월 신축.

8) 태조 5년(1396) 12월 60여 척의 배와 수백 명의 왜인을 이끌고 와 투항한 왜구수령에게 宣略將軍이라는 직함을 주어 왜구 방지에 주력하도록 하였는데 이것이 授職制度의 시초이다. 또 태종 11년(1411) 3월에는 宣略將軍으로 임명되어 왜구 진압에 활약한 受職倭人 林溫을 대마도에 돌려보내 對馬島倭萬戶에 임명하기도 하였다.

9) 이 제도는 고려시대 여진인에 대한 회유책으로 행해진 것을 일본에게도 적용한 바로서 그 연원은 중국의 外夷羈縻策에서 찾아볼 수 있다. 조선에서는 이들을 受職倭人이라고 불렀는데 성종대 초기에 만들어진『海東諸國紀』에는 모두 26인이 기록되어 있다.

10)『태종실록』권 18, 9년 11월 임오.

것이다.

2. 대마도 정벌

조선 초기의 왜구대책으로 왜구가 격감하였지만 완전히 없어진 것은 아니었다. 중국의 연안으로 활동무대를 옮긴 왜구들은 땔감과 물을 공급받을 중간기착지가 필요하였고, 약탈물자를 판매하여야 하는 등 조선과 절연된 것은 아니었다. 또 이들은 기회가 있으면 언제든지 조선의 연안을 침략하기도 하였다. 조선에서는 왜구의 본거지를 對馬島·壹岐島·松浦의 三島로 추정하고 있었으며 그 중에서도 대마도를 가장 중시하였다. 그리하여 고려말 朴葳에 의한 토벌 이래 태조대에도 대마도 정벌을 기획한 적이 있었다.[11] 잔존한 왜구들에 대한 최후의 군사적 대응이 세종 원년(1419)의 대마도 정벌이었다. 조선에서는 '己亥東征'이라 하고 일본에서는 '應永의 外寇'라고 부르는 이 전투는 조선 초기 조일관계의 한 획을 긋는 사건이었다.

1) 배경

대마도 정벌의 직접적인 동기가 된 것은 이 해 5월 대마도인의 침략이었다. 이 사건이 일어나기 전까지 10년 동안 왜구가 없었다. 그런데 이 시기에 이르러 1408년 足利義滿이, 1418년에는 대마도의 7대 도주 宗貞茂가 사망하였다. 조선과의 통교 및 왜구 통제에 앞장섰던 두 사람이 죽자 상황이 일변하였다. 宗貞茂가 죽고 아들 宗貞盛이 어린 나이에 島主가 되자 실권은 해적의 괴수였던 左衛門太郎이 쥐게 되

---

11) 『태조실록』 권 10, 5년 12월 정해; 『春官志』 권 3 <往征>.

었으며 내분이 일어났다. 이에 따라 행정적 통제가 허물어지고 생활이 어려워지자 대마도인들은 다시 왜구로 변하였다. 1418년 대마도와 일기도인이 32척의 선단을 구성해 명의 변경을 침략하였다가 귀로에 충청도 庇仁縣에 침입하여 병선을 불태우는 등 노략질을 하고, 이어 황해도 延平島를 재차 침입하였다.

이에 대일강경책을 취하였던 태종은 대마도 정벌을 결심하게 되었다. 출병에 앞서 내린 上王 太宗의 敎書를 보면, 국초 이래 조선정부의 厚意를 저버린 배은망덕한 대마도인에 대한 징벌, 충청도와 황해도에 침입하여 약탈한 일에 대한 문책, 왜구의 근거지를 토벌하여 우환의 뿌리를 뽑겠다는 의지 등이 피력되어 있다. 전술적으로는 왜구의 주력부대가 요동을 향한 기회를 이용하여 왜구의 본거지인 대마도를 치면 왜구를 근절할 수 있다는 계산도 있었다.

2) 경과

세종 원년(1419) 6월 19일 조선 조정은 三軍都體察使 李從茂 이하 병력 17,000여 명을 병선 227척에 싣고 거제도를 출발해 대마도를 향하였다. 이들은 20일 대마도의 淺茅灣을 공격하여 적선 130여 척을 나포하는 등 대승을 거두고 豆知浦에 정박하였다. 이어 이종무는 島主에게 諭書를 보냈으나 회답이 없자 26일 상륙, 병력을 좌우 양군으로 나누어 각지를 토벌하였다. 그런데 이 전투에서는 壹岐島와 上松의 원병과 함께 매복한 대마도군에게 朴實이 이끈 좌군이 패배하여 백수십 인이 전사하였다. 이후 이종무가 장기전 태세에 들어가려고 하자 대마도주가 서계를 올려 군사의 철수와 수호를 간청하였다. 이에 이종무는 태풍에 대한 우려도 고려하여 제재를 중단하고 7월 3일 거제도로 귀환하였다.

己亥東征은 비록 짧은 기간이었지만 쌍방 간에 3,800여 명의 사망자를 낸 격렬한 전투였다. 조선 측은 이를 통해 왜구의 본거지에 큰 타격을 가하는 한편 많은 피로인을 쇄환하는 전과를 얻었다. 그러나 왜구의 주력부대가 도내에 없었던 만큼 왜구의 섬멸이라는 당초목표를 완전 달성하지는 못한 셈이다. 그래서 再征의 논의도 나왔다. 태풍에 대한 우려 등 찬반논의가 조정에서 진행되던 가운데 7월 12일 明의 都督 劉江이 중국의 요동에서 돌아오던 왜구를 대파했다는 소식이 들어오자 태종도 再征의 뜻을 거둠으로써 일단락되었다.

3) 戰後處理와 의의

再征의 논의가 수그러지면서 조선정부는 7월 17일 병조판서 趙末生의 명의로 대마도주에게 招諭의 서계를 보내 항복(捲土來降)을 하든지 아니면 일본 본주로 돌아가든지 둘 중의 하나를 선택하라는 강경한 입장을 전달하였다.[12] 이에 대해 도주는 9월 25일 항복을 청함과 동시에 印信을 줄 것을 요청하였다. 이는 대마도를 완전히 비우라는 조선정부의 요구에는 미치지 못하는 것이었다. 이후 반년에 걸친 교섭 결과 이듬해 정월 ① 대마도는 조선의 屬州로서 경상도의 관할 하에 두며 경상관찰사를 통해 서계를 올릴 것, ② 요청한 印信을 하사하되, ③ 앞으로 대마도로부터 오는 사절은 반드시 도주의 서계를 지참할 것 등으로 결말지어졌다.[13] 이로써 대마도주는 受圖書人이 되었고 島主에 의한 書契도 이때부터 시작되었다.

---

12) 中村榮孝,「朝鮮世宗己亥の對馬征伐」,『日鮮關係史の研究』상권, 吉川弘文館, 1965.
13)『세종실록』권 7, 2년 윤정월 임진.

그런데 대마도의 경상도 속주화 문제는 조일 간에 외교문제로 비화되었으며 조선정부와 室町幕府 간에 일시적인 긴장상태가 조성되었다. 대마도 정벌의 소식이 전해지자 막부에서는 조선과 明이 연합하여 일본을 침공한다는 流言이 나도는 등 긴장하였고, 조선의 진정한 의도가 무엇인지에 대해 의심하였던 것이다. 대마도와의 사이에 전후처리 교섭이 진행되던 세종 원년(1419) 11월 4대 將軍 足利義持가 보낸 使僧 梁倪와 九州探提의 사절이 조정에 도착하였다. 표면적으로는 大藏經을 求請하는 것이었지만 대마도 정벌의 진상과 조선의 정세를 탐지하려는 목적에서 파견된 사절이었다. 이에 세종은 막부가 요청한 7천 軸의 대장경을 回賜함과 동시에 宋希璟을 回禮使로 보내었다. 송희경은 막부장군에게 대마도 정벌이 왜구 금압을 위한 것이었을 뿐 일본 本州를 침략할 의도가 아니었음을 밝혔다. 또 긴장의 핵심이었던 대마도의 경상도 속주화 문제도 세종이 고집하지 않고 정치적 복속에 만족함으로써 원점으로 회귀하였다.

대마도 정벌의 의의로는 왜구의 근절과 함께 통교체제 확립의 계기가 되었다는 점을 들 수 있다. 비록 이 전투로 대마도의 왜구를 완전 토벌하지는 못했지만 왜구의 본거지였던 대마도에 대해 직접적인 무력행사를 통해 왜구에게 결정적인 타격을 주었던 것이다. 이 사건 이후로 "기해동정이후 왜구가 복속하였다"라는 인식이 일반화되었다.[14] 이와 동시에 대마도가 조선의 요구에 순응해옴으로써 세종대의 각종 통교제한정책의 실시가 가능해졌고, 조선이 외교적 주도권을 확립하는 계기가 되었다.[15] 대마도 정벌 이후 대마도는 왜구로부터 완전히

---

14) 『세종실록』 권 48, 12년 4월 신사.

15) 대마도정벌을 통해 제해권의 확보가 이루어졌고, 그 바탕 위에서 다양한 통제정책이 가능하였던 것이다. 포소 제한 등의 조치는 군사적 우월성 없이는 실효성이

이탈하였으며, 조선과 일본 사이에 '兩屬關係'로서 일종의 중립화정책을 취하였다. 그 결과 대마도는 조일교역의 중계보급기지로서 무역이익을 취하면서 양국외교의 안전판 역할을 하였던 것이다.

Ⅲ. 중세의 대마도와 宗氏의 지배

이 시기 대마도의 상황과 대마도주인 宗氏의 지배권 확립과정을 잠시 살펴보자.

대마도는 선사시대부터 한반도의 영향을 강하게 받았으며, 대륙과 한반도문화의 유입창구였다. 국방상의 요충지이므로 일본의 중앙정부는 7세기 중엽에 國司를 파견하였고, 서부지역의 국방과 외교를 담당하는 大宰府 관할 하에 두었다. 또 대마도는 국경의 도시로서 한반도와의 전쟁에도 일선에서 치렀다. 663년의 백촌강전투, 811년과 894년 신라해적의 습격, 1019년의 刀伊(여진족)의 난, 1274년과 1281년 두 차례에 걸친 여몽연합군의 침략, 1419년의 대마도정벌, 1592년의 임진왜란 등이 대표적인 사례이다.

律令時代의 대마도는 大宰府 관할 하의 한 '小國'으로서 上縣과 下縣의 2郡으로 나뉘었고, 國府는 지금의 嚴原[16]에 있었다. 율령시대 후기에 國司제도가 변질됨에 따라 토착세력과 연결된 在廳官人이 지방행정의 실권을 장악하게 되었다.

대마도 실권자의 변천사를 간단히 살펴보면 다음과 같다. 고대에는

없다. 지정한 포소를 제외하고 바다를 횡행하는 일본 배들의 항해를 금지하는 조치는 일본인을 대상으로 한 海禁政策이며 제해권의 선포라고 할 수 있다.

16) 嚴原은 1869년(明治 2)에 붙여진 이름이고, 江戶시대에는 府中 혹은 府內라고 하였다. 단지 15세기 전반(8대 도주 貞盛, 9대 盛職, 10대 貞國 초년까지)에는 國府를 上縣의 佐賀에 둔 적이 있었다.

國造家였던 卜部氏가 신화시대부터 율령시대까지 지배족을 형성하였고, 平安時代에 들어와서는 阿比留氏가 신흥세력으로 성장하였다. 813년 여진족의 침입(刀伊의 亂) 때 阿比留의 조상이 來島해 공을 세우고 정착하였는데, 이후 在廳官人(椽官)으로서 세력을 확장해 12세기에는 도내의 실권을 장악하였다.[17] 그런데 13세기에 접어들어 대마도의 실권을 장악하고 있던 아비류씨가 점차 대재부의 통제에 불복하였다. 이에 1245년 12월 28일 대재부가 惟宗의 아들 重尙에게 아비류를 정벌하도록 명령을 내렸다. 江戸時代에 편찬된 『宗氏家譜』 등에 의하면 1246년 1월 1일 종씨는 아비류씨를 토벌하고 全島를 장악하였다 한다.[18] 그 직후 惟宗은 대재부의 실력자인 少貳氏(武藤氏)로부터 對馬地頭代로 임명되었다. 본래 對馬守護는 少貳氏가 겸직했던 것인데 이때부터 惟宗을 對馬地頭代로 삼아 分治하였다. 그 후 惟宗은 일곱 명의 아들과 한 명의 동생에게 대마도의 8郡을 나누어 다스리게 하였다. 惟宗의 장자인 重尙은 對馬地頭代로 임명받아 대마도의 지배자가 되었으며, 성도 惟宗에서 宗氏로 바꾸었다. 이로써 宗氏가 아비류에 이어 도내의 전역을 장악하였고, 지배씨족이 되었다.

---

17) 아비류씨는 본래 백제계 渡來人인 蘇我氏의 후예라고 한다. 그들은 고려와 무역함으로써 부를 축적하였는데, 鎭西府 무인들의 질시를 받아 반역죄라는 모함을 쓰고 몰락하였다. 아비류씨는 817년부터 在廳官人인 椽官이 된 후 1246년까지 42대로 이어졌다. 그런데 13세기 후반 宗氏에게 타도된 후로는 神事를 담당하였다.

18) 이들 기록에 의하면 宗氏의 선조는 安德天皇의 후예라는 설과 平知盛의 후예라는 설이 있다. 그런데 長節子씨는 양자 다 후대의 날조라고 보고 있다. 또 그는 1246년 宗氏의 아비류씨 정복설은 후대에 조작된 허구라고 하였다(長節子, 『中世國境海域の倭と朝鮮』, 2002, 吉川弘文館). 그는 "宗氏는 平安時代 이래 大宰府 官人으로서 九州에 퍼져 있었던 惟宗氏의 계통이다."라고 하였다. 그는 또 14세기 초반에 이르러 惟宗씨가 대마도에 진출해 점진적으로 아비류씨를 제치고 재청관인의 선두에 섰다고 보았다. 그 가운데서 "宗氏는 大宰府 재청관인 惟宗씨의 한 지류인 對馬의 재청관인 유종씨가 무사화한 것이다."라고 하였다(長節子, 『中世日朝關係と對馬』, 1987, 吉川弘文館).

宗氏는 본래 大宰府 官人으로 九州지역에 번성했던 고레무네씨(惟宗氏) 계통이다. 惟宗은 大宰大監으로 九州의 3州2島를 관장하였다 한다. 『宗氏家譜』에 의하면 종씨의 시조인 判官 知宗이 惟宗을 자기 가문의 성으로 삼았다고 한다. 『宗氏家譜』에는 종씨의 시조가 知宗으로 되어 있지만 대마도에서는 重尙을 제1대 도주로 간주한다.

그런데 당시만 하더라도 종씨의 본거지는 여전히 筑前州 宗像郡에 있었다. 그들은 九州에 20만 석의 영지를 소유하였으며, 3년에 한 번씩 대마도에 가 정무를 관장하였다. 15세기 초반 7대 도주 貞茂 때부터 대마도에 정착하였으며 8대 도주 貞盛代에 이르러 肥前州의 家臣들도 대마도로 완전히 이주하였다.[19]

宗氏가 入島한 후부터 임진왜란 때까지의 대마도주 계보와 재위기간 및 조일관계에서의 주요행적을 정리하면 다음과 같다.[20]

<표 1> 대마도주 계보와 재위기간 및 조일관계에서의 주요행적

歷代	姓名	在位其間	治 積
1	重尙[21]	1246~1261	阿比留氏 토벌, 對馬地頭代로 임명됨.
2	助國[22]	1261~1274	1274년 여몽연합군의 1차 침입 때 순국.
3	盛明	1274~1294	고문서에는 右馬太郞으로 나오며, 助國에 이어 對馬地頭代 이음.
4	盛國	1302~1349	國府에 八幡宮 재건, 少貳氏와 함께 九州 探題 공격, 北朝軍에 종군.

19) 6대 도주 賴茂代인 1401년 숙부의 반란이 있어 九州의 筑紫로 후퇴하였다가 7대 도주 貞茂代인 1402년에 대마도로 들어와 반란군을 진압하고 정착하였다.
20) 대마도 宗氏의 가계에 관해 가장 유명한 사료는 에도시대 중기 陶山訥庵(1657 ~1732)이 편찬한 『宗氏家譜』이다. 본고에서는 『宗氏家譜』를 중심으로 하면서 이밖에 唐坊長秋가 편찬한 『十九公實錄』(시조 知宗부터 18대 義純까지 수록함), 19세기말 立花氏淸이 편찬한 宗氏家譜略』(시조 知宗부터 마지막 藩主인 36대 重正까지 各代의 주요사적을 나열한 年譜)등을 참조해 표를 작성하였다.

5	經茂[23]	1349~1370	對馬守護代가 됨. 1366년 고려와 교역하였고 崇宗慶이란 이름으로 對馬島萬戶란 직함 받고 고려의 受職人이 됨.
6	賴茂	1370~1402	1389년 朴葳의 대마도정벌, 1398년 대마도에 건너와 志多賀에 館을 설치. 이 해에 조선과 통교함.
7	貞茂	1402~1418	조선외교를 원만하게 하며 왜구를 통제하여 1406년 세사미두 200석 을 받음. 佐賀에 國府를 두고 머뭄.
8	貞盛	1418~1452	1419년 대마도 정벌, 1438년 對馬島主文引制 정약, 1443년 계해약조 체결함.
9	成職	1452~1468	1459, 1467년 小二氏 筑前에서 패 퇴.
10	貞國	1468~1492	佐賀에서 中村으로 國府를 옮김.
11	材盛	1492~1505	小二氏 멸망하고, 九州의 領地를 완전히 상실함.
12	義盛	1505~1520	1510년 삼포왜란, 1512년 임신약조 체결함.
13	盛長	1520~1526	家臣의 반란으로 25세에 자살.
14	將盛	1526~1539	昏君으로 반란이 일어나 放逐됨.
15	晴康	1539~1563	1544년 사량진왜변, 1555년 을묘왜변 발생.
16	義調	1563~1566	안정된 정치, 세견선 5척 늘림.
17	茂尙	1566~1569	병약해 요절.
18	義純	1569~1579	昏君으로 자결.
19	義智	1579~1615	1586년 豊臣秀吉로부터 對馬守로 임명받음. 임진왜란에 선봉으로 참전, 전후 강화교섭 노력, 1609년 기유약조 체결함.

21) 동시대의 고문서에는 重尙의 이름이 나오지 않는다. 따라서 학자에 따라서는 실

한편 대마도 宗氏는 少貳氏와 밀접한 관계를 지속하였다. 少貳氏
의 본래 성은 武藤으로 大友, 島津씨와 함께 九州의 3대 名家로서 鎌
倉시대부터의 호족이다.

鎌倉幕府때 守護制度가 성립한 후 對馬守護(겸 地頭)는 1230년
부터 武藤씨가 맡아왔다. 武藤씨는 막부의 鎭西奉行으로서 九州에
내려와 大宰府小二를 겸했던바 대재부 관료조직의 최고책임자이기
도 하였다. 그래서 武藤氏는 이후 小二氏로 칭하였다. 대마도의 惟宗
씨는 武藤이 對馬守護 겸 地頭가 되자 그 地頭代에 임명되어 도내의
실권을 인정받았다.[24] 地頭代가 되어 무사적 성격을 강화한 惟宗氏
는 무사적 활동의 영역에서는 宗氏라고 칭하였다. 宗氏는 남북조시대
에 이르러 4대 도주 宗盛國이 小二氏의 守護代가 되어 室町幕府로
부터 대마도의 지배를 인정받았다. 6대 宗賴茂 때인 1378년에는 對

재한 인물이 아니라고 판단해 2대인 助國부터 인정하는 사람도 있다.

22) 동시대의 고문서에는 資國으로도 나온다. 국난을 맞아 殉死한 武人의 典型으로 후
대에 칭송받았는데 5대 도주 宗經茂는 그를 軍神으로 존숭해 1369년에 神社에서
帥大明神으로 모셨다.

23) 『宗氏家譜』등에 나와 있는 對馬守護代(대마도주)의 계승에 관한 내용이 반드시
역사적 사실과 일치하지 않음은 알려진 바이다. 특히 南北朝時代 후반에서 室町時
代 초기 대마도에서는 宗氏本家와 仁位宗氏가 대립하는데, 당시의 고문서와 에도
시대에 편찬된 『宗氏家譜』등의 사료에 일치하지 않는 부분이 있다. 宗經茂는 『宗
氏家譜』에 5代로 나와 있으며 증명되는바 최초로 대마도의 守護代가 된 인물이다
(中村榮孝, 「ツシマの歷史的位置」, 『日本歷史』19, 1949). 한편 長節子씨는 당시
의 대마도고문서를 검토하면서 經茂와 賴茂 사이에 澄茂가 對馬守護代를 지냈다
고 하였다. 그의 주장에 의하면 澄茂는 宗氏의 傍系인 仁位系의 실력자로서 5대
도주 經茂와는 라이벌 관계에 있었다. 澄茂에 이은 賴茂 또한 仁位系 宗氏 출신이
며, 7대 도주인 貞茂가 宗氏 본가로서 대마도주의 지위를 탈환하였다고 하였다.
그런데 澄茂는 당시 도내에서 실권을 장악하였고 守護代까지 지냈지만 본가가 아
니고 방계였기 때문에 에도시대에 편찬된 『宗氏家譜』등에는 제외되었던 것이라
고 추정하였다(長節子, 『中世日朝關係と對馬』, 1987, 吉川弘文館).

24) 이러한 상황이 늦어도 13세기 중엽에는 성립하였다. 따라서 宗氏는 대마도 현지
에서는 막부계통의 최고책임자였다고 할 수 있다.

馬地頭代에서 守護로 승격하여 명실 공히 지배자가 되었다.

그러나 宗氏가 九州에서의 주도권을 둘러싼 大內氏와 小二氏의 투쟁에 휘말리면서 대마도의 상황은 불안정하였다. 小二씨가 大內씨에게 패하여 15세기 중반(1441~44) 대마도로 피신해 온 이후로 宗氏는 小二씨와 함께 1433년부터 1506년에 이르기까지 75년간 大內씨와 싸웠다. 1497년에 이르러 10대 도주 貞國은 小二씨와 함께 大內씨를 격파하고 일시 九州의 영지를 회복하였다. 그러나 1506년 北九州에서 벌어진 연이은 전투에서 패하여 小二씨는 멸망하였고, 宗氏는 九州의 領地 20만 석을 상실하였다. 이때부터 宗氏는 九州를 완전히 포기하고 대마도 내에 國分寺를 지어 11대의 조상을 모시고 들어앉았다.

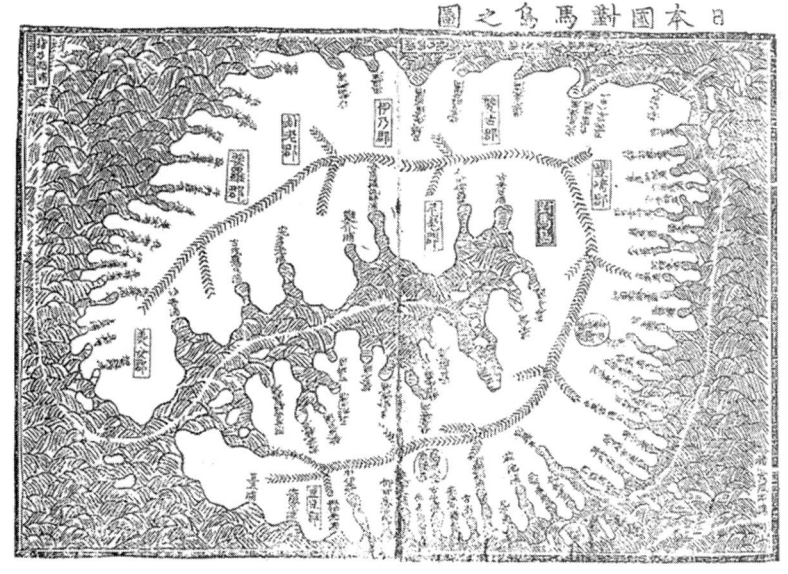

대마도 지도 『해동제국기』

그런데 대마도 내의 경제사정은 만성적인 식량부족 상황이었는데, 宗氏가 九州의 영지를 잃은 후 더욱 심각해졌다. 따라서 활로는 조선과의 무역뿐이었으며, 宗氏는 조선무역에 전력을 기울이지 않을 수 없었다.

Ⅳ. 조선의 통교체제 정비와 대마도

1. 교역의 통제와 제도 정비

조선 초기의 회유적인 왜구대책으로 인해 왜구들의 해적행위는 줄어들게 되었지만 대신 통교를 목적으로 하는 도항자가 급증하였다. 통교자의 급증과 도항왜인들의 일방적인 商利 추구에 의해 정부의 재정적 부담이 늘어나자 통교 규제를 하지 않을 수 없었다. 태종대에서 세종대를 거쳐 성종대 초기까지의 대일통교체제 확립과정은 바로 통교의 제한 내지 긴축정책의 강화과정이라고도 할 수 있다.

조선정부가 통교체제를 정비하게 된 이유는 ① 일본인들의 무제한적인 도항에 따라 경제적 부담이 증가한 점이다. 세종 21년(1439)에는 한 해의 입국왜인이 1만 명에 가깝고 그들에 대해 지급한 쌀이 10만 석이나 되었다.[25] ② 대마도 정벌 이후 왜구의 위협이 현저하게 감소한 점이다. 대일통교의 가장 중요한 목적이었던 왜구의 진압이 이루어지자 일방적인 경제적 부담을 질 이유가 없어진 것이다. ③ 일본으로부터 수입되는 교역물자의 효용성과 교역과정상의 문제에 대한 비판이다. ④ 조선과 일본의 독자적인 통교가 明에게 의심을 사고 있었던 현실에서 명에 대한 고려이다. ⑤ 일본에 대한 인식의 확대를 들 수 있

---

25) 『세종실록』 권 87, 21년 10월 병신.

다. 조선초기 대일사행원들의 보고에 의해 일본국내의 정치상황, 제호족의 세력관계, 해적의 분포와 무역상인의 실체를 알게 되었다. 이에 따라 조선정부는 방만한 통교자들을 정리하여 大內씨와 대마도주를 중심으로 통제책을 취할 수 있었다. ⑥ 통교질서 유지와 관련하여 전반적인 事大交隣 체제 정비의 필요성 등을 들 수 있다.26)

조선정부의 통제책의 골자는 대마도주에게 특수한 권한을 부여하여 통교체제 확립에 주요 역할을 맡기는 것과 무역에 대한 제한을 엄격히 하여 경제적 부담을 줄이는 것이었다.

1) 교역통제책

태종·세종대부터 본격화된바 도항자를 제한하는 방책으로는 授圖書制, 浦所의 제한, 書契·行狀·文引에 의한 통제 등이 있다.

① 授圖書制 : 수도서제는 통교상의 공로자나 조선에 복속하기를 희망하는 일본인들에 대한 회유책의 일환이다. 圖書는 그들에게 통교 증명의 용도로 만들어 준 구리 인감(銅印)으로서 세종 원년(1418) 美作州太守 淨存에게 준 것이 최초의 사례이다. 도서를 받은 일본인을 受圖書人이라고 하는데 조선에 내조할 경우 서계에 이 도서를 찍어 증거로 삼았다.27)

② 書契 : 서계는 일본인 통교자가 조선정부 앞으로 발송하는 일종

---

26) 이현종, 앞의 책, 212~216쪽; 田中健夫, 「李氏世宗朝における 日鮮交通の諸問題」, 『中世海外交涉史の硏究』, 東京大學出版會, 1959, 82~92쪽.

27) 수도서인은 공식적인 교역권을 인정받고 세견선도 정약 받았으므로 신청자가 쇄도하였다. 조선정부는 이에 대해 엄격하게 선별하였지만 이후 계속 늘어나 성종 2년(1471)에는 수도서인이 32명이 되었다(『海東諸國紀』 日本國紀 「八道六十六州」). 그런데 조선정부의 긴축정책의 영향으로 수도서인도 대마도주의 文引에 의한 제약을 받게 됨에 이르러서는 사실상 통교상의 특권을 상실하게 되었다.

의 외교문서이다. 그런데 己亥東征 이후 이것을 입국증명으로 간주함으로써 使送船에 대한 통제방식으로 실시하였던 것이다.

③ 行狀・路引・文引 : 行狀은 도항왜인의 신분과 자격을 확인하기 위해 거주지의 호족이 발급한 것으로 일종의 신분증명서이다. 이 제도는 고려중기 이래 여진인 통제책으로 사용되었는데 홍리왜인에 대한 통제방식의 일환으로 전용하게 된 것이다.

路引과 文引은 도항증명서로서 興利倭人 및 使送倭人에 대한 통제방식이다. 文引制度는 세종 8년(1426) 대마도주 宗貞盛의 요청에 의해서 검토되었는데 본격적으로 실시된 것은 세종 20년(1438) 대마도주와 문인제도를 정약하면서부터였다. 조약의 주내용은 종래 여러 호족들에게도 허용되었던 문인발행권을 대마도주에게만 허용한다는 것이었다. 따라서 이후로는 象牙符나 通信符를 가진 일본국왕사와 일부 巨酋使를 제외한 모든 통교자는 대마도주가 발급하는 문인을 가져야만 접대를 받고 교역할 수 있게 되었다.[28]

조선근해에서 조업하는 일본어부들에 대한 통제책으로도 문인제도가 활용되었다. 세종 23년(1441) 조선정부는 대마도주와 孤草島釣魚禁約을 체결했는데 이 조약에 의해 어로왜인들은 대마도주로부터 釣魚文引을 받아야만 고기잡이를 할 수 있게 되었다.[29] 이 때 받은 漁稅

---

28) 도주의 문인발행권은 이후 1872년 明治政府가 圖書를 접수할 때까지 지속되었는데, 조선통교를 운영하는 기본적인 틀이 되었다. 이것은 대마도주에게 막대한 경제적 이윤과 함께 도내의 지배권확립에 기여하였다.

29) 어로왜인들은 경남 통영군 知世浦(현 거제도)의 관아에 신고하고 문인을 맡긴 다음 知世浦萬戶가 발행한 孤草島往來文引을 받아 전남 남해안의 孤島와 草島 일대에서 어로를 하였다. 고기잡이를 마친 왜인들은 지세포에 현물로 漁稅를 내고 문인을 돌려받은 후 돌아갔다(『海東諸國紀』, 朝聘應接記,「釣魚禁約」). 대마도인들이 출어하는데 도주의 문인 지참을 필수화한 것은 남해 연안이 조선의 영해와 영토임을 분명히 밝히고 노략질의 위험을 막기 위해 지세포만호로 하여금 세금을 받고 통제하도록 하였다. 대마도주의 고초도출어권은 1510년 삼포왜란까지 지속

는 경상감사 주관 하에 입국왜인의 접대비용에 충당하기로 하였다. 이 조약에 의해 대마도주에게는 또 하나의 이권이 주어진 셈이었고 지배 권을 강화하는데 도움이 되었다.

문인발행권의 단일화는 조선으로서도 통교 일원화를 위한 효과적 인 통제책이 되었다. 한편 대마도주는 이를 이용하여 도내의 지배력을 장악하였고, 문인 발행에 따른 수수료의 수취, 교역물품에 대한 과세 등을 통해 대조선통교와 교역상의 독점적 권한과 이익을 향유하였다.

이상의 여러 규제책은 모두 입국왜인에 대한 평화적 통교자로서의 증명과 입국시의 통제, 접대를 위한 것이었다. 이와 같은 다양한 제도 가 사용된 이유는 일본인들의 위반이 그만큼 심했기 때문이다. 순서대 로 보면 삼포왜란 전까지 書契·圖書·行狀·路引·文引을 순차 적으로 사용하거나 혹은 혼용하였다. 그러다가 세종 20년(1438) 대마 도주와의 문인제도 정약 이후 대부분 문인으로 일원화되었다.

2. 歲遣船 定約과 접대규정의 정비

도항왜인에 대한 이상의 여러 통제책이 최종적으로는 대마도주에 게 위탁하는 형식으로 되었기 때문에 운영상의 모순과 한계가 있었다. 결국 조선정부로서는 통교자의 도항회수와 세견선수, 교역량을 직접 통제할 수밖에 없었다. 이것이 세견선수의 정약과 접대규정의 정비로 나타났다.

되었다.

1) 癸亥約條의 체결과 세견선 정약

세견선의 시초는 세종 6년(1424) 九州探題에게 봄 가을로 2회 허용한 것이었는데, 본격적으로 운용된 시기는 세종 25년(1443) 계해약조에 의해 대마도주의 세견선을 정하면서부터였다. 세견선의 정약이란 조선정부가 매년 도항하는 使送船의 수를 정하는 것이다.[30]

계해약조는 세종 25년(1443) 對馬島體察使 李藝가 가서 대마도주 宗貞盛과 島主歲遣船 등의 額數를 정한 것이었는데 일본에서는 嘉吉條約이라고 한다. 조약의 주요 내용은 다음과 같다.

① 대마도주에게는 매년 200석의 쌀과 콩을 하사한다.
② 대마도주는 매년 50척의 배를 보낼 수 있고, 부득이하게 보고
  할 일이 있을 경우 정해진 숫자 외에 特送船을 보낼 수 있다.

계해약조는 조일 간에 체결한바 성문으로 된 최초의 약조이다. 세견선만 하더라도 이전에는 무제한이었고 매년 100척이 넘었는데 이를 통제하고 제한하는 것이 조선의 목적이었다. 그래서 대마도주의 歲遣船을 연간 50척으로 제한한 것이다. 대신 歲賜米豆와 特送使船을 대마도주에게 보장해주었다. 이에 따라 도항증명서인 圖書를 대마도주에게 보내고 文引 등으로 도주의 특권을 인정하면서 다른 통교자를 정리하고자 하는 것이 조정의 의도였다. 이 약조로 통교자의 정비는 물론 대마도주의 교역 제한에도 성공한 셈이다.

계해약조는 대마도주와의 세견선·도주특송선·세사미두를 약정

---

30) 이는 중국이 外夷에 대해 조공의 횟수와 시기, 선박수를 한정한 것과 상응하며, 고려시대에 일본 大宰府의 進奉船에 관해 정약한 것과 마찬가지이다(中村榮孝, 「歲遣船定約の成立」, 『日鮮關係史の研究』 하권, 吉川弘文館, 1969).

한 것이지만, 단순히 대마도주와의 관계만이 아니라 조선 초기 대일통교체제의 기본약조로서의 성격을 지니고 있다. 이 조약을 계기로 다른 통교자들과도 모두 세견선 정약을 하게 되었기 때문이다. 세조대에는 宗氏一族·受圖書人·受職人·일본 本州의 여러 호족들의 사송선에 대한 정약이 이루어졌다. 그 결과 日本國王使 6척, 諸巨酋使 20척, 九州探提 30여 척, 受職人 27명에 27척, 受圖書人 15명에 15척 등으로 세견선 수가 정해졌다.[31]

　세견선 정약을 축으로 使送船에 대한 통제책이 체계적으로 운영되었고, 이에 따르는 여러 제도가 갖추어졌다. 성종대 초기에 이르러 일본국왕사 이하 모든 통교자가 통일적으로 체계화되어 통교체제가 확립되었다.[32] 계해약조 다음에도 삼포왜란 후 중종 7년(1512)에 체결된 壬申約條나 사량진왜변 후 명종 2년(1547)에 약정된 丁未約條 등으로 내용이 바뀌기는 하지만 그것들은 모두 계해약조를 기본으로 하여 조정되었다. 이 점에서 계해약조는 조선전기 대일통교체제의 기본적 조약이라고도 할 수 있다.[33]

2) 접대규정의 정비

　세견선 정약이 이루어진 후 사송선이 점차 늘어나 세조대 말기에는

---

31) 중종 4년(1509)의 경우를 예로 보면 한 해의 접대비용이 2만 2천 석에 달하였다고 한다(『중종실록』 권 8, 4년 3월 갑인). 歲賜米豆도 대마도주에게 주는 200석을 비롯하여 대마도에만 연간 350석을 지급하였다.

32) 中村榮孝,「歲遣船定約の成立」,『日鮮關係史の研究』하권, 吉川弘文館, 1969.

33) 이 약조체결로 일본과의 관계가 안정되자 세종은 여진족에 대한 대책으로 전향해 北邊에 4군6진을 설치하였다. 건국 이래 지속된 대일정책의 결실이라고 할 수 있다. 지정학상 南倭北虜에 시달리는 조선으로서 성공적인 정책이었으며, 동시에 우선순위가 南邊의 해양방어였다는 점도 알 수 있다.

연간 400여 척에 이르게 되었다. 이에 성종대 초기 예조판서였던 申叔舟는 세조대에 방만하게 운영되었던 것을 통제하고 접대규정을 정비하였다. 그 결과 『海東諸國紀』와 『經國大典』에 규정된 것을 보면 1년에 입국선박수가 220여 척이고, 입국왜인의 수가 5,500 내지 6,000여 명, 무역을 제외한 순수접대비용이 1만여 석으로 줄어들었다.[34]

신숙주는 『해동제국기』에서 승선인원수·체류기간·접대방식 등에 대해서 29개 항목에 걸쳐 세밀하게 규정하였다. 도항왜인들의 위반과 질서문란을 규제하고, 또 접대 및 비용의 절감을 위한 것이었다.

『해동제국기』, 「조빙응접기」에 의하면 조선정부는 일본으로부터 오는 使送人을 ① 日本國王使 ② 巨酋使 ③ 九州探提使 및 對馬島主特送使 ④ 諸酋使의 4등급으로 나누어 접대하였다.[35] 일본국왕사는 室町幕府의 장군이 보낸 사절이고, 巨酋使는 大內·少貳 등 서국지역의 대호족, 畠山·細川·斯波 등 막부의 三管領, 京極·山名 등 有力守護大名의 사절이 여기에 해당한다. 諸酋使는 일본본토와 대마도 등의 소호족, 수직인·수도서인의 사절과 흥리왜인들이 이에 포함되었다.[36] 성종대 초기 이루어진 통교체제의 개혁과 접대규정의 정비책에 의해 각 사절은 이 등급에 따라 분류되었고, 使送船의 숫자와 大小·給料·각종 접대연·日供·하사품·포소 정박기간 등 각종의 차등적인 응접규정이 세밀하게 정비되었다. 세견선수의 정약과 접대규정의 완비에 의해 비로소 조선전기의 대일통교체제가 확립되었다고 할 수 있다.

---

34) 이현종, 앞의 책, 107쪽.

35) 『海東諸國紀』, 朝聘應接記, 「諸使定例」.

36) 長正統, 「中世日鮮關係における巨酋使の成立」, 『朝鮮學報』 41집, 1966, 55쪽.

3. 朝日通交體制의 구조와 성격

국초 이래 많은 과정을 거쳐 성종대 초기 확립된 대일통교체제의 구조와 특성을 정리해 보면 다음과 같다.

첫째, 조선정부는 室町幕府 장군과의 통교만이 아니라 막부의 管領·有力守護大名·서국지역의 호족·대마도주·수직인·수도서인 등 다양한 통교자와도 독자적인 통교관계를 가졌다. 이른바 '다원적인 통교체제'를 취하였다. 한편 막부의 장군은 '일본국왕'으로서 조선국왕과 대등한 외교의례를 갖추었다. 막부장군을 제외한 여러 세력, 즉 거추사 이하의 통교자들과는 조공의 형태를 취하도록 하였다.[37] 전자를 敵禮交隣, 후자를 羈縻交隣이라고 한다. 조선 초기의 대일통교체제는 적례교린과 기미교린의 이중구조 내지 重層性을 띠고 있는 점이 또 하나의 특징이다.

둘째, 조선정부는 대마도를 매개로 하여 제통교자들을 통제하려는 정책을 수립하였다. 조정은 일본의 통교자가 모두 대마도를 경유하는 점에 착안해 대마도를 통제에 이용해 통교체제의 일원화를 도모하고자 하였다. 대마도 정벌 이후 일본의 정세를 파악한 세종은 조선에 순응하는 대마도주의 정치적 입장을 옹호해 주면서 渡航倭人에 대한 관리자로서의 위치를 세워 주었다. 세종 2년(1419)의 서계에 관한 약조 체결, 세종 20년(1438)의 문인제도 정약, 세종 23년(1441)의 고초도조어금약, 세종 25년(1443)에 체결된 계해약조 등을 통해 대마도주의 독점적 지위를 보장하여 대일외교체제를 정비하였다. 이러한 조선정부의 의도에 따라 대마도주 宗氏는 도내의 통치권을 확립하였고 조일외

---

37) 특히 대마도에 보낸 사절의 명칭을 보면 敬差官·垂問使·體察使·招撫官 등 국내의 지방에 파견하는 官名과 같아 이들 지역을 屬國視 내지 附庸國視하였음을 알 수 있다.

교상의 중심적인 위치를 확보하였다.[38] 16세기 후반에 이르면 圖書의 대부분을 대마도인이 가지게 되었고, 대조선 무역선 총수의 4분의 1 이상을 宗氏一族이 차지하게 되었다.[39]

조선전기 일본에 파견한 사행의 회수는 막부장군과 제호족, 대마도 주 등에 대한 사절을 모두 포함하여 총 65회에 달한다. 이를 파견대상 별로 구분해 보면 室町幕府 將軍 20회, 九州探提 2회, 大內殿 2회, 對馬島主 32회, 壹岐島主 4회, 미상 5회이다. 대마도주에게 보내는 사절이 32회로 압도적인 다수를 차지한 점이 주목된다.[40]

V. 삼포 개항과 삼포왜란

1. 삼포 개항과 왜관의 설치

개항장 설치와 포소제한의 목적은 興利船을 통제하고 使送貿易을 규제하기 위해서이다. 국초에는 왜구 회유책의 일환으로 평화적인 통 교자에 대해서는 남해안 지역의 어느 포소에서건 자유로이 무역을 할

---

38) 대마도주 宗氏는 조선의 대일정책에 교묘히 편승해 적극적으로 협력함으로써 조 선으로부터 각종의 권익을 획득하였다. 또 그것을 대마도 내외의 제 세력에 대한 통제와 지배력 강화의 기반으로서 아주 유효하게 이용하였다. 특히 물산이 빈곤 한 대마도에서는 교역과 기타 제 권익의 장악은 宗氏가 도내의 지배권을 확립하 는데 매우 강력한 무기가 되었다.

39) 田中健夫, 「中世日鮮交通における貿易權の推移」, 『中世海外交渉史の硏究』, 東京 大學出版會, 1959, 196쪽.

40) 『해동제국기』 <조빙응접기>에 의하면, 세견선 정약자 가운데 대마도가 74척, 정약자 수 8명인데 비해 대마도 이외 지역(壹岐島, 九州, 畿內 등)의 세견선 총수가 52척, 정약자 수 38명으로 나온다. 대마도가 매우 큰 비중을 차지하고 있으며, 또 정약자 수에 비해 세견선의 수가 아주 많음을 알 수 있다. 한편 수직인의 분포를 보면 대마도 17명, 일기도 4명, 筑前 5명인데, 여기서도 대마도의 비중이 압도적 이다. 당시 대마도가 조선관계에서 얼마나 특수한 지위에 있었는지를 잘 보여주 는 사례이다.

수 있었다. 그러나 이것이 조선측에 경제적 부담과 군사적 위험요인이 되자 태종 7년(1407) 興利倭人의 개항장을 富山浦·乃而浦의 2개 항으로 한정하였다. 태종 18년(1418)에는 鹽浦(현 울산)와 加背梁에 도 설치하였으나 이듬해인 세종 원년(1419) 대마도정벌을 계기로 왜 관을 모두 폐쇄하였다. 세종 8년(1426)에는 다시 제포·염포·부산포 의 三浦를 개항하였다. 이것이 이른바 三浦로서 각기 倭館을 설치하

동래부산포지도『해동제국기』

였으며, 서울에는 東平館을 두 었다.41) 이후 포소는 다소 변경 이 있기도 했지만, 三浦倭館은 일본인 도항자들의 渡泊處·接 待處·貿易處로서의 구실을 하 였다.

왜관을 설치한 이유는 三浦에 왜인들이 많이 왕래하고 일부는 거류하게 됨에 따라 국가기밀의 누설, 풍속의 타락 등을 방지하 기 위해서였다. 이에 일정한 지 역을 지정하여 거류민의 거주지 와, 교역의 장소를 한정할 필요 가 있었다.42) 즉 왜관은 도래왜

41) 왜관의 기원에 대해 順庵 安鼎福은 "고려시대에 대마도인들이 항시 김해에 왕래 하면서 시장을 열고 무역을 하였으므로 접대하는 館이 있었다고 하나 듣지 못하 였다. 유숙하는 館이 생긴 것은 本朝의 제도가 처음이다."(『順庵集』「倭館始末」) 라고 하였다. 이 기사로 보아 왜관의 모태는 고려시대 김해에 있었던 것 같으나 확 인할 수는 없으며, 국가의 법령으로 왜관이 설치된 것은 태종 7년(1407)이 그 효시 임을 알 수 있다.

인에 대한 평화적 통제책의 일환으로 설치한 것이다.

그러나 중종 5년(1510) 삼포왜란 후 삼포는 철폐되었으며, 1512년 임신약조에 의해 제포만 개항되었다. 그 후 1516년에는 대마도주의 세견선을 부산포 13척, 제포 12척으로 分泊케 하였다. 중종 18년(1523) 대마도주의 세견선이 25척에서 30척으로 늘어나자 15척씩 분박하도록 하였다. 그러다가 중종 39년(1544) 사량진왜변 이후 제포에서 부산포로 포소를 바꾸었으며 이후 임진왜란까지 부산포 단일왜관으로 지속되었다.

2. 항거왜인의 증가와 대책

삼포에 거주하는 왜인들의 실태를 보면, 태종 7년(1407) 포소를 개항하여 恒居倭人의 거주를 허락한 이래 세종대 초기에는 三浦 恒居倭人을 모두 60戶로 한정하였다.[43] 그런데 항거왜인이 증가했기 때문에 조정에서는 대마도주 宗貞盛에게 대해 대마도로 쇄환하라고 요구하였다. 그 결과 제포 253인, 부산포 29인의 항거왜인이 대마도로 송환되었고, 206인의 거주를 허락받았다. 거듭된 쇄환조치에도 불구하도 항거왜인이 계속 불어나자 세종 18년(1436)에는 '倭里'라는 왜인 주거지역을 설정해 주었다. 그러나 항거왜인의 숫자는 이후에도 계속 증가해 세조·성종대에는 400戶를 넘었다.

『해동제국기』에 의하면 제포의 항거왜인이 308戶에 1,722人이고, 부산포는 67호에 323인, 염포는 36호에 131인이라고 되어 있다. 즉

---

42) 『태종실록』 권 14, 7년 7월 무인.

43) 당초 60人이었으나 대마도에서 60戶로 바꾸었으며, 제포 30호, 부산포 20호, 염포 10호로 배치되었다.

1471년 당시에 있어서는 제포는 부산포보다 항거왜인이 5배이고 도래왜인의 수도 2배에 달한 것으로 보아 가장 번성하였음을 알 수 있다. 제포가 일본인들에 의해 많이 이용되게 된 이유는 조류의 영향이라고 보인다. 즉 제포 - 거제도 - 대마도의 코스가 조류의 방향상 가장 안전하고 빠른 길이라는 것이다. 이 코스는 조선의 사행원들에게도 자주 이용되었다.[44] 『조선왕조실록』에서 확인되는바 삼포의 항거왜인이 가장 많았던 시기는 1494년으로 총수가 525호, 3,105인에 달하였다.

항거왜인들은 三浦倭田이라는 토지를 경작하였고, 어로 및 상업활동도 하였다. 이 시기 삼포 항거왜인들이 지닌 어로선은 부산포 30척, 제포 80척, 염포 15척 도합 125척에 달하였다고 한다.[45] 그런데 이런 활동 외에 그들은 밀무역을 자행하였고, 고리대행위, 토지 점유, 국방상의 기밀누설 등 많은 폐단을 야기하였다. 항거왜인들은 또 倭里라는 지역에서 집단거주하며, 자활적인 조직체를 구성하고 대마도주에게 年貢을 바쳤다.[46]

3. 삼포왜란과 임신약조

1) 원인

중종 5년(1510)에 일어난 三浦倭亂의 근본적 원인은 일본의 무역 확대 요구에 대한 조선의 통제정책의 충돌이다. 직접적인 요인은 성종대 이래의 엄격한 교역통제책과 연산군대 운영상의 모순에 대한 대마

---

44) 예컨대 세종 2년(1420) 回禮使 宋希璟 일행도 이 항로를 이용하였다.

45) 『성종실록』 권 278, 24년 윤5월 신축.

46) 대마도주는 三浦에 代官을 두어 그들을 통치했으며, 징세권과 재판권, 유사시의 동원 등 지배권을 확보하였다. 조선조정은 대마도주의 지배권 강화를 보장해주면서 항거왜인들에 대한 통제를 효과적으로 하고자 하였다.

도인들의 불만 표출이었다. 즉 연산군의 失政에 의해 조선정부의 재정상태가 악화되자 통교왜인에 대한 접대가 부실해졌고, 이와 함께 변방을 지키는 관리들의 횡포와 접대 위반 사례가 빈발하자 왜인들의 불만이 높아졌던 것이다.47) 이에 따라 연산군대에 이미 倭船의 해적행위와 三浦 恒居倭人에 의한 放火事件이 일어나고 있었다.48) 조선측의 엄격한 통제에 따라 통교왜인들의 저항도 거세게 나타나 성종 5년(1474)에서 중종 4년(1509) 사이에 왜구에 의한 약탈이 12회나 있을 정도였다.49)

또 하나의 원인은 조선정부의 대일정책에서의 일관성과 엄격성의 결여라고 할 수 있다. 조선 초기 왜구금지를 위해 통교자들에게 하사품을 후하게 주어왔었는데, 갑작스런 긴축과 통제정책의 실시는 일본측 통교자들의 불만을 샀다. 그러나 일단 약조를 맺었으면 규정대로 엄격하게 실시해야 했는데, 왜구 재발에 대한 의구심, 上國으로서의 대의명분과 관용 등이 혼합되어 1418년의 대마도정벌을 제외하고는 문제가 생겼을 때마다 미봉책과 회유책으로 일관하였다. 이것이 통교왜인들의 버릇을 나쁘게 만들었고 결과적으로 삼포왜란을 부르게 되었던 것이다.

일본측의 요인으로는 삼포 항거왜인들의 기동성과 무력을 겸비한 조직을 들 수 있다. 삼포에는 각 포소마다 추장이 있고 그 위에 受職人

---

47) 대마도주 宗盛順이 예조에 보낸 서계를 보면, "宗貞盛 이래 우호를 맺고 매년 세견선을 보냈는데, 違約이 많았다. 糧料를 지급하지 않고, 정해진 규칙대로 접대하지 않으며, 중앙에 진달하려 해도 邊將이 방해한다." 등을 거병의 이유로 내세웠다. 보다 직접적 원인으로는 "부산첨사 등 삼포의 첨사들이 항거왜인에게 심한 사역을 시키고 접대의 불만으로 인해 도주가 병선 수백 척을 부산포 등지에 分遣하여 邊將과 싸우게 하였다."고 하였다(『중종실록』 권 11, 5년 4월 계사).

48) 『연산군일기』 권 36, 6년 1월 기묘.

49) 『續武定寶鑑』 권 4 중종 5년 4월 기미.

인 '三浦總治者'가 총책임자로 통제하는 행정적인 조직망을 유지하고 있었다. 이들은 조선정부로부터는 면세의 혜택을 받았던 대신 이 조직을 통해 세금을 징수해 대마도로 보내는 등 대마도주와 밀접한 관계를 유지하고 있었다. 이들이 결국 三浦倭亂을 일으켰는데, 거기에는 대마도의 조종과 삼포 항거왜인들의 조직력과 기동성이 발휘되었다.

2) 경과

중종 5년(1510) 4월 4일 제포의 恒居倭酋인 大趙馬道, 奴古守長와 대마도의 代官 宗盛親이 중심이 되어 대마도주의 전면적인 지원하에 군사 4, 5천명이 거제도의 수군 근거지를 공격하였고,[50] 웅천성을 포위하여 분탕질을 하였다. 동시에 부산포와 염포에서도 항거왜인들이 합세하여 난을 일으켰다. 그들은 부산첨사 李友曾을 살해한 뒤 각 포소의 선박을 모두 불태우고 철수하였다. 한편 대마도주는 요구조건을 내걸고 和好를 요청하였다. 조선정부에서는 곧 5천여 명의 진압군을 보내어 대응하였다. 또 거제도해전에서 적선 1,000척을 맞아 대파하였다. 결국 삼포왜란은 15일 만에 진압되었지만 조선측은 피살자 272명에 민가 800여 호가 불탔다. 한편 일본측은 대선 5척이 침몰하고 100여 척이 파손되었으며 300여 명이 참살되는 대사건이었다.

3) 난의 결과와 임신약조의 체결

삼포왜란이 발발하자 조선정부는 바로 대마도와의 통교를 중단시켰다. 난이 진압된 지 1년 후 일본의 室町幕府에서 국왕사 棚中을 파

---

50) 대마도주는 병선 수백 척을 지원하였고, 기존의 항거왜인에 대마도인 4,500명이 합세하였다.

견하여 강화안을 제시하며 대마도와의 통교재개('許和')를 요청하였다. 조정의 논의에서는 대일통교단절('絶和')이라는 강경론도 나왔으나 결국 조건부로 화의 제의에 응하였다. 한편 일본국왕사를 매개로 한 강화교섭 중 대마도주가 주모자의 斬首來獻, 피로인 송환 등 조선측의 요구조건을 이행하자 조선정부는 왜란 2년 후인 중종 7년(1512)에 壬申約條를 체결하여 교역의 재개를 허락하였다.

임신약조의 내용은 ① 三浦에서의 왜인 거주 불허 ② 대마도주 세견선을 50척에서 25척으로 반감 ③ 대마도주에 대한 歲賜米豆를 200석에서 100석으로 반감 ④ 島主特送船의 폐지 ⑤ 대마도주 일족과 수직・수도서인의 세견선・세사미두 폐지 ⑥ 대마도주 파견 이외의 사송선은 敵倭로 간주 처단 ⑦ 일본 本州의 일본인('深處倭') 중 수직・수도서인 정리 ⑧ 포소와 海路의 제한 ⑨ 국왕사를 제외한 상경왜인의 무기휴대 금지 등 9개 조로 되어 있다.

삼포왜란 전에 비해 대폭적인 제한을 가한 것으로 경제적인 요소와 질서유지라는 측면에서 조선 조정의 강경한 입장이 반영되었다. 이 조약의 실시에 의해 조선의 접대비용이 경감되고 왜인들의 무역 이익이 감소되었지만 문제가 근본적으로 해결된 것은 아니었다. 삼포왜란은 계해약조 이후 지속되었던 조선 초기 이래의 대일통교체제의 모순이 폭발한 것이다. 조선정부는 일본 및 대마도와의 역사적・지리적 관계에 대한 고려와 北方野人들의 움직임에 대한 우려 때문에 통교단절은 하지 않았지만 삼포왜란은 조선초기의 대일통교질서가 허물어지는 계기가 되었다.[51]

---

51) 삼포왜란 이후 조일 통교의 특징으로 흥미로운 현상이 있다. 임신약조의 규정에 따라 수직인과 수도서인을 정리하였는데, 대마도주가 대마도 이외의 세견선정약자와 수직인의 통교권을 입수해 자신의 가신들에게 배분하여 조선통교를 하게 하

Ⅵ. 부산단일왜관제의 확립과 대마도관계

1. 사량진왜변과 정미약조

임신약조 이후 세견선 파견수를 보면 삼포왜란 이전의 210척에서 60척으로 줄어들었다. 그만큼 통제가 엄격해지고 교역규모가 축소되었음을 알 수 있다. 대마도주는 세견선을 늘려줄 것을 계속 요청하였으나 조선정부는 5척을 증가시켜 30척으로 해주었을 뿐 나머지 요구는 임신약조에 의거해 허락하지 않았다. 이러한 상황에서 중종 39년(1544) 200여 명의 대마도인이 왜선 20여 척을 이끌고 蛇梁津(현 경남

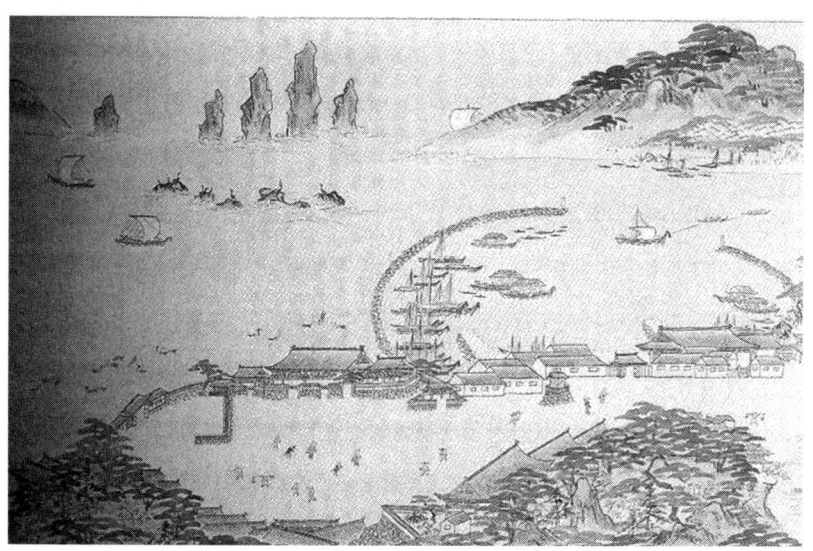

부산포 초량대관지도

였다. 특히 本州의 경우 통교자 명의와는 별도로 실제의 통교자는 거의 다 대마도인으로 바뀌었다. 임신약조의 체결 이후 교역량이 총량에서는 줄어들었지만 대마도주에 의한 통교권의 집중화현상은 보다 확고해졌다(長節子, 『中世國境海域の倭と朝鮮』, 吉川弘文館, 2002, 11~12쪽).

통영군 사량면)을 침략한 사건이 일어났다.[52] 이것을 사량진왜변이라고 하는데 삼포왜란과는 달리 조직적인 성격이 적은 倭寇의 일종이었다. 왜변이 일어난 후 조선정부는 室町幕府와 九州의 대호족인 大內氏·少貳氏를 제외하고 대마도에 대해서는 일체의 통교를 단절하였다. 그러나 막부와 少貳氏의 거듭된 통교재개 요청과 대마도주의 간청에 의해 3년 후인 명종 2년(1547) 丁未約條를 체결하고 교역재개를 허락하였다.

정미약조의 내용은 ① 세견선의 크기와 船夫數 규제 ② 대마도주의 세견선을 25척으로 줄이고 船上什物의 지급 일체 폐지 ③ 加德島 以西로 접근하는 자는 賊倭로 간주 처단 ④ 50년이 경과된 수도서·수직인 접대 폐지 ⑤ 潛商을 금지하고 지정범위 이외에서 행동하는 자는 영구히 접대치 않음 ⑥ 모든 약조는 鎭將의 명령에 복종할 것 등의 6개 조로 되어 있다. 임신약조의 내용보다 더 가혹하게 대마도주의 무역량을 제한하고 수직인·수도서인을 정리하였으며, 위반할 경우 벌칙까지 명시하였다. 정미약조의 체결로 대마도와의 교역은 가까스로 재개되었으나 이전과 같은 평화로운 통교관계는 더 어려워졌다.

2. 을묘왜변과 정사약조

15세기 후반 일본에서는 戰國時代(1467~1568)의 혼란 하에 왜구가 다시 성행하였다. 후기왜구로 불리는 이들은 주로는 명의 연안을 노략질했지만 조선에도 출몰하였다. 사량진왜변 이후 명종 말년까지 대소 30여 회의 왜구 침략이 있었는데, 그 중 가장 규모가 컸던 것이

---

52) 『중종실록』 권 102, 39년 4월 기유.

명종 10년(1555)의 乙卯倭變이다. 이 왜변은 왜선 70여 척이 동원되어 達梁浦(현 전남 해남군 북평면)에 들어와 全羅兵使와 長興府使를 살해하고 영암까지 침입한 사건이었다.[53] 을묘왜변 이후 조선 조정에서는 備邊司를 설치하여 대일경계를 강화하였다. 사송왜인들의 접대비 지급에 있어서도 비용을 감축하였고, 왜구에 대비하면서 생포된 왜인들도 기술자를 제외하고는 처단하는 강경조치를 취하였다.[54] 그리하여 명종대 말기부터 임진왜란이 일어나기 전까지는 교역과 왜구가 동시에 진행되는 비정상적인 상황이 되었다.

16세기에 들어서 동아시아의 통상권은 기존의 체제와 관계없이 해상에서의 활발한 무역활동에 의해 크게 변모해가고 있었다. 그런데 조일간의 교린체제는 이러한 변화에 적응하지 못하였다. 이에 따라 일본인들의 저항과 조선정부의 더욱 엄격한 통제라는 악순환이 반복되고 있었다. 비록 대마도가 조선무역권을 유지하기 위해 충실한 체제수호자의 역할을 하여 조일통교체제 자체가 무너지지는 않았지만 양국 간의 교류는 쇠퇴해 갔다.

을묘왜변 이후에도 일본국왕사가 파견되어 오기는 하지만 대마도주에 의한 僞使가 대부분이었다. 室町幕府는 16세기 전반기 對明貿易을 大內氏에게 넘겨주었고, 1549년 이후에는 후기왜구를 둘러싼 문제로 명과도 사실상 국교가 단절되었다.[55] 이때는 室町幕府가 이미 대외교섭능력과 의지를 상실한 상태였다. 이와 같이 16세기 중반 이후에는 통교관계의 명맥만 유지될 뿐 밀무역과 왜구가 성행하였고, 중앙

---

53) 『명종실록』 권 19, 10년 5월 기유.
54) 『명종실록』 권 25, 16년 6월 갑자; 同 권 29, 18년 8월 갑인.
55) 田中健夫, 「足利將軍と日本國王號」, 『日本前近代の國家と對外關係』, 吉川弘文館, 1987, 30쪽.

정부간의 통상적인 외교관계는 단절되어 가는 상황에 있었다고 해도 과언이 아니다.

3. 부산단일왜관제의 확립과 대마도

『왜관도』(변박)

사량진왜변 후 조선과의 통교가 단절되자 대마도주는 1545년 이 사건과 무관함을 강조하면서 일본 국왕사를 동원해 강화를 요청하였다. 이어 체결된 정미약조에서는 대마도주의 세견선이 30척에서 25척으로 줄어들었고, 개항장이 제포에서 부산포로 바뀌었다. 1512년 임신약조에서는 제포 1항으로 되었다가 1521년 부산포에 분박케 하였으나 이때에 이르러 제포를 폐지하고 부산포만 개항장으로 인정한 것이다. 조정에서는 제포는 섬이 많아 밀무역이 성행하고 방어에 문제가 있다고 판단하였다. 대마도주는 부산포가 一望無際하여 파도가 험하다는 이유로 제포의 개항을 필사적으로 요구했으나 조정은 허락하지 않았다.56) 1547년의 정미

---

56) 『명종실록』 권34, 22년 5월 을묘.

약조 이후 부산포가 유일한 개항장으로 확립되었다. 사량진왜변과 정미약조의 체결은 부산과 동래에 있어서 중요한 전기가 되었다.

부산포는 태종 7년(1407) 제포와 함께 개항장으로 지정되었는데 세종대에는 삼포 중 부산포에 항거왜인이 많아 폐단이 컸다.[57] 이에 세종 22년(1440)에는 왜인들을 삼포에 분산하도록 지시하였다. 이를 두고 '輪泊法'이라고도 하는데, 도박순서는 내이포-부산포-염포의 순서로 하되 균분해 정박하도록 시달하였다.

그 후 삼포왜란 등 우여곡절을 겪은 후 부산포는 사량진왜변을 계기로 명종 2년(1547) 유일한 개항장으로 지정되었다. 이때부터 부산은 대일교섭의 관문으로 임진왜란까지 유지되었고, 전란 후 조선 후기에도 부산 단일왜관체제로 1872년까지 지속되었다.

Ⅶ. 맺음말

지금까지 살펴본 바와 같이 부산과 일본과의 관계는 긍정적·부정적인 측면 양자를 다 포함하고 있다. 지리적 근접성뿐만 아니라 역사적 전개과정을 보더라도 일종의 숙명성을 지니고 있다고 볼 수 있다. 釜山이라는 현재의 지명이 15세기말 조선을 왕래하였던 일본인에 의해 지어졌을 가능성이 높다는 사실은 묘한 느낌을 주기까지 한다.

특히 조선시대의 부산은 600여 년간에 걸친 일본과의 국교단절상태를 끝내고, 정부차원에서의 외교관계가 재개되면서 새로운 운명을 맞게 되었던 것이다. 동래와 부산은 일본과의 관계에 의해 도시가 성장

---

[57] 세종 22년(1440) 2월 경진, 예조판서 閔義生의 上啓에 "부산포의 항거왜인이 60호이고, 지금 와 있는 商倭가 무려 6,000여 명에 이릅니다. (중략) 만일 사변이라도 일어나면 그 수백 명으로 무엇을 할 수 있겠나이까. 청하옵건대, 鎭의 군사를 더하여 軍勢를 갖추게 하소서."라고 하였다.

하였다. 고려시대 말기 동래는 울주군의 속현인 동래현이었고, 부산은 같은 속현인 東平縣에 소속된 部曲에 지나지 않았다. 그런데 조선 초기 일본과의 국교가 재개되면서 동래와 부산의 중요성이 부상하였다. 이에 따라 동래현은 동래군으로 승격하면서 행정중심지로 바뀌었고, 부산에는 左水營이 설치되어 군사중심지로 변모하였다.

이후 부산은 동래부 동평현의 富山部曲이라는 僻地에서 대일외교와 교역의 창구로 되었고, 이러한 위치와 비중은 점차 더 강화되어갔다. 조선 초기에는 三浦 가운데서도 제포보다 더 작았던 개항장이었지만, 16세기 중반 이후 부산은 '단일포소'로서 보다 더 중요한 위치를 차지하게 되었다.

사량진왜변 이후 명종 2년(1547) 정미약조가 체결되고 부산포가 유일개항장으로 지정되면서 동래군은 다시 東萊都護府로 승격되었다. 고려말 울주군의 속현이었던 동래현은 이제 도호부로 격상되었고 문관 당상관이 임명되어 대일외교와 교역의 사무를 함께 담당하였다. 그만큼 국경의 요충으로서 중시되었던 것이다. 한편 부산은 국방상의 요지로서 빼놓을 수 없는 지역이었다. 그래서 부산에는 慶尙左道水軍節制營, 釜山鎭僉節制使營, 多大鎭僉節制使營 등의 水營과 兵營이 있었고, 다수의 성곽과 봉수시설 등이 설치되었다. 부산은 또한 일본에 파견되는 사절이 출발하는 관문이기도 하였다.

이때부터 부산이 조일관계상 차지하는 비중이 증대하였으며, 부산포왜관이 조일교섭의 주요무대로 등장하게 되었다.[58] 조선시대 대일외교에서 倭館이 차지하는 비중은 결코 작지 않다. 조선 전기에는 일본국왕사를 비롯한 일본사절들이 서울의 東平館에 유숙하면서 정치

---

58) 조선 전기 부산포왜관의 위치는 부산진성 안 자성대 아래쪽으로 지금의 부산진시장 부근이었다. 항거왜인의 거주지는 그 일대인 지금의 범일동 부근으로 추정된다.

적인 교섭을 진행하였다. 그리고 통상과 무역은 주로 三浦의 왜관에서 이루어졌다. 그런데 16세기에 들어 부산포왜관은 삼포왜란, 사량진 왜변 이후 단일왜관으로 되면서 그 역할과 비중이 더욱 올라갔다.

한편 임진왜란 이후 조선 후기에 들어와 일본사절단을 포함한 모든 일본인의 上京이 금지된 후에는 서울의 동평관도 폐쇄되었다. 이제 부산포가 유일한 대일교섭과 교역을 담당하는 개항장이 되었고, 그 중심은 왜관이었다. 또 조선 전기와는 달리 대마도가 德川幕府의 위임을 받아 조선외교를 전담함에 따라 조일외교의 실무적인 일은 대부분 부산의 왜관에서 행해졌다. 조일 양국 모두 중앙정부의 지시를 받았지만 교섭의 실질적인 담당자는 조선의 동래부사와 일본의 대마도주였다. 이에 따라 通信使行·問慰行·年例送使·差倭 등 외교사행의 영접 및 환송과 통상무역 등이 모두 부산왜관에서 행해졌다.

조선 후기 대일외교체제의 틀은 국가적 외교의례로서 조선국왕－막부장군을 기본으로 하고, 실질적인 외교업무처리는 예조참판(혹은 참의)－대마도주의 선이었으며, 직접적으로 만나 현안을 처리하는 관리는 接慰官(또는 東萊府使, 釜山僉使)－일본사절단의 正官(또는 館守倭)이라는 수평구조 속에 각각 상대역으로 하여 운영되었다.

양국 간의 사절단의 차원에서 보면, 조선은 조선정부－대마도주－막부로 이어지는 중앙정부간의 통신사행과 예조－동래부－대마도주 루트의 문위행이라는 이원적 외교교섭창구를 설정하였다. 일본은 막부－대마도주－동래부－예조 루트의 大差倭와 대마도주－동래부 루트의 小差倭·年例送使라는 이원적 체제로 운영하였다.[59]

조선 후기의 대일외교에서 물론 중앙정부간의 외교사절로서 통신

---

59) 하우봉, 「임진왜란 이후의 부산과 일본관계」, 『항도부산』 9집, 1992.

사행이 중요하지만 이것은 20여 년에 1회 정도의 간격으로 시행되었고, 의례적이고 상징성이 강한 외교행위였다. 조일간의 통상무역과 실무적인 현안처리는 거의 초량왜관에서 처리되었다는 점에서, 왜관에서의 실무외교는 별도의 차원에서 중요하다. 또 1811년을 마지막으로 통신사외교가 중지된 이후에도 개항 이전까지 초량왜관을 매개로 하는 실무외교는 지속되었다는 점에서 조선 후기 대일외교의 중심무대는 부산의 왜관이라고 해도 과언이 아니다. 따라서 조선 후기의 부산 왜관을 무대로 해서 이루어진 교류는 일본의 本州를 무대로 해 진행된 통신사행과 더불어 조일 양국의 교린관계의 또 하나의 상징이라고 할 수 있다.

조선 후기 부산과 대마도

鄭成一*

```
Ⅰ. 대마도 기록에 보이는 200년 전 부산의 모습
Ⅱ. 왜관에서 만난 동래상인과 대마도 사람들
Ⅲ. 왜관에서 맛 본 일본 음식과 두 나라의 선물 교환
Ⅳ. 대마도로 건너간 경상도 쌀과 일본에서 건너온 구리
Ⅴ. 표류민의 구조와 송환
Ⅵ. 부산을 거쳐간 사신들
Ⅶ. 왜관에 대한 통제와 왜관의 사건·사고
```

Ⅰ. 대마도 기록에 보이는 200년 전 부산의 모습

부경대학교 대마도연구센터가 주최한 학술대회가 열렸던 2009년 9월 26일은 음력으로 8월 8일이었다. 그렇다면 정확하게 200년 전인 1809년 8월 8일(음력)에는 어떤 일이 있었을까. 대마도 사람들이 작성한 『관수일기』(館守日記)[1]를 보면 그때의 상황을 짐작할 수 있다.[2]

---

* 광주여자대학교 콜마케팅학과 부교수.

1) 현재 일본 국립국회도서관이 소장하고 있는 『館守日記』는 1687년 9월 23일부터

이 기록을 남긴 관수(館守 간슈)는 왜관(倭館)의 우두머리를 말한다. 그런데 '관수'라는 직책이 처음부터 있었던 것은 아니었다. 조선의 관찬사료에서 '관수'라는 용어가 맨 처음 등장하는 것은 1642년(인조 20) 1월이다.[3] 그보다 2년 전인 1639년까지만 하더라도 조선 정부는 차왜(差倭)의 왜관 장기 체류를 전례에 어긋나는 문제로 인식하고 있었다.[4] 이것을 보면 조선 정부가 '관수'를 정식으로 인정한 것은 1642년 전후가 아닌가 생각되는데, 이때는 '제2대' 관수의 임기 중에 해당한다. 그런데 현재 학계에서는 일본 측 연구 성과를 그대로 받아들여서 1637년(인조 15, 寬永 14)부터 관수가 존재하기 시작한 것으로 보고 있다.[5]

관수제도의 확립 배경에 대해서도 좀 더 면밀한 검토가 필요하다고

1870년 윤 10월 5일까지 기록되어 있는데 184년 동안의 기록물이 모두 860책에 이른다(다시로 가즈이 지음, 정성일 옮김, 『왜관 : 조선은 왜 일본사람들을 가두었을까?』, 논형, 165쪽). 다만 이 자료를 가리켜 '관수매일기'라고도 부르는데, 여기에서는 편의상 '관수일기'로 통일하고자 한다.

2) 『館守日記』 文化 6년(1809) 8월 8일.(일본 국립국회도서관 소장, 823-370-8)

3) 『인조실록』 1642년 1월 8일 무인. 이때는 제2대 관수였던 시마오 곤노스케[嶋雄權之介, 平智連; 1639.5~1642.6]가 재임하던 시기에 해당한다.

4) "왜차(倭差) 평성련(平成連, 內野權兵衛 - 인용자 주)이 오래도록 관중(館中)에 머물고 있으니, 그 사정을 살펴서 아뢰라."고 인조가 통제사 유림(柳琳)에게 명을 내린 것을 보면(『인조실록』 1639년 3월 21일 무인), 1639년 3월 시점까지만 하더라도 조선 정부가 왜관에 장기 체류하는 '관수'의 존재를 인정하지 않았던 것으로 보인다. 제2대 관수인 시마오 곤노스케[嶋雄權之介, 平智連]가 관수 업무를 시작한 것이 1639년(인조 17, 寬永 16) 5월이므로, 평성련 곧 우치노 곤베에가 '관수' 임무를 수행한 것은 그 전까지로 볼 수 있다.

5) 제1대 관수 우치노 곤베에[內野權兵衛, 平成連; 1637.11~1639.5]부터 제105대 관수 후카미 로쿠로[深見六郞]까지 230년 동안 관수가 왜관의 관리 책임자로 존재하였다. 관수의 임기는 원칙적으로 2년이었으며 재임도 가능했다(다시로 가즈이 지음, 정성일 옮김, 『왜관』, 163~164쪽; 長正統, 「日鮮關係における記錄の時代」, 『東洋學報』 50-4, 東洋學術協會, 1968).

생각한다. 기존 연구에서는 관수의 왜관 장기 체류가 하나의 제도로서 정착할 수 있게 된 배경으로 밀무역 금지와 각종 의례 준수와 같은 왜관 내부의 관리 필요성에만 주목하였다.6) 물론 조선 정부도 왜관의 통제 자체를 반대할 이유는 없었을 것이다. 다만 대마도가 전례에 없던 관수제도를 자신들의 요구대로 관철시키려고 했던 왜관 밖의 요인에 대해서도 관심을 기울여야 한다.

병자호란(1636.12~1637.1)으로 곤경에 처해 있던 조선은 남쪽의 일본 동향에 대하여 깊은 관심을 기울이고 있었다.7) 1637년 12월 평성련(平成連, 內野權兵衛) 일행이 입국하자 조선 정부는 더욱 긴장을 늦추지 않았다.8) 대마도 역시 이런 흐름을 놓치지 않았다. 가령 조선이 대마도주에게 보내는 서계에 사용해 오고 있던 대마도주의 호칭이 족하(足下)에서 합하(閤下)로 바뀐 것이 1636년 1월부터였다.9) 또 그해에 대마도주가 동래부사 호칭을 족하(足下)로 적어 보낸 서계에 대하여, 조선 정부가 전례에 없다는 이유로 이를 고치게 하였으나 대마도가 따르지 않았다.10) 1638년에 대마도가 요구한 '7개 사항'11)에 대

---

6) 다시로 가즈이 지음, 정성일 옮김,『왜관』, 164쪽.

7) "왜의 정상에 현저히 근심할 만한 것이 아직 없다고는 하지만, 재변은 헛되이 일어나지 않는 법이니, 깊이 생각하고 잘 고려하여 미연에 대비하도록 하라"고 임금이 대신들에게 당부하고 있는 것에서, 조선 조정의 일본에 대한 경계 의식을 잘 살필 수 있다(『인조실록』1637년 12월 22일 병진).

8) 한명기,『정묘·병자호란과 동아시아』, 푸른역사, 2009, 321쪽.

9) 국사편찬위원회 소장 대마도종가관계문서 서계 No. 350; 정성일,『조선후기 대일무역』, 신서원, 2000, 22쪽.

10)『인조실록』1636년 3월 7일 임자.

11) 1638년 1월에 평성련(平成連, 內野權兵衛)이 조선 정부에 문의하거나 요청한 '7개 사항'은 다음과 같다. ① 최근 교역하는 물화가 전과 같지 못한 것은 중국과 통교가 끊긴 때문인가, 북쪽 오랑캐의 난리 때문인가? ② 조선 사신이 일본에 들어오면 상단(上壇) 사이에서 절하는데, 일본에서 보낸 사신은 모래밭에서 절을 하니,

하여 조선 정부가 대부분 수용하기로 결정한 것도 이런 흐름과 무관하지 않다.[12] 이 시기에 와서 두 나라의 외교문서인 서계(書契)[13] 형식에 변화가 나타나기 시작한 것은 조선과 중국 대륙 사이의 긴장관계와 야나가와(柳川) 사건 이후 달라진 일본의 국내 상황과 관련이 깊다. 그런 연장선에서 대내외 안정을 바랐던 조선 정부도 왜관에 대한 통제의 필요성에 공감을 하면서 관수제도를 출현시킨 것이다.

아무튼 1809년 8월 8일[14] 당시 왜관은 부산광역시 용두산공원에 설치되어 있던 초량왜관(草梁倭館)에 해당한다. 그곳에서 살고 있던 대마도 사람들의 숫자는 대략 5백 명에서 6백 명 가량이었던 것으로 보인다.[15] 이 날 『관수일기』을 펼쳐보면 다음과 같이 적혀있다.

이것은 예에 어긋나는 것이 아닌가? ③ 해마다 쌀과 콩을 내려주는 것에 대하여 '사(賜)'자를 쓰지 말 것. ④ '봉진가(封進價)' 석 자도 쓰지 말 것. ⑤ 서한 가운데 '대마도(對馬島)'는 '귀주(貴州)'로 적을 것. ⑥ 사선(使船)이 와서 정박하는 곳을 돌로 쌓아 풍파를 피할 수 있게 할 것. ⑦ 돌로 쌓는 것이 쉽지 않으면 관사를 개축할 것. 『인조실록』 1638년 1월 22일 병술.

12) 한명기, 『정묘·병자호란과 동아시아』, 323~325쪽.

13) 이훈, 「외교문서로 본 근세 한일간의 상호인식 - 일본측 서계(書契)의 위식(違式) 사례를 중심으로」, 『日本學』 28, 동국대학교 일본학연구소, 2009.

14) 1808년(순조 8, 文化 5)은 조선의 윤 5월이 일본에서는 6월에 해당하며, 조선의 6월 1일이 일본의 윤 6월 1일과 일치하였다. 나머지 달은 조선과 일본의 역(曆)이 모두 일치하였다(내무성지리국, 『三正綜覽』, 제국출판사, 1932).

15) 왜관 거주 인원에 대한 정확한 통계는 없다. 1678년에 고왜관(古倭館) 곧 두모포 왜관(豆毛浦倭館)에서 새로 지은 초량왜관(草梁倭館)으로 이사를 가던 날 관수(館守) 이하 450여 명이 신왜관으로 들어갔다는 기록에 근거하여, 다시로 가즈이(田代和生)는 왜관의 대마도 사람들을 대략 4백 명에서 5백 명 정도로 보았다(다시로 가즈이 지음, 정성일 옮김, 『왜관』, 180쪽). 그런데 필자가 조선 측 기록인 『표인영래등록』(漂人領來謄錄) 제3권(서울대학교 규장각 영인본, 1993)에서 확인한 것을 보면(다시로 가즈이 지음, 정성일 옮김, 『왜관』, 342쪽), 1696년에 왜관에 체류 중인 일본인의 숫자는 609명(5월 15일), 592명(6월 19일), 497명(7월 14일), 505명(7월 18일), 526명(8월 10일)으로 되어 있어서 6백 명을 넘은 때도 있었다. 조선 측이 어떻게 해서 이런 통계를 입수했는지 정확하게 알 수 없지만, 아마도 일본으로 표류했다가 조선으로 돌아온 표류민들을 넘겨받기 위해 왜관에 들어갔던 조선의

○ 연석문(宴席門)을 열고 닫는 것과 도구(道具)에 관한 것을 사에 몬(左衛門)이 알려옴.[16]
○ 장이 들어오지 않음.[17]

이날의 기록으로 보건대, 왜관 쪽에서는 연향(宴享)을 준비하고 있었던 것 같다. 연향이 열리는 연향대청(宴享大廳) 곧 연대청(宴大廳)으로 가는 문을 열고 닫는 일과 연향에 필요한 도구를 준비하는 일에 대하여 관수가 보고를 받고 있었다.

연대청은 왜관 밖에 있었다.[18] 따라서 왜관 안에 있던 일본 사신들이 연향에 참석하기 위해서는 왜관 바깥쪽 북문을 열고 밖으로 나가야만 했다. 연례송사(年例送使)든 차왜(差倭)든 일본에서 사신이 건너오면 격식에 맞추어서 조선 정부는 접위관(接慰官)을 파견하여 일본 사신을 영접하게 했다. 일본 사신들이 왜관 입항을 마치게 되면, 하선연(下船宴), 봉진연(封進宴), 중연(中宴), 승선연(乘船宴; 上船宴이

역관들이 왜관 체류 일본인의 숫자를 파악하여 조선 조정에 보고하는 것이 하나의 관례가 되어 있지 않았을까 생각한다. 한편 초량(草梁)으로 왜관을 옮기기 전인 두모포왜관(豆毛浦倭館) 시절에는 체류 일본인의 인원이 적을 때는 3백 명 내외였으며, 많을 때는 천 명을 넘기기도 하였다고 한다(양흥숙,『조선후기 東萊 지역과 지역민 동향－倭館 교류를 중심으로－』, 부산대학교 대학원 사학과 박사학위논문, 2009, 22쪽).

16) 宴席門開閉御道具之儀左衛門相屆(『館守日記』文化 6년(1809) 8월 8일).

17) 市不入來(『館守日記』文化 6년(1809) 8월 8일).

18)「倭館圖」(국립중앙박문관 소장)에는 왜관의 북쪽에 일본 사절(使節)을 접대하던 연향대청(연대청)이 그려져 있다(지금의 부산광역시 광일초등학교가 연향대청 터로 알려짐). 그보다 북쪽으로 성신당(誠信堂), 통사청(通事廳), 유원관(柔遠館)이 보이는데, 이곳에서는 일본 사신의 접대 업무를 맡고 있던 접위관이라든가 역관 같은 조선 관리들이 머물고 있었다. 또 설문(設門) 안쪽에는 조선 국왕의 전패(殿牌)를 봉안해 둔 초량객사(草梁客舍)가 그려져 있다. 이 그림은 1764년 통신사행(정사 조엄)에 기선장(騎船將)으로 수행하였던 변박(卞璞)이 그린 것으로 알려져 있다(韓國史學會,『朝鮮後期 通信使와 韓・日交流史料展』圖錄, 8쪽, 116~117쪽).

라고도 함) 등 미리 정해진 규정에 따라 연회가 베풀어졌다.[19] 의식과 절차는 모두 조선의 방식을 따랐다. 더구나 봉진연 때는 일본 사신들이 초량객사(草梁客舍)에 봉안(奉安)된 조선 국왕의 전패(殿牌) 앞에서 절을 올리는 숙배식이 거행되었다. 임란 이후 일본 사신의 상경(上京)이 금지된 뒤로는 이 의식이 이곳에서 시행되고 있었다.[20] 1809년 8월 8일의『관수일기』에 봉진연에 대한 언급이 전혀 없는 것으로 보아 이때는 단순한 연향이 열렸던 것으로 보인다.

또 이날은 8일이었기 때문에 개시(開市) 곧 사무역이 열리게 되어 있는 날이었다. 3일과 8일이 들어 있는 날에 월 6회(3, 8, 13, 18, 23, 28) 왜관 안에서 무역이 열리게 되어 있었다.[21] 그런데 무슨 까닭인지는 모르지만, 이날 관수일기에는 "개시가 들어오지 않았다"고 적혀 있다. 이것은 시장이 열리지 않았다는 뜻이다.[22] 일본인 입장에서 보면

---

19) 심민정,「『동래부사접왜사도』를 통해서 본 倭使 접대－宴享을 중심으로－」,『동북아문화연구』11, 동북아시아문화학회, 2006; 심민정,「18세기 倭館에서의 倭使 접대음식 준비와 양상」,『역사와 경계』66, 부산경남사학회, 2008; 심민정,「조선시대 倭使 接賓茶禮에 대하여」,『동북아 문화연구』17, 동북아시아문화학회, 2008.

20) 초량객사(草梁客舍)에서는 일본 사신들이 국왕의 전패를 향해 절을 올리는 숙배식(肅拜式)이 거행되고 있었다.「東萊府使接倭使圖」(국립중앙박물관 소장)가 겸재(謙齋) 정선(鄭敾, 1676~1759)의 그림이라는 설과 변박(卞璞)의 작품이라는 설로 갈려 있는데(심민정,「『동래부사접왜사도』를 통해서 본 倭使 접대」, 160~161쪽), 이 그림에는 동래부사가 초량왜관에 도착한 일본 사절을 영접하기 위하여 청도(淸道) 깃발을 앞세우고 동래부를 출발하여 행차하는 모습과 초량객사에서 일본 사신들이 조선 국왕의 전패 앞에 절을 올리는 숙배식, 그리고 연향대청에서 일본 사신에게 연향을 베푸는 광경이 사실적으로 묘사되어 있다(韓國史學會,『朝鮮後期 通信使와 韓・日交流史料展』圖錄, 10~11쪽, 117쪽). 그 중에서도 숙배식은 "조선 국왕에 대한 조공자적 위치에 있었던 대마도주의 또 다른 얼굴"을 상징적으로 보여주는 것이기도 하다(다시로 가즈이 지음, 정성일 옮김,『왜관』, 156쪽).

21) 정성일,『조선후기 대일무역』제2장 조・일무역과 개시, 신서원, 2000, 69~107쪽.

22) 왜관에서 열리기로 되어 있던 개시가 열리지 못한 이유는 다양했다. 1809년의 경우 개시가 열리지 못한 이유가『관수일기』에 기록으로 남아 있는 것이 모두 35건이었다. 이 가운데 가장 많은 19건(54.3%)이 '상역(商譯)의 사정' 때문이었으며,

조선 상인들이 왜관 안으로 '들어오는' 것이기에, 개시가 없는 날에는 개시불입래(開市不入來)나 시불입래(市不入來)라 하고, 개시가 있는 날은 개시입래(開市入來)나 시입래(市入來)라고 적는 것이『관수일기』의 기재 방식이었다.

Ⅱ. 왜관에서 만난 동래상인과 대마도 사람들

개시에 참여하는 상인을 가리켜 조선에서는 동래상고(東萊商賈)나 동래상인(東萊商人)이라고 불렀다. 이것을 줄여서 내상(萊商)이라고도 했다. 동래상인이란 서울상인을 의미하는 경상(京商), 개성상인을 가리키는 송상(松商), 의주상인을 지칭하는 만상(灣商)과 더불어, 조선시대 대표적인 상인의 하나로 잘 알려져 있다. 초기에는 왜관에서 열리는 개시에 참여하는 상인들이 동래 지역 출신들만이 아니라, 서울 상인(경상)이나 개성상인(송상)도 있었다.[23] 그런데 대일무역에서 얻는 이익이 점차 감소하게 되는 후기에 오게 되면, 무역이윤만으로는 생계를 꾸려가기가 어려웠던 탓인지, 동래상인이 동래의 무임직(武任職)을 겸하는 따위 새로운 변화가 나타났다.[24]

그 다음이 '동래부의 사정'(7건, 20%) 때문이었다고 했다. 그 밖에 '비나 구름'(5건, 14.3%) 때문에, 또는 '조선의 국기일'(國忌日)과 겹쳐서(2건, 5.7%) 개시가 열리지 못한 적도 있었다. 참고로 이 해의 개시율은 14.1%에 지나지 않았다(정성일,『조선후기 대일무역』, 98~103쪽).

23) 대마도의 조선어 통역이었던 오다 이쿠고로[小田幾五郎]가 지은『草梁話集』(1796년)을 보면, "都仲이 전에는 많은 수가 있었으며, (도중들이) 서울과 그 밖의 松都[古都] 곧 개성에서도 내려왔는데, 근래에는 무역이 쇠퇴하여 (그 수가) 겨우 4~5명으로 줄었을 뿐만 아니라, 도중의 살림살이가 온전하지 못하여, 그 중에는 東萊 내의 役을 맡은 사람도 있다."고 적고 있다(정성일,『조선후기 대일무역』, 151쪽).

24) 김동철,「『동래부상고안』을 통해서 본 19세기 후반의 동래상인-『동래부무임선생안』과의 비교-」,『한일관계사연구』1, 한일관계사학회, 1993; 김동철,「19세

현재 국사편찬위원회에 소장되어 있는 대마도종가문서 고문서 가운데 다수의 명문(明文)이 남아 있는데, 그것을 통해 왜관의 개시에 참여한 동래상인의 실태를 파악할 수 있다. 뿐만 아니라 왜관에서 개시 곧 사무역을 담당했던 일대관(一代官 이치다이칸)이 적은 『일대관매일기』(一代官每日記)를 보면 동래상인의 활동을 좀 더 구체적으로 살필 수 있다.

가령 1844~49년 사이에 왜관의 개시에 참여한 도중(都仲) 가운데 자범(子範)이라는 자(字)를 가진 사람이 있었다. 그런데 그는 유일하게 이 기간 동안에 한 해도 거른 적이 없었다. 해마다 6~7명의 도중이 개시에 참여하고 있었다. 그 가운데 자범의 활약이 가장 돋보였다. 수출액과 수입액에서 차지하는 자범의 비중이 단연 높았음은 물론이다. 일본에서 수입한 정동(丁銅) 가운데 약 30%인 10만 4천 2백 근을 자범이 담당하였다. 황동(荒銅)의 경우는 자범이 전체의 약 42%를 차지하고 있었다. 더욱이 대전(大錢)은 자범이 전체의 67% 정도 점하고 있었다. 당시 대마도가 파악한 바에 따르면 자범은 정윤중(鄭允中)의 아들이었다. 자범의 아버지인 윤중은 1810년대에 대일무역에서 활약한 도중이었다. 정윤중과 정자범의 예처럼 1810년대부터 1840년대까지 왜관의 개시에 참여하는 도중의 지위가 부자(父子) 사이에 세습되고 있었다는 점이 흥미롭다.[25]

왜관에서 열리는 무역에 참여한 상인들은 도중처럼 규모가 큰 상인들도 있었지만, 소량의 잡다한 물건을 파는 상인들도 있었다. 도중을 대상인(大商人)라고 부른다면, 잡상(雜商)은 소상인(小商人)에 해당하는 셈이다. 그런데 소상인, 잡상인이라고 해서 그들이 관(官)에 세금

기 우피무역과 동래상인」, 『한국문화연구』 6, 1993.

25) 정성일, 『조선후기 대일무역』 제4장 무역상인의 규모와 활동, 145~173쪽.

을 납부하지 않는 것은 아니었다. 대마도종가문서에 남아 있는 기록에서 '개시 납세 잡상'(開市納稅雜商)이라 적고 있는 데서도 잘 알 수 있듯이,[26] 개시에 참여하는 조선 상인들은 대상(大商)이든 소상(小商)이든 관(官)에 세금을 납부해야 했다. 처음에는 개시에서 거둔 세금이 중앙의 호조 재원으로 들어갔으나, 뒤에는 그것이 동래부 재정에 편입되었다.

Ⅲ. 왜관에서 맛 본 일본 음식과 두 나라의 선물 교환

조선 정부는 일본의 대마도 사람들에게 무역을 허용하면서 장소를 왜관 안으로 제한했다. 그래서 개시(開市)가 있는 날이면 동래상인들은 왜관 안으로 들어갈 수밖에 없었다. 왜관에 들어간 조선 상인들은 거래가 끝날 때까지 왜관 안에서 머물렀다. 어떤 때는 일이 밤늦게 끝난 적도 있었다. 그럴 때는 왜관 쪽에서 간단한 음식을 내놓기도 했다.

1808년 정월 18일의『(대관)매일기』를 보면 다음과 같은 내용이 적혀 있다.[27] 이날은 날씨가 맑았다고 되어 있다. 새해에 처음으로 열리는 개시를 초시(初市)라고 불렀는데, 1808년의 초시는 1월 18일에 열렸다.[28] 이날 조선의 양역(兩譯) 곧 훈도·별차와 특권상인인 도중(都

---

26) 국사편찬위원회 소장 대마도종가문서 기록류 No. 4597『續分類紀事大綱』,「開市之節小商人持來候品裁判屋前通ニ竝置致商賣候樣ニ被仰掛候事」; 정성일,『조선후기 대일무역』, 79쪽.

27)『(代官)每日記』(久和治左衛門) 文化 5년(1808) 1월 18일(일본 나가사키현립 쓰시마역사민속자료관 종가문고 일기류 Dc 3).

28) 1838년에도 그해의 첫 개시(開市) 곧 초시(初市)가 예정보다 늦게 열렸다.『관수일기』天保 9년(1838) 정월 22일조에는 초시가 엿새 뒤인 1월 28일에 열리기로 했다고 관수에게 전달된 사실이 적혀 있다. 또 같은 달 28일조를 보면 그날 초시가 열렸음을 왜관의 조선어 통사(通詞)인 나카노 고베에(中野五兵衛)와 후쿠야마 야고로(福山彌五郞)가 관수에게 보고하고 있는 모습을 살필 수 있다.

中)이 왜관으로 들어갔음이 관수에게 보고되었다.[29] 본디 1월 3일은 정초(正初)라서 개시를 열지 않는 것이 관례였기 때문에 1월 8일에 초시가 있어야 했다. 1월 8일 기록을 보면 날씨는 맑았다고 되어 있는데, 바깥쪽 곧 조선 쪽 사정으로 초시가 열리지 못했다고 한다.[30] 1월 13일도 날씨는 맑았지만 도중 곧 동래상인 쪽에 사정이 생겨서 초시가 열리지 못했다.[31] 초시를 18일에 열리기로 했다고 관수에게 보고가 들어간 것은 하루 전인 1월 17일이었다.[32]

초시가 있었던 1월 18일에 왜관 측은 두 명의 조선어 통사(通詞), 곧 아마모토 기치고로(天本吉五郎)와 후쿠야마 후쿠지로(福山福次郎)를 개시대청(開市大廳)으로 들여보냈다. 밤이 되어서야 일이 끝나자 왜관의 대관(代官 다이칸)은 다른 역인(役人)들과 함께 대청으로 가서 전례대로 배례(盃禮)를 마쳤다고 한다. 이날 제공된 요리의 메뉴가 『관수일기』에 소개되어 있는데, 왜관 측은 생선회를 비롯하여 다양한 일본 요리를 차려놓았다.[33]

---

29) 正月十八日晴天 ○初市入來兩譯都中入館(『(대관)매일기』文化 5년(1808) 1월 18일).

30) 同八日晴天 ○外向差支市不入來段相屆(『(대관)매일기』文化 5년(1808) 1월 8일).

31) 正月十三日晴天 ○都中差支市不入來段相屆ル(『(대관)매일기』文化 5년(1808) 1월 13일).

32) 同十七日晴天 ○明十八日初市入來候段相屆(『(대관)매일기』文化 5년(1808) 1월 17일).

33) 『(대관)매일기』(久和治左衛門) 文化 5년(1808) 1월 18일.

<표 1> 첫 번째 주된 요리(本膳 혼젠)

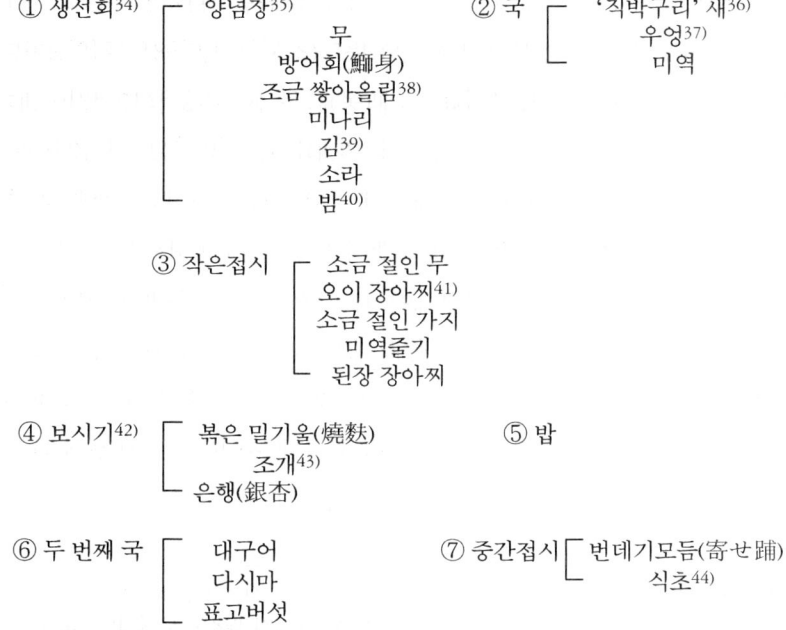

① 생선회34) ┌ 양념장35)
             │   무
             │ 방어회(鰤身)
             │ 조금 쌓아올림38)
             │   미나리
             │   김39)
             │   소라
             └   밤40)

② 국 ┌ '직박구리' 새36)
       │   우엉37)
       └   미역

③ 작은접시 ┌ 소금 절인 무
           │ 오이 장아찌41)
           │ 소금 절인 가지
           │ 미역줄기
           └ 된장 장아찌

④ 보시기42) ┌ 볶은 밀기울(燒麩)
             │   조개43)
             └ 은행(銀杏)

⑤ 밥

⑥ 두 번째 국 ┌ 대구어
             │ 다시마
             └ 표고버섯

⑦ 중간접시 ┌ 번데기모듬(寄せ踊)
           └   식초44)

자료 : ≪(대관)매일기≫ 文化 5년(1808) 1월 18일(일본 나가사키현립 쓰시마역
　　　사민속자료관 종가문고 일기류 Dc 3)

---

34) 원문에는 鱠로 적혀 있는데, 이것은 膾라고도 쓰며, '나마스'라고 읽는다. 이것은
　　생선회란 뜻도 있고, 무나 당근 같은 야채를 썰어서 초간장에 무친 것을 말하기도
　　한다.

35) 원문에는 いリ酒라 적혀 있다. 이것은 '이리자케'라 읽으며, 술에 간장과 가다랭
　　이 포(가츠오부시), 매실장아찌(우메보시) 등을 넣고 조린 것을 말하는데, 생선회
　　양념용으로도 쓰인다(다시로 가즈이 지음, 정성일 옮김, 『왜관』, 237쪽).

36) 원문에는 鵯로 적혀 있는데, 이것은 '히요도리'라고 읽는다. 이것은 새의 일종으
　　로 '직박구리'를 가리킨다. 이 새는 참새목 직박구리과에 속하는데, 한국에서는
　　겨울철에 울음소리를 들을 수 있는 몇 안 되는 새이다. 한반도 중부 이남 지역에
　　주로 서식하는 텃새라고 한다.

37) 원문에는 さん木牛房으로 되어 있다. 牛房은 '고보' 곧 우엉을 말하는데 牛蒡이라
　　고도 쓴다. 여기에서 '산키'[さん木]는 山気를 적은 것이 아닐까 생각한다. 이것

왜관 측에서 가장 먼저 내놓은 요리 곧 '혼젠'[本膳]은 모두 7가지
가 나왔다. <표 1>에서 보는 것처럼 ① 방어(鰤 부리) 회를 비롯하여,
⑤ 밥, 그리고 ② '직박구리'라는 새 고기와 우엉과 미역이 들어간 국,
⑥ 대구어, 다시마, 표고버섯을 넣은 국, 이렇게 두 가지 국물이 함께
나왔다. 거기에 추가하여 ③ 작은 접시에 담아 내온 각종 장아찌 같은
밑반찬, ④ 자그마한 보시기 그릇에 담은 은행과 조갯살, ⑦ 중간 크기
의 접시에 식초와 함께 담아온 음식 등이 열거되어 있다.

그런데 이날 왜관 측이 내놓은 요리는 이것으로 끝나지 않았다. '히
키데모노'[引て物] 또는 '히키데'[引て]라고 하여 연회나 잔치 때 주
인이 추가로 내놓는 음식과 선물이 있었다.[45] ⑧ 널찍한 그릇에 담아
서 김 가루를 뿌린 우엉과, 잘게 썬 건해삼,[46] 중하(中蝦) 곧 중간크기

이 '산에서 채취한 우엉'을 뜻하는 것인지도 모른다.

38) 원문에는 小疊ミ로 되어 있는데, '다타미'[疊ミ]란 겹겹이 쌓아올린 것을 말하는
   것으로 여겨진다.

39) 원문에는 '三嶋のり'로 되어 있는데, '노리'는 김을 말한다. '미시마'[三嶋]는 지
   명을 가리키는 것으로 생각된다. 따라서 '미시마노리'란 '미시마 지역에서 나는
   김'을 말하지 않을까?

40) 원문에는 せんぐり로 되어 있는데, 밤[ぐり]의 일종이 아닐까 생각한다.

41) 원문에는 瓜香으로 적혀 있다. 이것은 오이나 외[瓜 우리]로 만든 장아찌 [新香 싱
   코], 곧 '우리싱코'의 줄임말로 판단된다.

42) 원문에는 坪으로 적혀 있는데, 이것은 보통 '쓰보'로 읽힌다. 따라서 이것은 壺의
   뜻으로 쓰인 것으로 보인다.

43) 원문에는 '이노카이'(いの貝)로 되어 있는데, 이것은 조개류를 말하는 것 같은데
   어떤 종류인지는 정확하게 알기 어렵다.

44) 원문에는 胡枡으로 적혀 있는데, '고마즈'로 읽는다. 이것은 참깨를 으깨서 감초
   같은 것을 섞은 다음 가는 체에다 걸러서 만든 식초를 말한다.

45) 다시로 가즈이 지음, 정성일 옮김, 『왜관』, 238쪽.

46) 원문에는 いりこ라고 되어 있는데, '이리코'는 '건해삼'을 뜻할 때는 煎海鼠라고
   적고, 쪄서 말린 작은 멸치를 말할 때는 熬り子라고 적는다. 여기에서는 전자가
   아닌가 생각한다.

새우,[47] 김말이, 양갱 등이 나왔다. ⑨ 기름에 튀겨낸 두부를 사발에 담고, ⑩ 또 길쭉한 접시에 김말이를 꼬챙이에 꿰어서 내놓았다. 그리고 ⑪ 달걀 꼬치 등으로 장식하는 등 다양한 요리가 선을 보였다. 이밖에 ⑫ 어묵이 들어간 맑은 국,[48] ⑬ 백사탕을 넣어 만든 찰떡 등 다과자(茶菓子)가 있었으며, ⑭ '시마다이'[嶋臺]라 불리는 받침대 위에 토기가 셋 놓여 있다. ⑮ 그 밖에 다시마, 우엉, 밤 등이 나왔다.

보통 왜관에 사는 일본사람들은 음식을 검소하게 먹고 지냈던 것 같다. 그래서 비록 연회요리 곧 '후루마이노젠부'[振舞の膳部]라고 하더라도, 일본사람들끼리 연회를 할 때는 '1즙 3채' 다시 말해서 '국 한 가지와 반찬 세 가지'를 넘지 못하도록 규정이 되어 있었다고 한다.[49] 그런데 왜관 측은 첫 번째 개시를 축하하는 뜻을 담아 조선인들에게 정통 일본요리 곧 '혼젠요리'[本膳料理]를 제공한 것으로 보인다. 다만 니노젠[二の膳][50]이 없이, 바로 '히키데'로 들어가고 있다. 그런데 '아라타메테'[改て]라고 하여 요리가 계속 이어졌다. 이것은 아마도 그날 개시(開市)가 밤늦게까지 진행되었기 때문이었을 것으로 보인다. 이처럼 한해에 맨 처음 열리는 초시(初市) 때는 보통 때보다 훨씬 수준이 높은 일본요리가 제공되고 있었음을 알 수 있다.[51]

---

47) 원문에는 車海老[구루마에비]로 적혀 있다.

48) 원문에는 吸物[스이모노]로 적혀 있다.

49) 다시로 가즈이 지음, 정성일 옮김, 『왜관』, 209쪽.

50) 1736년(영조 12, 享保 21) 2월 2일에 재판(裁判) 아사이 요자에몬(淺井與左衛門)이 내놓은 일본 정통요리는 '혼젠'에 이어 '니노젠'이 있었으며, 그 다음에 '히키데' 와 '고단'(後段, 일종의 후식)이 이어졌다. 다시로 가즈이 지음, 정성일 옮김, 『왜관』, 236~239쪽.

51) 동래의 개시감관(開市監官)을 가리키는 것으로 보이는 이치부교[市奉行]에게 이 날 왜관 측에서 보낸 찬합은 3단으로 되어 있었다. 가장 상단에는 중하(中蝦) 곧 중간크기 새우와 건해삼, 우엉, 달걀말이, 은행 등이 들어 있었으며, 두 번째 칸에

왜관 사람들과 접촉하는 것은 조선 상인들만이 아니었다. 왜학역관 (倭學譯官)이라 불리는 조선의 역관과 조선말을 구사할 줄 아는 일본 의 통사 사이에도 활발한 교류가 있었다. 오다 이쿠고로[小田幾五郎] 는 자기가 쓴 『통역수작』52)에서 조선 음식에 대한 평을 적고 있다. 평 소 친하게 지내던 조선 역관이 그를 데리고 왜관 서쪽 사스토벌[佐須 黨原]로 데리고 갔던 모양이다. 그곳에서 자리를 펴놓고 앉아 진달래 꽃잎을 따다가 만들어 준 화전을 맛보고 이쿠고로[幾五郎]는 매우 흡 족해 하였다. 그러면서 그는 왜 이렇게 맛있는 음식이 조선의 향응요 리 메뉴에는 올라 있지 않은지 알 수 없다고 적고 있다.53) 그런가 하면 대마도에 갔다 온 조선 역관들이 일본 술이나 된장을 가지고 와서 조 선의 고관들에게 선물하는 광경도 거기에 적혀 있다.54) 한편 1734년 에 재판(裁判 사이항) 자격으로 조선으로 건너왔던 아사이 요자에몬 (淺井與左衛門)이라는 사람은 왜관에 머무는 동안에 그가 직접 경험 했던 조선과 일본의 요리 메뉴에 대해서 『재판기록』(裁判記錄)에서 자세한 기록을 남기고 있다.55)

는 생선회, 그리고 세 번째 칸에는 떡이 담겨져 있었다. 개시(開市)에 참여한 종자 (從者)에게도 음식이 제공되었다. 밥과 국, 밑반찬, 조림, 생선회 등이 주된 메뉴였 다(『(대관)매일기』 文化 5년(1808) 1월 18일).

52) 『通譯酬酢』(전 3책), 국사편찬위원회 소장 대마도종가문서 기록류 No. 4313, 4314, 4315.

53) 다시로 가즈이 지음, 정성일 옮김, 『왜관』, 226쪽.

54) 다시로 가즈이 지음, 정성일 옮김, 『왜관』, 232쪽.

55) 아사이 요자에몬(淺井與左衛門)은 1734년(영조 10, 享保 19) 11월에 공작미가한재 판(公作米加限裁判)으로 조선에 건너왔다. 그의 임무는 조선 정부를 상대로 하여 공작미 지급 기한을 연장 받도록 하는 것이었다. 그런데 그는 왜관에 머무른 16개 월 동안에 18회분(1734년 2회, 1735년 14회, 1736년 2회)에 해당하는 향응요리의 식단을 기록하고 있어서 왜관의 음식문화 교류를 연구하는 데 크게 도움을 주고 있다(다시로 가즈이 지음, 정성일 옮김, 『왜관』, 228~249쪽; 『裁判記錄』, 일본 국 립국회도서관 소장).

두 나라 사신들 사이의 교류는 선물 교환을 수반하는 것이 보통이었
다. 그 가운데 왜관 쪽에서 조선 사람들에게 준 선물로는 담배가 눈에
띈다. 가령 1837년(天保 8) 7월 6일 제1선 봉진연(封進宴)이 열렸는
데, 이날 연석(宴席)에 동래(동래부사)와 부산(부산첨사)에서도 참석
을 하였다. 모든 일이 선례대로 잘 끝났으며, 이 사실을 연향에 참석했
던 일행이 왜관으로 들어가서 관수에게 알렸다고 한다. 왜관에 근무하
는 대마도 통사(通詞)들도 관수에게 이 사실을 보고한 것으로 되어 있
다.56) 또 동래와 부산 쪽에서 연석에 참석했다가 문안57) 삼아 군관을
왜관으로 들여보냈던 모양인데, 왜관 쪽에서는 그 군관에게 선례대로
담배를 선물로 주었다고 한다.58)

　　이와 반대로 조선 측에서 왜관으로 선물을 들여보내는 일도 있었다.
1808년 5월 7일자『(대관)매일기』를 보면, 동래부사와59) 부산첨사가60)

---

56) 東釜出宴二而諸事先格之通無滯相濟候段, 一行入來屆有之, 通詞中よりも相屆
　　(『관수일기』天保 8년(1837) 7월 6월).

57) 원문에 問案으로 되어 있어서 그대로 아래 각주에 소개하였음.

58) 東釜出宴二付爲見舞軍官使來候付, 例之通多葉紛與之(『관수일기』天保 8년(1837) 7
　　월 6월). 그런데 그해 8월 9일에도 동래와 부산에서 연석(宴席)에 참석하여 예정대
　　로 연향(宴享)이 잘 마무리 되었다고 사자(使者)가 왜관으로 들어가서 관수에게 알
　　렸다고 한다(東釜出宴二而宴席無滯相濟候段, 御使者入來被相屆). 게다가 동래와
　　부산 쪽에서 문안 인사를 위해 군관(軍官)을 왜관으로 보냈던 모양이다. 그러자 왜
　　관 측에서는 선례와 같이 상자에 담은 담배를 선물로 그 군관에게 세 개를 주었으
　　며, 조선의 하급 역관인 소통사(小通事)에게는 두 개를 준 것으로 되어 있다(東釜
　　より爲問案軍官使來候付, 例之通箱多葉紛三ツ小通事へ貳ツ相與).『관수일기』天保
　　8년(1837) 7월 6일, 8월 9일.

59) 端陽佳節
　　旅況安穩玆將菲品聊表例儀不備
　　戊辰五月 日 東萊
　　『(대관)매일기』文化 5년(1808) 5월 7일(일본 나가사키현립 쓰시마역사민속자료
　　종가문고 일기류 Dc 4).

60) 端陽佳節

단오(端午)를 기념하기 위하여 왜관으로 보낸 선물을 알 수 있다. 동래부사가 보낸 참기름, 대구어, 상어, 문어, 육포와 찹쌀 등 10개 품목, 그리고 부산첨사가 보낸 찹쌀, 밤, 생선과 종이, 붓, 먹 등 9개 품목을 표로 정리하면 <표 2>와 같다.

<표 2> 조선에서 왜관으로 보낸 선물

	동래부사→ 대관(代官)			부산첨사→ 대관(代官)		
No	품목	수량	단위	품목	수량	단위
1	참기름[眞油]	2	刀			
2	대구어(大口魚)	25	尾			
3	상어[沙魚]	3	尾			
4	문어(文魚)	1	尾			
5	건치(乾雉)	2	首			
6	청밀(淸蜜)	3	刀			
7	넙치[廣魚]	1	尾			
8	청어(靑魚)	4	級			
9	포육(脯肉)	3	貼			
10	찹쌀[粘米]	2	斗	찹쌀(粘米)	1	斗
11				밤[皮栗]	1	斗
12				생선[生魚]	2	束
13				흰 종이[白紙]	2	束
14				참먹[眞墨]	5	丁
15				팥[小豆]	1	斗
16				대추[大棗]	1	斗
17				북어(北魚)	1	級
18				황필(黃筆)	5	柄

자료 : 『(代官)每日記』(일본 나가사키현립 쓰시마역사민속자료관, 일기류 Dc
4) 文化 5년(1808) 5월 7일.

그런데 이날 단오 선물로 동래부사와 부산첨사가 왜관의 대관 앞으

旅況淸勝玆將菲品聊伸節儀不備
戊辰五月 日 釜山
『(대관)매일기』文化 5년(1808) 5월 7일.

로 보낸 물건보다도 더 크고 귀한 선물을 왜관 측이 받았다고 말할 수 있다. 다름 아닌 쌀 곧 공작미(公作米)가 그것인데, 신년조(1808년 무진조 – 인용자 주) 쌀 2,000가마니[俵]가 창고에서 곧 나오게 될 것이라고 조선의 양역(훈도·별차)이 왜관 측에 알려주었다.[61] 게다가 전년도인 묘년(1807년 – 인용자 주)분 공작미 4백 가마니가 왜관으로 들어와서 대마도 사람들이 받았다고 적고 있는 것을 보면,[62] 이날 대관(代官 다이칸)의 표정이 무척 밝았을 것으로 짐작할 수 있다.

Ⅳ. 대마도로 건너간 경상도 쌀과 일본에서 건너온 구리

대마도는 쌀을 경작할 만한 땅이 충분하지 못해 도민(島民)들이 먹을 쌀을 대부분 섬 밖에서 들여와야만 했다. 대마도는 다시로(田代)[63]라고 하는 곳에 영지(領地)를 가지고 있었는데, 그곳에서 생산된 연공미(年貢米)를 대마도로 가져다가 식량으로 충당하였다. 그렇지만 그것만으로는 부족하여 대마도는 조선에서 쌀을 수입해 가지 않으면 안 되었다. 조선에서 대마도로 건너간 쌀은 전량 경상도에서 생산된 것이었다. 1650~60년대까지는 17개 고을에서 징수한 쌀이 동래부로 보내졌는데, 그것이 나중에는 20개 읍으로 늘었고, 1678년에는 36읍으로, 그 뒤에는 다시 40여 개 읍으로까지 확대되었다고 한다.[64] 이 쌀을 서울로 올려 보내지 않고, 대일 외교와 무역을 수행하도록 하기 위하여 동래로 내려 보낸 쌀이라는 뜻에서 이 쌀을 가리켜 하납미(下納米)

---

61) ○新年條御米貳千俵庫出之節相届(『(대관)매일기』, 文化 5년(1808) 5월 7일).

62) ○卯年御米四百俵入來請取之(『(대관)매일기』文化 5년(1808) 5월 7일).

63) 지금의 사가현(佐賀縣) 도스시(鳥栖市) 일부에 해당.

64) 김동철, 「17·18세기 대일공무역에서의 공작미 문제」, 『항도부산』 10, 1993.

라고 불렀다.[65] 경상도의 쌀이 대마도로 건너가는 장면을 1809년의
『관수일기』를 통해 살펴보면 다음과 같다.[66]

    8월 10일 ○준푸쿠마루(順福丸)에 신고 갈 쌀을 내일 포장하도
        록 하라고 지시가 내려졌다고 알려옴.[67]
    8월 21일 ○쥬쿠마루(壽久丸)에 신고 갈 쌀 포장 있음.[68]

   조선에서 조달한 쌀을 대마도로 싣고 가기 전에 왜관에서 다시 포장
하는 것이 보통이었다. 당시 조선과 일본은 도량형이 서로 달랐기 때
문에, 대마도는 조선 가마니에서 쌀을 꺼낸 다음 일본 규격에 맞추어
서 그것을 일본 가마니에 다시 담아 포장을 하는 작업을 거쳐야만 했
다. 대마도 사람들은 이것을 가리켜 '고메유이'[米結]라고 불렀다. 머
리카락을 끈으로 묶듯이 가마니에 쌀을 담아 묶는 작업을 이렇게 부른
것이다. 쌀 포장 작업은 한 번에 보통 200가마니를 하였는데,[69] 드물
게는 그보다 많거나 적은 양을 포장한 적도 있었다.
   이 쌀을 가리켜 대마도에서는 '고카이마이'[御買米]라고 불렀다.[70]
대마도주의 쌀이므로 존칭을 뜻하는 접두어 '고'[御]를 붙인 것이고,
대마도가 조선에서 '사가는 쌀'이라는 의미로 '가이마이'[買米]라고
부른 것이다. 그런데 이 쌀을 조선에서는 '공작미'(公作米)[71]라고 불

---

65) 양흥숙,『조선후기 東萊 지역과 지역민 동향』, 89쪽.

66)『관수일기』文化 6년(1809) 8월 10일.

67) 順福丸明日御米結被申付候段相届(『관수일기』文化 6년(1809) 8월 10일).

68) 壽久丸御米結有之(『관수일기』文化 6년(1809) 8월 10일).

69) 다시로 가즈이 지음, 정성일 옮김,『왜관』, 171쪽, 340~341쪽.

70) 대마도 기록에도 공작미(公作米)라는 조선 측 용어가 쓰이기도 하였지만, 대마도
    사람들은 이 쌀을 가리켜 御買米라고 부르는 것이 보통이었다.

71)『만기요람』재용편에는 다음과 같은 설명이 있다. "효종 신묘(효종 2년 1651년)

렸다.[72] 본디 공무역(公貿易)에서는 대마도가 가져온 구리[銅]라든 가, 물소뿔[黑角, 水牛角], 후추[胡椒], 단목(丹木), 명반(明礬) 같은 물품에 대하여, 조선 정부가 무명 곧 목면(木綿)으로 값을 쳐서 지급하 였다. 이때의 목면은 조선 정부가 농민들로부터 거두어들인 것이라 하 여 공목(公木)으로 불렀다. 다시 말해서 조선 정부가 일본이 가져온 공 무역 물품에 대하여 목면 곧 공목으로 값을 치르던 것을 17세기 중반 부터 그 일부를 쌀로 바꾸어 주기 시작했는데, 이것을 가리켜 공작미 라고 불렀던 것이다.[73]

조선이 대마도에 쌀을 파는 대신에 그 대가로 사들인 품목 중에서 주목해야 할 것이 바로 구리이다. 조선에도 구리가 매장되어 있기는 했지만, 조선 정부는 금・은과 마찬가지로 구리 채굴에 매우 소극적인 자세를 취했다. 여기에는 금・은・동에 대한 중국의 조공 요구를 피 하기 위한 조선 정부의 의도가 숨어 있었던 측면도 있었다고 생각한 다. 그래서 조선은 국내에서 필요한 구리를 대마도를 통해 일본에서

에 왜차(倭差)가 공목의 반을 쌀로 바꿀 것을 원하여 조정에서 그 가운데서 300동 을 5년으로 한정하고 작미(作米)할 것을 허락하니, 이것이 공작미(公作米)란 것이 다. 1필을 작미하면 12두가 되는데, 매양 시한(時限)이 지난 뒤에 다시 와서 청하 므로, 또한 그대로 허락하였다. 현종 경자(현종 원년 1660년)에 차왜(差倭)가 다시 무명의 품질을 처음대로 복구할 것을 청하고, 부사 정태제(鄭泰齊)가 100동을 더 허락하도록 청하여, 전후에 모두 400동을 작미하여 도합 16,000석을 또한 5년 한 정으로 허락하였는데, 5년 뒤에는 또 그대로 청하곤 하여 지금까지 전례(前例)로 원용(援用)하고 있다. 5년의 시한은 매양 갑년(甲年)・기년(己年)에 있다. 만일 갑 년(甲年)・기년(己年)을 당하게 되면 연한이라 칭하고 재판차왜(裁判差倭)가 와서 여러 달 동안 간청하매, 그때마다 특지(特旨)로 시행을 허가하였다."

72) 동래부의 公作米 운영 실태에 관한 최근 연구로는 다음을 참조. 김경란,「조선후 기 동래부의 공작미(公作米) 운영실태와 그 성격」,『역사와 현실』 72, 한국역사연 구회, 2009.

73) 공목(公木)의 일부를 공작미(公作米)로 바꾸어 지급하게 된 배경과 경과에 대해서 는 정성일,『조선후기 대일무역』, 53~65쪽 참조.

수입해 쓰고 있었다. 일본에서 수입한 구리는 조선의 화폐 곧 상평통보(常平通寶)를 주조할 때 원료로 쓰였다. 조선 정부는 주전(鑄錢)의 원료인 구리를 일본에서 수입하는 대신에 대마도가 원하는 쌀을 공무역의 대가로 지급하고 있었다. 대마도는 조선에서 쌀을 안정적으로 수입해 가기 위하여 조선 정부가 원하는 구리를 일본 국내에서 조달하여 왜관으로 가져왔다. 주고받기식의 거래, 이것을 당시 사람들은 유무상통(有無相通)으로 불렀는데, 요즘말로 하면 비교우위(比較優位)와 비슷한 개념이다.[74)]

　　1809년 8월 25일자 『관수일기』 기록을 보면, "구리 간품(看品)을 할 날짜가 27일로 정해졌다"고, 조선의 하급 역관인 소통사(小通事)가 왜관으로 들어가서 관수에게 알리고 있음을 알 수 있다.[75)] 이틀 뒤인 8월 27일에는 다음과 같은 기사가 적혀 있다.[76)]

　　○ 오늘 구리 간품(看品)이 있어서 전례와 같이 밖에서(조선 - 인

---

74) 대마도가 조선에서 사간 쌀[御買米]을 가리켜 조선에서는 공작미(公作米)라 불렀을 뿐만 아니라, 그 쌀을 '조선이 대마도에 대하여 베푼 은혜의 징표'라고 생각하는 것이 조선 관료들의 기본 인식이었다(정성일, 『조선후기 대일무역』, 310~311쪽). 조선 쌀을 구해 가야만 했던 대마도 사람들 입장에서 보면 조선의 이런 태도가 굴욕으로 느껴졌을지도 모른다. 그렇지만 대마도 사람들은 조선 정부가 공작미 지급을 허락한 이유를 조선이 일본의 무위(武威)를 두려워하였기 때문이라고 보았다. 게다가 조선이 대마도에 대한 '시혜'를 베푼다는 뜻이 담긴 사(賜) 자를 써서 세사미(歲賜米)라고 부르는 것에 대해서도 강한 거부감을 나타냈다. 그래서인지 1638년(인조 16)에는 일본에서 온 차왜(差倭) 평성연(平成連, 內野權兵衛)이 7가지 사항을 얘기하는 가운데, 세 번째 조항에서 "해마다 쌀과 콩을 내려주는 것에 대하여 '사(賜)'자를 쓰지 말 것"을 요청한 적도 있었다(『인조실록』 1638년 1월 22일 병술). 그보다 후대의 일이지만 1870년대 일본 기록에서는 무역미(貿易米)나 수입미(輸入米)라는 표현이 보인다(정성일, 『조선후기 대일무역』, 313~315쪽).

75) 來ル二十七日銅看品日取相極候段小通事を以相屆(『관수일기』文化 6년(1809) 8월 25일).

76) 『관수일기』文化 6년(1809) 8월 27일.

용자 주) 요리를 들여옴.77)

○ 구리 간품을 감독하는 일은 선례대로 해야 한다는 것을 유념
하라고 요코메 가시라(橫目頭)에게 전달함.78)

○ 교대로 근무하는 통사인 근번통사(勤番通詞)의 가역(假役)을
맡고 있던 사이토 도시에몬(齋藤利右衛門)과 오인통사(五人通
詞)의 조역(助役)인 다카키 간에몬(高木勘右衛門)이 간품 일을
보기 위하여 대청으로 나갔다고 알려옴.

1. 황동(荒銅) 21,900근 간품해서 납부

1. 정동(丁銅) 400근 야쿠슈카타(藥種方)에서
위와 같이 출문(出門)하였다고 다이칸[代官] 쪽에서 이야기를
하기에,(조선의 - 인용자 주) 별차(別差) 쪽에 전례대로 편지로 전
달함.79)

위에서 보는 것처럼 이날은 왜관에서 구리 간품, 다시 말해서 구리
의 품질과 수량을 확인해서 거래를 하는 날이라서, 조선쪽에서도 요리
를 준비하는 사람이 있었던 것 같다. 그리고 왜관 무역에 참여하는 사
람들의 밀무역 행위를 막고 질서를 유지할 목적으로 관수가 이 사실을
경호 담당인 요코메(橫目)에게 미리 알려서 준비를 하게 하였다. 뿐만
아니라 구리 거래를 원활하게 하기 위하여 왜관 쪽에서는 조선어를
구사할 줄 하는 대마도의 조선어 통역을 두 명 차출하여 대비시켰다.

---

77) 今日銅看品ニ付例之通外向より膳部入贈有之(『관수일기』文化 6년(1809) 8월 27
일). 여기에서 '젠부'[膳部]는 왜관에 살던 대마도 사람들이 조선식 향응요리를 가
리켜 부르는 말이라고 한다(다시로 가즈이 지음, 정성일 옮김, 『왜관』, 217쪽).

78) 銅看品行規人之儀先格之通可被相心得旨御橫目頭へ相届(『관수일기』文化 6년(1809)
8월 27일).

79) 勤番通詞假役齋藤利右衛門五人通詞助役高木勘右衛門看品ニ付太廳江罷出候段相届
一 荒銅貳万千九百斤 看品銅
一 丁銅四百斤 藥種方より
右之通出門候段御代官方より申出候付別方江例之通以手紙相達
『관수일기』文化 6년(1809) 8월 27일.

조선에서도 훈도·별차처럼 일본어를 할 줄 아는 왜학역관이 왜관에 파견되었음은 더 말할 나위가 없다. 이날 왜관 측은 황동 21,900근과 정동 400근을 창고에서 반출하여 이것을 조선에 건네기로 하였다고 한다.[80]

이 밖에 조선에서 일본으로 수출한 대표적인 상품의 하나가 바로 인삼이다.[81] 그리고 인삼 수출에 대한 대가로 일본에서 수입한 은 역시 일본의 주력 수출 품목의 하나였음은 더 말할 나위가 없다. 다만 이 글에서는 지면 관계상 이에 대한 자세한 설명은 생략하고 기존 연구를 소개하는 것으로 대신하고자 한다.[82]

---

80) 여기에서 본 1809년 8월의 예는 보통 때 일본에서 공무역을 통해 조선에 들어오는 구리의 규모가 한 번에 2~3만 근 수준이었음을 보여준다(『관수일기』文化 6년(1809) 8월 27일). 그 전년도인 1808년의 경우 초시(初市)가 열린 1월 18일에 연동(延銅) 5천근과 황동(荒銅) 5백근이 각각 대관방(代官方)과 약종방(藥種方)에서 출문(出門)하였다고 한다(『(대관)매일기』文化 5년(1808) 1월 18일). 이것은 개시 곧 사무역을 통해 거래된 구리의 규모를 보여준다. 그런데 조선 정부가 동전(銅錢)을 주조하려고 할 때는 이보다 훨씬 많은 양의 구리를 일본에서 수입해 와야만 했다. 가령 1836년 11월에 조선이 특별히 보낸[別遣] 유청(維淸) 박동지(朴知事)와 당시 훈도(聖五 李同知), 별차(子逑 玄僉知)가 연명으로 작성하여 왜관의 관수에게 보낸 각서를 보면, "우리나라(조선－인용자 주)에서 동전이 부족하여 주전을 하려고 하는데, 귀국(일본－인용자 주)의 구리 80만 근을 빨리 조달해 주었으면 하는 뜻으로 위에서 명령이 내려졌으니, 이 뜻을 귀주(대마도－인용자 주)에 전달해 주면 매우 다행"(我國錢荒 今方營爲鑄錢 切望貴國銅八十萬斤從速貿來之意 上司之命 伏乞以此意轉報貴州 千萬幸甚)이라는 내용이 적혀 있다(『관수일기』天保 7년(1836) 11월 22일). 이때는 무려 80만 근의 구리를 조선 정부가 일본 쪽에 요청해 놓고 있었다. 이 요청이 그대로 받아들여졌는지는 알 수 없지만, 1840년 9월 실록 기사에 다음과 같은 기록이 보인다. "우의정 조인영이 비축된 왜동(倭銅)이 20만 근 정도 된다고 하면서, 이것을 가지고 주조를 시작할 것을 건의하자, 대왕 대비(大王大妃)가 그대로 따랐다."(『헌종실록』1840년 9월 10일 정유) 이 기록을 보면 조선 정부의 주전이 일본 구리 수입과 직결되어 있었음은 명백하다.

81) 吳星, 「朝鮮後期 人蔘貿易의 展開와 蔘商의 活動」, 『세종사학』1, 세종대 사학회, 1992.

82) 田代和生, 『近世日朝通交貿易史の硏究』, 제3쇄, 創文社, 2002; 정성일, 『조선후기 대일무역』, 신서원, 2000; 정성일, 「조선의 동전과 일본의 은화 : 화폐의 유통을 통해 본 15~17세기 한일관계」, 『韓日關係史硏究』20, 한일관계사학회, 2004; 다

V. 표류민의 구조와 송환

1809년(순조 9, 文化 6) 8월에 조선 정부와 일본의 대마도 사이에 주고받았던 서계(書契)를 보면, 그때 두 나라 사이에 어떤 일이 있었는지를 알 수 있다. 현재 국사편찬위원회에는 예조참의 남이익(南履翼)이 일본국 대마주(對馬州) 태수(太守)에게 보낸 서계 원본이 소장되어 있는데, 그 내용을 소개하면 다음과 같다.[83]

> "귀국(貴國) 대마주(對馬州) 사스나 포구[佐須奈浦]의 거민(居民)이 백미(白米) 100포를 싣고 본토를 출범(出帆)하여 본부중(本府中)에 도착해서 납미(納米)한 뒤, 다시 본토로 향하다가 우무(雨霧)와 풍우(風雨)로 표류(漂流)하여 아국(我國, 조선국 - 인용자 주) 기장현(機張縣) 항곶(項串) 포구에 표박(漂泊, 2명)하매, 의류와 식량을 급여하여 귀환(歸還)시킴."

조선 기록인 『변례집요』에는 대마도 사스나 주민들의 표류 과정이 꽤 자세하게 적혀 있다. 대마도의 북쪽 끝에 위치한 사스나[佐須奈]에 사는 이들 두 명이 한 배에 타고 쌀 백 석을 싣고 가서 오사카성(大坂城)에 납부한 뒤 돌아오던 중 바람을 만나 1809년 6월에 경상도 기장현 항곶 포구에 표류를 하게 되었다고 한다. 관수가 말하기를, "일본의 다른 섬 출신 표류민은 우암포에 정박하게 하는 것이 상례인데, 저희 섬(대마도 - 인용자 주) 사람이 표류하면 왜관에 머무르게 한다."고 했다는 것이다. 이들에게는 한 사람당 식량으로 쓸 쌀 2석과 옷감으로 쓸 목면 1필씩 전례에 따라 지급하였으며, 경오년(1810년) 2월에 돌려보

시로 가즈이 지음, 정성일 옮김, 『왜관』, 논형, 2005.

83) 국사편찬위원회, 『對馬島宗家關係文書 - 書契目錄集 Ⅳ -』, 1993, 176~177쪽.

냈다고 한다.[84)]

　보통 일본 사람들이 바다에서 표류를 당하여 조선의 연안에 표착하게 되면, 그 사람들의 구조에서 구호와 송환에 이르는 모든 일을 주로 조선의 연안 사람들이 도맡아서 처리했다. 조선 표착 일본 표류민의 송환 경로를 살펴보면, 먼저 표착지에서 동래부로 이송하고, 그 뒤 부산의 우암포(牛巖浦)로 옮긴 뒤에는, 일본 측 다시 말해서 왜관의 대마도 사람들이 관리하는 것이 관례로 되어 있었다. 그런데 대마도 이외 지역의 일본 사람들은 왜관 안으로 들여보내지 않고 우암포에서 그냥 머물게 하다가 바로 대마도로 송환하였다. 그 이유는 대마도 사람들이 일본의 다른 지역 사람들에게 자신들이 거주하고 있던 왜관 내부를 보여주고 싶지 않았기 때문이라고 한다. 그런데 1809년 6월의 경우는 같은 대마도에 사는 사스나 지역 주민들이었기 때문인지, 1810년 2월에 대마도로 송환될 때까지 그들을 왜관에서 머물게 했다고『변례집요』는 적고 있다.

　이처럼 8월에는 남풍이 불어오는 계절이어서 일본에서 한반도 연안에 표착(漂着)하는 배가 많을 때였다. 반대로 강한 북서풍이 부는 겨울철에는 조선 사람들이 일본 연안에 표착하는 일이 더 많았다. 계절에 따라 표류의 방향이 달라지고 있었던 셈이다.

　그런데 대마도에서 바다를 건너 부산의 초량왜관까지 오는 데는 많은 어려움이 도사리고 있었다. 그 중에서 가장 큰 어려움은 바로 바람으로 인한 표류(漂流)의 위험이었다. 그래서 대마도의 와니우라[鰐浦]나 사스나[佐須奈]에서 출항한 배가 부산 왜관 쪽으로 바로 들어오지 못하고 정해진 항로를 이탈하여 인근 연안으로 긴급입항, 곧 불

<hr>

84)『邊例集要』권 15 水陸路去來 附漂倭船(국사편찬위원회, 변례집요 하권, 1984, 398쪽).

시착(不時着) 하는 일도 있었다. 이것을 가리켜 대마도 기록에서는 '와키노리'[脇乘]라고 적고 있다. 그런데 대마도 사람들이 일부러 '와키노리'를 하는 것으로 의심받기에 충분한 사례도 종종 있었다. 곧장 왜관으로 들어와야 하는데도, 바람을 핑계로 거제도 연안에 불시착한 것으로 꾸며서 조선으로부터 잡물 지급을 받아내려고 하는 일도 있었다. 경상도 주민 입장에서는 자비(自費)를 들여서 일본 표류민들을 구조하고 난파선을 수리하여 동래부까지 호송해야 했으니 그 부담이 적지 않았을 것이다. 이 문제 때문에 대마도 사람들과 경상도 연안 지역의 주민들 사이에 마찰이 끊이지 하였다.85)

한편 위에서 본 대마도 사스나 주민의 경상도 기장 표착 사건보다 한 해 먼저 일어났던 경상도 동래 주민의 대마도 표착 사건에 대하여 소개하고자 한다. 1808년 2월 20일의 『(대관)매일기』를 보면 경상도 동래(東萊) 표민 13명이 조선의 역관들에게 인계되어 동래부로 이송

---

85) 『관수일기』天保 5년(1834) 12월 8일조를 보면 이런 기사가 있다. "지세포와 도장포에 비선이 각기 한 척씩, 그리고 구조라포에 작은 배가 한척,(이렇게 해서 모두 세 척의 배가) 지난(12월) 3일 닿았다고 소통사를 시켜서 알려왔다."(知世浦盜藏浦へ飛船壹艘ツ・舊助羅浦へ小隼壹艘, 去三日乘取候段小通事을 以相屆) 또 12월 11일조에는, "미시가 조금 지난 바로 지금 이 시각에 아래쪽 포구에서 비선 한 척이 들어왔다고 선박 감시소에서 보고를 하였는데, 얼마 지나지 않아서 포구로 들어 온 바, 사스나 비선의 선두 히라지로가 지난(12월) 3일 바다를 건너왔는데 지세포에 불시착을 하여(그곳에서 머물다가) 오늘 무사히 왜관으로 돌아왔다"(今未ノ刻過下モ之口より飛船壹艘廻來候段, 船見より逐案內無程浦入之處, 佐須奈飛船船頭平次郎, 去三日渡海之處, 知世浦へ令脇乘居, 今日無異儀廻館)고 되어 있다. 이처럼 거제도의 지세포와 도장포, 구조라포는 모두 초량왜관과 멀리 떨어져 있음은 물론이고, 그곳으로 대마도 배가 가면 안 되었다. 그런데도 '거센 바람 때문에 어쩔 수 없이' 그곳에 불시착하게 되었다는 것이다. 이 세 척의 배 가운데 지세포에 닿았던 사스나의 비선이 12월 11일 왜관에 무사히 도착했다고 관수에게 보고가 들어갔다. 약 1주일 이상 지세포에 머무는 동안 지세포 주민들이 대마도 사람들을 보살피고 통제할 책임을 져야만 했다. 그리고 그 부담은 곧 지세포 주민의 몫으로 돌아갔음은 더 말할 나위가 없다.

되고 있었음을 알 수 있다. 훈도와 별차는 왜관의 조선의 별차는 일대관(一代官) 앞으로 보내는 문서를 작성하여, "13명의 동래 표민을 넘겨받아 데리고 간다"고 확인해 주고 있다.[86]

『(대관)매일기』에는 그날 아침 동래 표류민들을 육지로 올려 보내도록 지시가 내려졌다고 적혀 있다. 전례대로 조선 측에서는 별차(別差)가 왜관으로 들어갔다. 일대관(一代官 이치다이칸) 집무실에서 문정(問情)을 마친 뒤, 그들을 관수(館守)에게 데리고 가서 모든 일을 선례에 따라서 처리하였다. 왜관 쪽에서는 양역, 곧 훈도와 별차 명의로 표류민 인도확인서를 두 통 작성하게 하여 한 통은 관수에게 제출했다고 한다.[87] 아마도 나머지 한 통은 조선의 역관을 통해 동래부사에게 제출되었을 것으로 짐작된다.

1808년 2월 20일 왜관에서 조선의 별차에게 인도된 동래 표민 13명은 그 전년도인 1807년 11월 11일 대마도[湊浦]에 표착한 '경상도 부산 거민 13명'을 가리키는 것으로 보인다. 이들은 11월 10일 고기잡이를 나갔다가 표류하여 대마도에 표착한 것으로 되어 있다.[88]

동래 부산의 표류민 13명은 석달 넘게 대마도에서 머물렀다. 대마도

---

86) 覺
　一景尙道東萊漂民拾三名(경상도의 慶을 景으로 쓴 것은 막부 쇼군의 휘(諱)를 피하기 위함 - 인용자 주)
　右者都禁徒順付領來故依例率去事
　戊辰二月二十日 別差君美玄主簿
　訓導敬天玄同知
　一代官尊公
　『(대관)매일기』文化 5년(1808) 2월 20일.

87) ○今朝順付漂民揚陸被申渡先格之通別差罷出於一代官家問情手數相濟此方ニ而兩譯より差出候漂民受取證文貳通之内壹通ハ館守へ差出
　『(대관)매일기』文化 5년(1808) 2월 20일.

88) 池内敏,『近世日本と朝鮮漂流民』, 臨川書店, 1998,「近世朝鮮人の日本漂着年表」, 85쪽; 이훈,『조선후기 표류민과 한일관계』, 국학자료원, 2000, 443쪽.

에서는 조선인 표류민들을 수용하기 위하여 별도의 시설을 만들어 놓았던 것으로 보인다. 근대 이전 대마도 이즈하라 주변을 그린 지도에 '漂民屋', '漂民家'[효민야]라고 하는 건물이 그려져 있는 것에서도 이를 확인할 수 있다. 그런데 조선인 표류민을 수용하던 숙박소가 1914년에 폐지되었다.

> 다이쇼 3년 7월 10일
> 시모오카 내무차관(인)
> 마쓰이 외무차관 귀하
>
> 조선 표류민 숙박소 폐지건 통첩
>
> 나가사키현 시모아가타군 이즈하라쵸 오아자 이마야시키에 소재하는 조선 표류민 숙박소 폐지에 관한 건은 합병이 이루어진 뒤인 오늘날 존치할 필요가 없기에 폐지하는 바, 그리 알아주시기 바랍니다.[89]

위에 소개한 것처럼 대마도의 이즈하라쵸(嚴原町) 이마야시키(今屋敷)에 있었던 조선 표류민 숙박소가 다이쇼 3년(1914) 이후 폐지되었다. 일본이 조선을 '합병'한 이상 조선인 표류민 수용 시설을 따로 둘 필요가 없어졌기 때문이라는 것이 당시 일본 내무성의 판단이었다.

---

89) 大正三年七月十日
　　下岡內務次官(印)
　　松井外務次官殿

　朝鮮漂流民宿泊所廢止ノ件通牒
　長崎縣下縣郡嚴原町大字今屋敷所在朝鮮漂流民宿泊所ノ儀ハ合倂後ノ今日存置ノ必要無之ニ付廢止候条御承知相成度候
　『困難船漂民救助一件·朝鮮國ノ部』(3.6.7.1-10, 전11책, 일본 외무성 外交史料館 소장).

이러한 결정을 일본의 내무차관이 외무차관에게 전달한 것으로 보아, 조선총독부에도 이 사실이 알려졌을 것으로 판단된다.

Ⅵ. 부산을 거쳐 간 사신들

임란 이후 조선 정부가 일본 사신의 상경을 금지하는 정책을 펴자, 조선 후기를 통하여 동래부는 일본에서 건너온 대마도 사신들이 머무는 곳이 되었다. 뿐만 아니라 그곳은 조선에서 일본으로 파견된 사신들이 바다를 건너기 전에 체류하던 곳이기도 했다. 조선국왕이 일본 막부(幕府)의 쇼군[將軍]에게 파견하는 통신사행(通信使行)[90]은 초기 세 차례의 회답겸쇄환사(回答兼刷還使)[91]를 포함하여 1607년부터 1811년까지 모두 12회 동래부를 왕복하였다. 통신사행이 출발하고 도착한 곳은 부산진 영가대 아래 선착장이었다. 이 밖에 조선 정부가 대마도에 파견한 역관의 사행을 말하는 문위행(問慰行)도 있었다. 이들도 통신사행과 마찬가지로 부산에서 출발하여 부산으로 귀국하였으며, 대마도를 왕복할 때까지 상당 기간 동안 부산에 머물렀다. 약 5백 명에 이르는 통신사행의 부산 체류 기간을 보면, 짧았을 때가 18일

---

[90] 손승철, 「조선시대 통신사 개념의 재검토」, 『朝鮮時代史學報』27, 朝鮮時代史學會, 2003; 심민정, 「조선후기 通信使 員役의 선발실태에 관한 연구」, 『한일관계사연구』23, 한일관계사학회, 2005(조규익·정영문 엮음, 『조선통신사 사행록 연구총서』8, 학고방, 2008에 재수록); 이승민, 「조선후기 대일무역상의 폐해와 己巳約條(1809)의 체결」, 『韓日關係史研究』22, 한일관계사학회, 2005; 민덕기, 「조선후기 對日 通信使行이 기대한 반대급부-일본에서 받은 私禮單의 처리와 관련하여-」, 『韓日關係史研究』24, 한일관계사학회, 2006; 하우봉, 「조선후기 대일통신사행의 문화사적 의의」, 『史學研究』95, 한국사학회, 2009.

[91] 양흥숙, 「17세기 前半 回答兼刷還使의 파견과 경제적 의미」, 『항도부산』21, 부산광역시사편찬위원회, 2005(조규익·정영문 엮음, 『조선통신사 사행록 연구총서』8, 학고방, 2008에 재수록).

(1643년), 길었을 때는 51일(1719년)이나 되었다. 이와 반대로 대마도에서 바다를 건너 조선으로 파견되어 온 일본 사신들도 역시 부산에서 접위관을 비롯한 조선 쪽 관리라든지 여러 층의 부산 사람들과 만나거나 접촉을 하였다.[92]

부산을 거쳐 간 사행의 임무는 물론 외교였다. 그런데 필요할 때는 사행이 외교 이외에 특수 임무를 수행할 때도 있었다. 1650~60년대에 있었던 역관의 무기(武器) 수입은 조선 정부가 '일본 창구'를 활용한 특수 사례라고 말할 수 있다. 이 때 활약한 역관 중에서 홍희남[93]과 김근행의 활동은 특기할 만하다. 1650년대 중반부터 조선은 일본에서 유황(硫黃)을 수입해 오고 있었다.[94] 처음에는 대마도를 통해 막부의 허락을 받아 유황을 사왔다. 말하자면 공식 채널을 이용한 것이다. 1656년(효종 7) 정월[95]과 1659년(효종 10) 4월[96]의 서계(書契)를 통해서, 유황을 조달해 준 대마도주의 성신(誠信)의 마음과 대군(大君) 곧 막부 쇼군의 성의(誠意)에 대하여 조선 정부가 공식으로 감사의 뜻을 전달하고 있는 것에서도 이를 확인할 수 있다.[97]

---

92) 양흥숙, 『조선후기 東萊 지역과 지역민 동향』, 113~116쪽.

93) 이상규, 「17세기 초중반 왜학역관 洪喜男의 활동 – 통신사 파견시 수행역관 활동을 중심으로 –」, 『韓日關係史硏究』26, 한일관계사학회, 2007.

94) 『효종실록』1657년 4월 15일 정해, 1659년 3월 7일 무술.

95) 국사편찬위원회 소장 대마도종가관계문서 서계 No. 831(마이크로필름 번호 MF0 001040); 국사편찬위원회, 『대마도종가관계문서 – 서계목록집Ⅰ–』, 1991, 120쪽.

96) 국사편찬위원회 소장 대마도종가관계문서 서계 No. 901(마이크로필름 번호 MF0 001041); 국사편찬위원회, 『대마도종가관계문서 – 서계목록집Ⅰ–』, 1991, 131~132쪽.

97) 대마도종가문서 가운데 『硫黃朝鮮へ被遣候一件』(分類紀事大綱 28, 일본 국립국회도서관 소장)이라는 기록이 있다. 1656~1660년 사이의 기록인 이 자료에는 '조목유황'(鳥目硫黃 도리메이오)이라는 표현이 보인다. '조목'(鳥目) 곧 '도리메'란 글자 그대로 '새의 눈'을 뜻하는 일본말이다. 따라서 '도리메이오'를 굳이 우리말로 옮긴다면 '새의 눈알과 비슷한 빛깔의 유황' 정도가 될 것이다. 이것은 유황

그런데 1660년대에 들어서게 되면 조선의 유황 수입이 일본의 공식 채널을 통하지 않고 일본 상인들과 몰래 접촉하여 이루어지기도 했던 것 같다. 대마도나 일본 막부 쪽에서 보자면 이것은 분명 밀무역이다. 그런데 그런 밀거래를 다름 아닌 조선 정부가 주도했다고 하는 것이 믿기지 않을지도 모르겠지만 그것은 분명한 사실이었다. "언젠가 김근행이(대마도에) 들어갔을 때 좌상의 지시를 받은 그가 왜인들과 서로 약속을 해 둔 적이 있는데, 서울 사는 부상(富商) 이응상(李應祥)의 종인 무선(武善)이라는 자가 응상의 지시를 받고 외방에서 유황을 몰래 사왔다."[98]고 적은 기록이 이를 잘 보여주고 있다. 여기에서 일본에서 온 상인과 직접 유황 거래를 한 사람은 서울 상인 이응상의 종 무선이라는 사람이었다. 그런데 이것은 겉으로 드러나는 거래일 뿐, 그 이면에는 좌의정의 지시를 받고 훈련도감에서 쓸 유황을 조달하기 위해 역관 김근행이 대마도에서 성사시킨 밀거래가 숨겨져 있었다.

조선 정부가 대마도에 가는 역관 편에 유황 밀거래를 지시한 것은 일본에서 유황을 값싸게 들여오기 위한 것임은 더 말할 나위가 없다. 당시 일본에서는 유황 100근에 은으로 5~6냥 하던 것을 조선에서는 10냥으로 값을 쳐주었다고 한다.[99] 일본 상인 입장에서 보면 유황의 가격 차이가 두 배 가까이 되었으니 이 거래를 마다할 이유가 없었을 것이다. 또 조선에서는 유황 100근 값이 전에는 은화 80냥까지 갔었는데, 일본에서 유황을 들여온 뒤로는 그것이 70냥으로 떨어졌다고 한다.[100] 조선 정부가 은화 10냥을 주고 일본 상인한테서 산 유황 100근

의 한 종류인데, 당시 일본에서는 매우 품질이 뛰어난 유황을 가리켜 이렇게 불렀다고 한다. 이것을 보면 대마도가 일본에서 조달해서 조선으로 가져온 유황은 일본 안에서도 품질이 우수한 상등품이었음을 알 수 있다.

98) 『현종실록』 1664년 2월 29일 임술.

99) 『현종실록』 1664년 2월 29일 임술.

이 조선 국내에서는 그보다 7~8배 높은 70~80냥에 이르고 있었던 셈이다. 이처럼 유황 거래를 통해 얻는 무역 이득(gains from trade)이 컸기 때문에, 조선 정부와 일본 상인이 대마도의 눈을 피해 밀거래를 하고 있었던 것이다.

당시 조선에서 유황 값이 비쌌던 까닭은 무기 제조에 쓰이던 유황에 대한 수요가 조선 국내에 많았기 때문일 것이다. 유황이 일본에서 밀수입되고 있을 때 일본에서 무기가 다량으로 조선에 들어오고 있었던 것도 당시 사정을 잘 말해 주고 있는 증거이다. "왜선이 야음을 타고 가덕진(加德鎭)에 정박하였는데, 상인 임지죽(林之竹) 등이 백금(白金) 6천 9백 냥을 주고 석유황(石硫黃) 1만 1천 3백 근과 흑각(黑角), 장조총(長鳥銃), 장검(長劍) 등의 물건을 무역"한 일이 있었다. 또 그때 "왜인이 특별히 지죽(之竹)에게 기증한 장검(長劍), 단검(短劍), 장창(長槍), 석유황(石硫黃)을(지죽이) 감히 사사로이 쓰지 않고 모두 조정에 바친" 것으로 되어 있다.[101] 이처럼 일본에서 건너온 각종 총검과 유황과 물소뿔이 모두 조선 정부로 들어가고 있는 것을 보더라도, 이 밀거래의 주체가 조선 정부임을 부정할 수는 없을 것이다. 이때의 무기류 거래가 조선의 특수한 사정 곧 북벌정책의 추진에서 비롯된 것임은 더 말할 나위가 없다.[102]

---

100) 『현종실록』 1664년 3월 3일 을축.

101) 『현종실록』 1664년 7월 19일 무신.

102) 이 때 일본에서 들여온 유황(硫黃)과 병기(兵器)는 그 전년도에 문위역관(問慰譯官)이 대마도에 갔을 때 왜인과 은밀히 약속하고 가덕도로 가지고 들어오도록 조치해 둔 것이라고 한다. 또 비변사에서는 이것을 밀양에서는 배로 나르게 하고, 선산에서는 말로 운반하였다가, 충주에 이르러서는 다시 배에 실어서 서울로 운반하게 할 것을 청하였다(備局請令密陽船運, 善山以馬, 至忠州復載船至京). 곧 조선 정부에서는 가덕 → 밀양 → 선산까지는 배로 운반하고, 선산 → 충주 구간은 문경 새재 곧 조령(鳥嶺)을 넘어야 하므로 말로 운반하였으며, 충주 →

그런데 당시의 선박 성능이나 항해술을 감안할 때 바다를 건너 일본을 오간다고 하는 것은 여간 어려운 일이 아니었다. 당시 청나라로 가는 사행은 육로를 이용하였지만, 통신사행이든 문위행이든 일본으로 가는 사행은 반드시 바다를 건너야만 했기 때문이다. 한 마디로 그것은 목숨을 건 모험일 수도 있었다.[103] 그렇지만 그것은 동전의 양면처럼 사행에 참여한 사람들에게는 또 하나의 기회가 될 수도 있었다. 일본 사회를 직접 경험할 수 있다는 것 자체로도 호기심을 유발하기에 충분했다. 그렇지만 그 무엇보다도 잘만 하면 돈이 될 수도 있다는 생각이 매력적이었을지도 모른다. 물론 통신사행이든 문위행이든 조선과 일본 두 나라 정부 모두 밀무역을 철저하게 금지하고 있었다. 그렇지만 앞에서 본 것처럼 특수한 사정이 있을 때는 공식 채널 밖에서 '은밀한 거래'가 이루어지기도 하였다. 그리고 '은밀한 거래'를 통해서 얻은 부(富)가 개인의 호주머니 속으로 들어간 적도 있었다. 어찌 보면 그것이 곧 근대 이전 사회의 특징의 하나였을지도 모른다.

다시로 가즈이의 『왜관』에 의해 잘 알려진 사실인데, 1721년부터 1751년까지 30년 동안 일본의 도쿠가와[德川] 막부는 '왜관 조사'를 단행하였다. 말이 왜관 조사이지 사실 그 대상은 한반도 전체라고 해도 지나친 말이 아닐 정도로 폭넓은 조사가 이루어졌다. 그런데 그것은 두 나라의 외교와 무역하고는 그다지 상관이 없는 한반도 서식 동식물의 생육과 형태를 조사하고 표본이나 실물을 수집하기 위한 것이

한양까지는 다시 배로 실어 나르는 방안을 추진하였던 것 같다. 『현종실록』 1664년 7월 19일 무신.

103) 실제로 1703년(숙종 29) 2월 5일(음력)에 한천석(韓天錫) 이하 108명의 역관사(譯官使; 당시 조선에서는 問慰譯官, 問慰行이라 함)가 대마도로 건너가던 도중 와니우라[鰐浦] 앞바다에서 난파를 당해 전원이 익사한 사고가 발생하였다. 이곳에는 '역관선 조난 추모비'[朝鮮國譯官幷從者殉難靈位]가 세워져 있다.

다. 이때의 조사를 통해서 일본이 인삼의 국산화에 성공하였음은 이미 잘 알려진 사실이다.[104]

그런데 막부의 지시를 받은 대마도가 이 거대 프로젝트를 성공시키기 위하여 끌어들인 인물이 때마침 대마도에 문위역관(問慰譯官)으로 가 있던 최상집(崔尙㠅, 1664~?)이었다. 그는 당시 나이가 58세였으며, 현역 역관의 최고 위치인 정헌대부(正憲大夫, 정2품)에 오른 지 얼마 되지 않을 때였다. 1711년 통신사행 때는 상상관(上上官)으로 일본을 방문한 적도 있는 거물 역관이었다. 또 1716년에는 대마도로부터 구리 1,000근을 받을 정도로 대마도 안에서는 그가 호평을 받고 있었다. 그런데 1721년 대마도에서 대규모 밀무역 사건이 발각되고 말았다. 그것도 최상집 이하 일행 65명 전원이 가담되었으며, 밀무역 규모도 사상 최대였다.[105] 대마도는 이 사건을 조선 정부에 알리지 않는 대신에, 최상집 등 조선의 역관을 '왜관 조사'에 협조하도록 하였다. 1660년대에 조선 정부가 '일본 창구'를 이용했던 것처럼, 결국 일본 측이 '조선 창구'를 활용한 셈이다.

---

104) 다시로 가즈이 지음, 정성일 옮김, 『왜관』, 제6장, 251~304쪽.

105) 이때 대마도에 의해 압수된 인삼이 80근이었으며, 그 밖에 은이 102관(금으로 2,251냥), 금 21냥, 향보일보금(享保一步金) 30냥이 더 있었다. 이것을 모두 합하면 인삼 200근에 해당하였는데, 참고로 1720년에 일본의 에도[江戶]에서 팔린 인삼이 550근이었다고 한다(다시로 가즈이 지음, 정성일 옮김, 『왜관』, 271쪽). 또 통신사가 일본에 갈 때 가지고 가는 신삼(信蔘)이 대체로 200근 정도였다(김덕진, 「1763년 통신사 사행비의 규모와 그 의의」, 『전남사학』 25, 전남사학회, 2005; 조규익·정영문 엮음, 『조선통신사 사행록 연구총서』 7, 학고방, 2008에 재수록). 이것을 보면 당시 인삼 밀무역 규모가 얼마나 컸는지를 짐작할 수 있을 것이다.

VII. 왜관에 대한 통제와 왜관의 사건·사고

1. 왜관 방비

1806년 오가와 지로에몬(小川次郎右衛門)이라는 대마도 사람이 『우진토상』(愚塵吐想 구진토소)이라는 책을 썼는데, 그 책 속에 이런 설명이 보인다.

> 해마다 4월 14일이 되면 이곳에 조선의 배가 몰려온다. 이날 은 임진왜란 초기(1592년)에 일본군이 상륙하여 부산진을 포위 하고 첨사 정발(鄭撥)을 쓰러뜨린 날이다. 전사자를 애도하는 동 시에 기습에 대비하기 위하여 말하자면 방위훈련을 실시하고 있 는 것이다. "이것을 왜관 사람들에게는 절대 비밀에 붙이고 있 다"고 한다.[106]

오가와가 말하는 이곳은 조선 사람들이 절영도의 서강(西江)이라고 부르는 곳인데, 절영도로 들어가는 서쪽의 후미진 곳을 말한다. 당시 왜관에 살던 대마도 사람들은 이곳을 가리켜 사쓰마호리[薩摩堀]라 고 불렀다. 임진왜란 때 사쓰마의 병선(兵船)을 대기 위하여 일본 사람 들이 이곳을 깊게 팠던 데서 이런 이름이 붙었다고 한다. 조선에서는 임진왜란이 끝난 뒤 2백년이 훨씬 지난 뒤인데도 이곳에서 외침에 대 비하기 위해서 군사훈련을 실시하고 있었던 모양이다. 그런데 눈길을 끄는 것은 이 훈련을 왜관 사람들에게는 알리지 않고 몰래 했다는 점 이고, 더욱 흥미로운 것은 그것을 왜관의 대마도 사람들이 벌써 간파 를 하고 있었다는 점이다.

---

106) 다시로 가즈이 지음, 정성일 옮김, 『왜관』, 102쪽.

이처럼 조선은 일찍부터 왜관에 대한 경계를 게을리 하지 않았다. 조선 정부는 왜관 주변에 복병소(伏兵所)를 두어 출입을 감시하였다. 또 조선측은 바다로 둘러싸인 해안 경계에도 소홀하지 않았다. 왜관 뒤쪽과 왼쪽, 오른쪽, 이렇게 세 면은 담장을 쌓고, 왜관 앞의 바다가 보이는 쪽으로는 바다 안에 장목(長木)을 나란히 심어서 조선 사람과 일본 사람의 출입을 막고자 하는 것이 조선의 왜관 방비 대책이었다.[107] 이를 어길 때는 엄중한 처벌이 뒤따르게 되어 있었음은 더 말할 나위가 없다.

그렇지만 왜관에 대한 엄격한 감시와 통제를 뚫고 각종 범죄와 충돌을 일으키는 사람들이 있었기 때문에 왜관에서는 사건·사고가 끊이지 않았다.

2. 밀무역

농경지가 크게 부족했던 대마도에서는 쌀이 곧 생명선이나 다름없었다. 그래서 대마도에서는 왜관을 통해 조선에서 되도록 쌀을 많이 조달해 가려고 하였다. 이에 반해서 조선 정부는 정해진 수량 외에 쌀 거래를 하는 것을 엄격히 금지하고 있었다. 쌀 밀매가 발각되면 극형에 처하고 있었음은 물론이다. 그런데도 왜관에서 좋은 조건을 내세운다면 부산 사람들로서는 쌀 밀거래 유혹을 떨치기 어려웠을 것이다.

대마도 기록인 『분류기사대강』(分類紀事大綱)을 보면 1692년(숙종 18, 元祿 5)에 발생한 쌀 밀거래 사건이 소개되어 있다. 5월 초 왜관에 머무르고 있던 모리타 다헤에(森田太兵衛)라는 대마도 사람이 조선인과 교섭을 하여 쌀 50 가마니를 조달하였다. 그런데 이 거래를 조

---

107) 양흥숙, 『조선후기 東萊 지역과 지역민 동향』, 18~19쪽.

선쪽에서는 밀거래라고 규정하고 여기에 가담한 조선 사람들을 처벌하였다. 주범 다섯 명 중 한 명은 도망을 쳤고, 한 명은 감옥에 있으며, 나머지 세 명은 7월 25일 참수되었다. 그리고 당시 근무자였던 군관(軍官) 두 명(趙仁萬·安有貞)과 소통사(小通事) 한 명(두 명 중 한 명은 도주), 협력자 두 명, 이렇게 다섯 명은 유배형에 처해졌다. 그리고 나머지 사람들도 끝까지 추적을 하도록 조치하였다. 이 사실은 왜관에도 전달되었다. 거기에 그치지 않고 조선 정부는 일본 측에 상대편 대마도 사람도 같은 죄로 처벌할 것을 요구했다. 그러나 왜관 쪽은 이 쌀 거래를 밀무역으로 보기 어렵다는 입장이었다. 그래서 당사자인 모리타 다헤에를 대마도로 귀국조치 시키는 선에서 왜관 측은 이 사건을 매듭짓고 말았다.[108]

조선과 일본 사이의 무역 규정을 어기는 밀무역 사건은 쌀 외에도 많았다. 그 중에서도 값이 비싼 인삼 밀무역이 가장 성행하였다. 인삼을 숨기는 수법도 날로 진화하고 있었다. 밥 짓는 화덕 밑이나 배 바닥의 대들보, 거적의 안쪽, 삿대, 장롱, 목수의 도구상자, 선원의 이부자리, 쌀가마니 안쪽 같은 곳에 인삼을 숨기는 일이 많았다고 한다.[109]

3. 절도

조선은 1810년대 초반 극심한 기근에 시달리고 있었다. 기근으로

---

108) 一 右米商売仕候朝鮮人五人之内, 壱人は欠落仕, 壱人は訴人此者は今に籠舎に仕, 残ル三人は成敗, 此外其自分門番軍官両人, 小通事両人之内壱人は欠落, 扶持弐人, 以上五人遠流, 跡まて稠敷被申付候由, 承届候。
右元祿五年八月二十一八日仁位助之進へ遣

『분류기사대강』30,「朝鮮人潛商集書」(일본 국립국회도서관 소장, 823-30-30). 양흥숙, 『조선후기 東萊 지역과 지역민 동향』, 127~128쪽 참조.

109) 다시로 가즈이 지음, 정성일 옮김, 『왜관』, 187~191쪽.

인한 조선 사회의 식량 사정 악화는 왜관에도 그 여파가 미쳤다. 1814
년 12월 28일 굶주림에 지친 왜관 주변 조선인이 왜관 담장을 넘은 일
이 있어났다. 왜관의 동향사(東向寺) 뒤쪽 중산에서 불빛이 보여 쫓아
가 보았더니, 조선인 어린아이 두 명이 훔친 물건으로 보이는 쌀이 들
어 있는 자루 한 개(1말 4~5되)와 잡다한 물건이 들어있는 가마니 한
개를 옆에 두고 불을 피우고 있었다고 한다. 결국 그들은 왜관의 대마
도 사람들에 의해 붙잡히고 말았다. 조사를 해보니 범인은 모두 세 명
이었다. 신초량(新草梁)에 사는 15세의 이성신(李聖新)과 역시 신초
량에 사는 10세의 이성손(李聖孫), 그리고 나머지 한 명은 아미동(峨
嵋洞)에 거주하는 40세의 이시운(李時運)으로 밝혀졌다. 이들은 이튿
날인 12월 29일 조선의 역관(別差 道獻 崔主簿)에게 인계되어 동래부
로 압송되었다.[110]

위에서 본 것 같은 잡범 외에 조직적으로 범행을 모의하여 왜관의
창고를 노린 절도 사건도 발생하였다. 바닷가 쪽으로 배를 대서 왜관
의 남쪽 해변에 있는 창고 쪽으로 들어가서 창고 열쇠를 부수고 쌀 25
가마를 훔쳐가는 도난사건이 일어났다. 1696년 정월 29일 밤에 일어
난 일이다. 사건 발생 며칠 뒤 조선인 밀고자 두 명의 도움으로 이 사건
이 5인조 강도의 소행으로 밝혀졌다. 이 가운데 손삼백(孫三白),[111]
이부석(李富石),[112] 송정생(宋正生),[113] 이시한(李時汗),[114]은 이미

---

110) 정성일, 「조선의 기근과 일본쌀 수입 시도(1814~15년)」, 『한국민족문화』31,
    부산대학교 한국민족문화연구소, 2008, 141~141쪽.

111) 조선 기록인 『변례집요』(국사편찬위원회, 하권, 1984, 324쪽)에 손삼백(孫三白)
    이라고 적혀 있는 것이 대마도 기록에는 손산하키(ソンサンハキ)로 적혀 있다.
    『분류기사대강』31,「朝鮮人盜人一件」(일본 국립국회도서관 소장, 823-30-31)

112) 조선 기록에 이부석(李富石)이라고 적혀 있는 것이 대마도 기록에서는 이후세키
    (イフセキ)라고 하여 음독(音讀)으로 적혀 있다. 『분류기사대강』31,「朝鮮人
    盜人一件」.

도망을 쳤고, 김택선(金擇先, 두모포 거주)은 왜관의 순찰대에 의해 붙잡혀 왜관으로 끌려갔다.[115] 왜관 쪽의 연락을 받은 동래부는 달아난 4명을 뒤쫓아 송정생과 이시한 두 사람을 붙잡아 조사한 다음, 왜관 근처 '사카노시타'[坂ノ下]에서 처형을 했다. 이부석도 그 뒤 붙잡혔는데, 그는 유배형에 처해졌다고 한다. 그러나 손삼백에 대해서는 더 이상 언급이 없는 것으로 보아 그가 끝내 붙잡히지 않았던 것이 아닌가 생각한다.[116]

이 사건의 해결에 가장 크게 기여를 했던 조선인 밀고자 두 명에게는 은 5매(금으로 3냥)가 포상금으로 지급되었다. 그렇지만 당시 쌀 창고를 지키던 왜관 근무자와 감옥의 간수 등 일본인 7명은 업무상 과실을 이유로 왜관에 투옥되는 처벌을 받았다고 한다.[117]

---

113) 송정생(末正生)의 발음이 대마도 사람에게는 알아듣기 어려웠는지, 그의 이름이 대마도 기록에는 소구데구소기(ソグテグソギ)로 적혀 있다. 아마도 '송뎅송이'로 적으려 했던 것이 아닌가 생각된다.『분류기사대강』31,「朝鮮人盜人一件」.

114)『변례집요』(국사편찬위원회, 하권, 324쪽)에 이시한(李時汗)으로 적혀 있는 것이 대마도 기록에는 이시아니(イシアニ)로 적혀 있다.『분류기사대강』31,「朝鮮人盜人一件」.

115) 왜관에 투옥되어 있던 김택선은 감옥의 마루 판자를 칼로 뜯어낸 뒤 마루 밑으로 기어나가 도주해버렸다. 그러자 동부래부에서 부근 13개 군에 공문을 돌려서 수사협조를 의뢰하였다. 동래부는 수영(水營)에 숨어 있던 김택선을 붙잡은 다음 조정에 보고하였으며, 참죄에 처하라는 조정의 지시를 받고 그를 처형하였다. 다만 처형 장소에 왜관의 요코메(橫目)를 비롯한 4명의 검시역(檢視役)이 입회하였다(다시로 가즈이 지음, 정성일 옮김,『왜관』, 196쪽).『변례집요』권 14, 잡범(국사편찬위원회, 하권, 1984, 324~327쪽) 참조.

116) 다시로 가즈이는 나머지 두 사람(손삼백, 이부석)의 행방을 끝내 찾지 못한 채 사건이 종결되고 말았다고 적고 있다(다시로 가즈이 지음・정성일 옮김,『왜관』, 196쪽). 그런데『변례집요』에는 그 뒤 진행된 동래부의 수사 결과가 소개되어 있다. 1696년 8월 이부석이 붙잡혀 고문을 받으며 조사를 받았는데, 그가 처음에는 범행모의 사실을 모른 채 배를 같이 타고 갔으며, 그가 범행에 적극 가담하지 않았다고 답변했다. 결국 그의 주장이 받아들여져서, 그는 사형을 면하고 멀리 유배를 가게 되었다고 한다(『변례집요』, 국사편찬위원회, 하권, 327쪽).

왜관에서 칼이나 총이 도난당한 일도 있었다. 1696년(숙종 22, 元祿 9)에는 칼 두 자리가 도난을 당했는데, 훗날 이것을 구입한 조선의 역관 배속 군관이 몸에다 그것을 차고 있다가 발각되어 쌍방 모두 질책을 받았다. 1681년(숙종 7, 天和 원)에는 총을 분실한 사고가 발생했다. 하라 고스케(原五助)가 왜관의 서관 숙소 옆에 붙어 있는 방에 장식해 둔 총을 잃어버린 일이 있었다. 그것도 한 자루가 아니라 6자루나 분실되어 큰 소동이 벌어졌다. 3개월 뒤 동향사 앞에서 총 6자루가 갑자기 나타났다. 아침장[朝市]에 물건 사러 가던 사람이 발견했다고 신고가 들어왔지만, 조선과 일본 어느 쪽의 소행인지 끝내 밝혀지지 않았다. 왜관 쪽에서도 더 이상 추적을 하지 않고 흐지부지 덮어두고 말았다고 한다.[118]

4. 폭행과 살인

1648년(인조 26, 慶安 원)[119] 9월 19일 왜관의 동관(東館)에 공사할 것이 있어서 그날 밤 다대포의 지두(地頭) 곧 첨사(僉使) 조광원(趙光

---

117) 『분류기사대강』 31, 「朝鮮人盜人一件」; 다시로 가즈이 지음·정성일 옮김, 『왜관』, 195~197쪽.

118) 『분류기사대강』 31, 「鐵炮紛失之一件」; 다시로 가즈이 지음·정성일 옮김, 『왜관』, 197~198쪽.

119) 1648년 2월, 3월, 4월은 조선과 일본의 역(曆)이 일치하지 않았다. 참고로 비교표를 제시하면 다음과 같다.

조선	일본	조선	일본
1.29	1.29	3.1	2.1
2.1	1.30	윤 3.1	3.1
2.2	윤 1.1	4.1	3.30
2.30	윤 1.29	4.30	4.29
		5.1	5.1

자료 : 내무성지리국, 『삼정종람』, 제국출판사, 1932.

瑗)이 왜관에 들어갔을 때였다. 그때 다대포첨사가 왜관에 들어가 대관(代官) 집무소 앞을 말을 타고 걸어간 것이 문제가 되었다. 왜관 사람들은 다대포첨사의 행위를 불경스런 것으로 간주하였다. 그래서 왜관의 대관이 공사장에 가서 사자(使者)를 통해 말하기를, 만일 돌아갈 때도 그렇게 한다면 아랫사람들을 풀어서 막겠으니 그렇게 전하라고 김첨지에게 말을 한 것이다. 그런데 돌아갈 때도 또 다시 말을 타고 지나가자 왜관의 하인들이 다대포첨사를 말에서 끌어내리다 다치게 한 사건이 발생하고 말았다.[120]

외대청(外大廳) 앞은 조선인이든 일본인이든 모두 하마(下馬)가 원칙이었다. 더구나 왜관의 대관들이 사자를 보내서 일깨워 주었고, 이에 대하여(다대포첨사가? 김첨지가?) 왜관 측의 지적이 옳다고 답변을 해 놓고도, 다대포첨사가 돌아갈 때도 말을 타고 간 것은 온당치 못한 행위라는 것이다. 조선인은 법을 어겼으니 사형이든 유형이든 죄를 받아 마땅하지만, 왜관의 대마도 사람들은 조선인이 잘못했기 때문에 죄를 받을 일이 아니라고 하는 것이 왜관 측의 입장이었다.[121]

그러나 조선 정부도 물러서지 않았다. 1648년 12월 『변례집요』의 기사에 따르면, 이 사건의 책임을 물어서 훈도와 별차는 붙잡아가고, 동래부사는 파직 처분이 내려졌다.[122] 그리고 신임 훈도와 별차를 시켜서 범행을 저지른 대마도 사람에 대하여 아직도 죄를 묻지 않고 있

---

120) 『분류기사대강』 30, 「日本人朝鮮人喧嘩一件」(일본 국립국회도서관 소장, 823 -30-30). 이 사건은 장순순, 「조선후기 倭館에서 발생한 朝日 양국인의 물리적 마찰 실태와 처리」(부산대학교 한국민족문화연구소, 『韓國民族文化』 31, 2008), 81~82쪽에도 소개되어 있다.

121) 『분류기사대강』 30, 「日本人朝鮮人喧嘩一件」.

122) 동래부사가 파직된 것은 『변례집요』의 기록보다 한 달 빠른 1646년 11월이었던 것 같다. 양흥숙, 『조선후기 東萊 지역과 지역민 동향』, 51쪽 참조.

는 점을 관수에게 따지게 하였다. 그러자 관수는 "이미(전임) 관수와 일·이대관이 교체되었고, 결국에는 반드시 중죄로 다스릴 것이며, 소란을 일으킨 왜인(대마도 사람)은 곧 죽음을 면치 못할 것이다."고 답하였다고 한다.[123] 이듬해인 1649년 2월에는 대마도가 등지승(藤智繩)을 사자로 보내서 사건 해결을 도모하였다.[124]

왜관에서는 구타사건 외에 살인사건도 일어났다. 아메노모리 호슈(雨森芳洲)가 쓴 『교린제성』에도 소개된 김은봉(金銀奉)[125] 사건을 예로 들어보자. 1704년(숙종 30, 寶永 원) 7월 8일 소통사(小通事)였던 김은봉이 3일 전에 왜관에 들어갔는데 아무 소식이 없이 돌아오지 않자 조선의 역관들이 왜관에 이 사실을 알렸다. 왜관을 구석구석 수사를 한 끝에 왜관의 중천(中川)이라고 하는 개울가에서 그의 시신이 발견되었다.[126] 시체를 검사해보니 목구멍과 옆구리에 여러 군데 상처가 발견되었는데, 이로 미루어 그가 피살된 것으로 왜관 측은 결론지었다. 수사를 진행해가자 도자기 가마의 관리를 맡고 있었던 기치에몬(吉右衛門)[127]이 자수를 해왔다. 그가 진술한 내용은 이렇다. 김은봉이 밀무역을 하자면서 기치에몬에게 인삼을 가지고 왔는데, 기치에몬이 김은봉에게 술을 먹여 취하게 한 다음, 그가 잠들어 있는 사이에

---

123) 『변례집요』 권 14 잡범(국사편찬위원회, 하권, 306~307쪽).

124) 『변례집요』 권 14 잡범(국사편찬위원회, 하권, 307쪽).

125) 은봉(銀奉)을 대마도 기록에서는 운호키(ウンホキ, 분류기사대강), 운보기(ウンボギ, 교린제성)로 적고 있다. 『분류기사대강』 30, 「朝鮮人潛商集書」; 아메노모리 호슈 지음·한일관계사학회 옮김, 『역주 교린제성』, 원문 6쪽 참조.

126) 김은봉의 시신이 발견된 장소가 조선 기록에서는 "남쪽 담장 안의 조수가 통하지 않는 곳"(南墻內潮水不通處)으로 되어 있다. 『변례집요』 권 14 잡범(국사편찬위원회, 하권, 307쪽) 참조.

127) 조선 기록에는 기치에몬(吉右衛門)의 이름이 우위문(右衛門)으로만 적혀 있다 (『변례집요』 하권, 국사편찬위원회, 329쪽).

칼로 찔러 죽이고 인삼을 탈취한 것이다. 결국 조선과 충분한 상의를 거친 뒤 왜관 측은 기치에몬을 왜관 밖에서 여러 사람이 보는 가운데 참수를 하였다고 한다.[128]

그런데 기치에몬(吉右衛門)이라는 대마도 사람이 조선의 훈도가 부리던 소통사 김은봉을 살해한 이유가 조선 기록에는 대마도 기록과 조금 다르게 나와 있다. "곧 이른바 우위문(에몬)이라는 이름을 가진 자가 죽인 것이며, 그 왜인이 자백한 바에 따르면, 은자 13냥을 은봉한 테서 빌려 썼다가 갚지 못하자 은봉이 날마다(기치에몬에게) 욕설을 퍼부었으며, 그래서(기치에몬이) 차고 다니던 칼을 가지고(김은봉을) 찔러 죽이고(시신을) 숨겨두었다고 한다."[129]고 적혀 있다.

아무튼 조선의 하급 역관이었던 소통사가 왜관에 들어가 인삼 밀무역을 시도한 점, 그리고 왜관의 대마도 사람이 돈(인삼) 때문에 조선의 소통사를 칼로 찔러 죽이고 개울에 시신을 유기한 점이 주목된다.

5. 대마도 사람들의 왜관 이탈과 집단 시위

왜관의 대마도 사람들은 함부로 바깥출입을 하지 못하게 되어 있었

---

128) 다시로 가즈이 지음·정성일 옮김, 『왜관』, 188~189쪽.

129) 則所謂右衛門持名者之所殺 而同倭招內 銀子十三兩 貸用於銀奉 趁未還償 則銀奉 每日辱說 故果以所佩之刃 刺殺隱置云云(『변례집요』하권, 국사편찬위원회, 329 쪽). 그런데 장순순은 이 사건을 소개하면서 돈을 빌려준 사람(김은봉)과 빌린 사람(기치에몬)을 뒤바꿔서, 김은봉이 기치에몬한테서 돈을 빌려 쓴 것으로 잘 못 서술하고 있다고 생각된다. 그리고 김은봉이 기치에몬에게 빌려준 돈은 30냥이 아니라 13냥이 옳다(장순순, 「조선후기 倭館에서 발생한 朝日 양국인의 물리적 마찰 실태와 처리」, 85쪽). 다시 말해서 돈을 빌려준 김은봉이 자신한테서 돈을 빌려 쓰고도 갚지 않고 있던 기치에몬에게 찾아가 욕설을 퍼부으면서 빌려간 돈을 갚으라고 으름장을 놓자, 기치에몬이 홧김에 김은봉을 살해한 것으로 해석하는 것이 자연스러울 것 같다.

다. 그런데 왜관 사람들이 가끔씩 왜관 밖으로 뛰쳐나가는 일이 있었다. 두 나라 사이에 외교와 무역과 관련된 일이 있을 때에는 조선 정부가 파견한 왜학역관(훈도·별차)이 왜관 안으로 들어가서 협의를 하는 것이 보통이었다. 그런데 대마도 사람들은 그들의 요구가 훈도나 별차 선에서 받아들여지지 않을 때는 왜관 밖으로 뛰쳐나가 동래부로 몰려가서 동래부사를 상대로 일종의 시위를 하는 일이 종종 있었다. 조선에서는 이것을 불법으로 간주하면서 난출(闌出)이라고 불렀다.[130]

『변례집요』에 소개되어 있는 최초의 난출 사건은 공목(公木) 지급과 관련된 것이었다. 1626년 11월 일특송사(一特送使) 연향이 열리고 있을 때, "만송원송사왜(萬松院送使倭)가 사람들을 이끌고 깃발을 들고서 연향청으로 몰려왔다"고 한다. 그들의 요구 사항을 조정에 보고하여 받아들여지도록 해 달라는 일종의 시위였던 셈이다.[131]

한편 이른바 울릉도쟁계(鬱陵島爭界) 문제가 대마도 쪽에 불리하게 진행되어가자, 이에 항의하여 왜관의 대마도 사람들이 왜관 밖으로 나와 선암사가 있는 동래부 동평(東平)까지 몰려가는 난출을 감행한 적이 있다.[132] 왜관 측이 예조의 답서를 다시 써줄 것을 요청하였으나,

---

130) 다시로 가즈이 지음·정성일 옮김, 『왜관』, 323쪽.

131) 『변례집요』 권 13 난출(국사편찬위원회, 하권, 254쪽). 尹裕淑, 「近世癸亥約條の 運營實態について－潛商·闌出事件を中心に－」, 『朝鮮學報』167, 1997.

132) 이때의 난출에 대하여 이케우치는 자세하게 분석을 한 적이 있다. 관수의 지시 아래 왜관 밖으로 뛰쳐나간 난출의 개요는 다음과 같다. 1697년 8월 17일에는 우마노리(馬乘)들을 5명, 3명씩 밖으로 나가게 해서 36명이 난출을 했다가 별 문제 없이 되돌아왔다. 두 번째 난출이 있었던 20일에도 우마노리를 외출시켜서 많은 인원이 부산포 도로까지 가게 했으나 문제는 일어나지 않았다. 세 번째인 21일에 우마노리 30명 정도가 왜관을 나가서 동평(東平)으로 향하던 중, 부산포로 가는 길목에서 시타요코메(下橫目) 이치에몬(市右衛門)이 조선인이 던진 큰 돌에 머리를 맞는 사건이 벌어졌다. 심지어 칼과 와키사시(脇差, 큰 칼 옆에 차는 작은 칼－인용자 주)까지 빼앗긴 일본인도 있었다. 이에 격분하여 왜관 측은 부산첨사에게 범인을 넘겨줄 것을 요구하면서, 군관 한 명을 포함하여 세 명을 인

동래부사가 이에 협조를 하지 않는다고 왜관 사람들은 생각하고 있었다. 게다가 미수가 누적된 공작미를 조선 측이 제때 지급해 주지 않고 있었으며, 왜관에 지급하게 되어 있는 시탄(柴炭)마저도 지급 양이 줄고 질이 떨어지자, 왜관의 대마도 사람들 불만이 날고 커지고 있던 것이 난출의 가장 큰 원인이었다고 한다.[133]

지금까지 살펴본 것처럼 조선 후기를 통하여 부산과 대마도는 조선과 일본의 가교 역할을 하면서 다양한 접촉과 교류를 반복하고 있었다. 두 나라는 유무상통(有無相通)의 관점에서 서로 필요한 물자를 교환함으로써 자국의 경제문제를 해결하려고 하였다. 뿐만 아니라 양국

질로 붙잡아 왜관으로 끌고 가버렸다. 왜관 측은 22일에는 군관을 풀어주고, 24일에는 나머지 두 명을 되돌려 보내면서 사건 해결을 꾀했다. 이 사건은 조선 조정에도 보고가 되었는데, 29일에는 "조정 쪽에서 (이 사건을) 매우 불쾌하게 여기고 있다"는 소문이 동래부까지 퍼졌다. 이 사건을 문제 삼아 조선 조정은 동래부사를 교체하였으며, 왜관 쪽에도 재판(裁判)의 교체를 요구하고 나섰다. 결국 왜관 측은 시탄의 지급 약속을 받아내기는 하였다. 그렇지만 대마도 사람들이 폭력을 앞세워 시위를 벌인 행위가 조선 정부를 자극하게 되었고, 그것이 '울릉도쟁계' 문제를 푸는 데는 오히려 역효과를 가져왔다고 보고 있는 점에서는, 이케우치가 아메노모리 호슈와 비슷한 견해를 지니고 있는 것 같다. 아메노모리 호슈의 주장에 따르면, "두모포왜관(구관, 고관) 시절까지는 임란 후의 여위(餘威)가 남아 있어서 일본(대마도) 사람들이 힘으로 밀어붙이더라도 조선(부산) 사람들이 두려움을 느껴 일본의 요구를 들어주곤 하였지만, 그 뒤 여위가 점점 사라지고 말아 1700년 무렵이 되면서부터는 힘을 앞세운 방법이 더 이상 통하지 않게 되었다"는 것이다. 물리적 힘이 아닌, 상대에 대한 이해에 바탕을 둔 통찰력과 외교력을 앞세운 교섭이 필요하다는 점을 두 사람이 강조하려는 것이 아닌가 생각된다. 池内敏,『大君外交と「武威」－近世日本の國際秩序と朝鮮觀－』, 名古屋大學出版會, 2006, 315~320쪽; 아메노모리 호슈 지음·한일관계사학회 옮김,『역주 교린제성』, 45~46쪽 참조.

133)『분류기사대강 부록』,「元祿十一戊寅年 唐坊新五郎勤役之節町人飯束喜兵衛白水與兵衛人參潛商仕相手之朝鮮人共二兩國被行御制法候一件日帳拔書 自五月十七日到八月二十一日落着」(일본 국립국회도서관 소장823-30-39);『元祿十年 東平行二付釜山二而喧嘩則右之意趣御國へ申上口上東萊と接待仕御國申上候狀控 丁丑八月 日 唐坊新五郎』(대마도역사민속자료관 종가문고 기록류Ⅱ 조선관계 P 1 (1)(2)(3)).

은 자국의 연안에서 표류 사고를 당한 사람들을 구조하여 본국에 송환해 주는 일을 일찍부터 하나의 제도로 정착시켰다. 더 나아가 성신외교(誠信外交)의 이념에 입각하여 사신이 왕래하고, 그것을 통해서 음식과 문화와 정보의 교류가 이루어질 수 있도록 하였다.

그렇지만 이러한 밝은 측면의 접촉과 교류만 있었던 것은 아니다. 두 나라 사람들이 서로 생각하는 것이 다르고 각자 이익을 앞세운 나머지 때로는 충돌이 일어나고 분쟁을 일으키기도 했다. 금기로 되어 있던 법을 어기고 밀무역을 하거나 절도 행위를 하기도 하고, 성매매를 하거나 난출을 일삼는 사람들도 있었다. 밝은 면의 교류와 함께 어두운 측면의 접촉과 충돌도 두 나라, 두 지역 역사의 일부를 구성하게 되었음은 더 말할 나위가 없다. 더욱이 조선이든 일본이든 자국의 이익을 위해서 때로는 공식 채널 밖에서 상대국의 상인이나 역관과 '은밀한 거래'를 해서 상대편 나라가 통제하고 있는 물품이나 정보를 조달하거나 수집하는 일도 있었다.

이처럼 조선 후기 부산과 대마도 사이의 교류를 통해서 얻은 역사적 경험이 오늘날 두 나라의 역사문제 인식과 해결에 어떤 시사점을 던져줄 것인지를 생각하면서, 부산과 대마도를 중심에 둔 새로운 접근과 분석이 뒤따라야 할 것으로 생각한다.

幕末・明治 초기 對馬州 정치사 개관

현명철*

Ⅰ. 머리말

근세(조선 후기)의 한일 외교 관계는 敵禮를 기본 원리로 하는 대등하고 공식적인 외교관계였다. 이 외교 관계에서 對馬州는 조선과 일본에 양속됨으로 완충역을 자임하였으며, 양국에 대해 특별한 대우를 받았다.[1]

그런데, 이러한 대마주의 특수성은 일본의 개국으로 말미암아 흔들리게 된다. 미 해군 提督 페리에 의한 일본의 개국은 1858년의 통상조

___

* 경기고.

[1] 對馬州가 받은 특별한 대우에 대해서는 조선후기의 對馬州 전공자에 의한 발표가 있을 터이므로 생략한다.

약으로 발전하여 일본의 외교감각을 향상시켰다. 서양제국과의 외교의 경험은 조선과의 외교를 相對化하였고, 외교 구조에 있어서 外國奉行의 擡頭와 함께 對馬州의 중요성을 약화시켰다. 개항장을 통해 값싼 외국제품이 들어오게 되자 조선과의 중계무역을 통해 독점적 판매망을 구축하였던 대마주의 상업망도 큰 타격을 받았다. 이런 상황하에서 대마주의 부채는 늘어났고, 오사카의 상인들은 더 이상 대마주에 자금 지원을 거부하였다. 막부도 조선과의 외교를 명분으로 요구되는 대마주의 대출요청을 거부하였다. 결국 안정된 知行으로서의 토지를 갖고 있지 않았던 對馬州는 일본의 개국과 개항장의 발달이라는 상황에서 자기 존립의 경제적 근거를 상실해 가고 있었다.

본 발표는 일본의 개항부터 對馬島主가 조선에 대한 외교권을 완전히 상실하는 倭館 접수 시기까지의 對馬州 정치사를 검토하고자 한다. 이 시기의 대마주 정치사는 양이파의 기록에 의해 상당부분 왜곡되었음이 특징이므로 주의를 요한다.

Ⅱ. 막부말기의 對馬州

1. 對馬州의 移封運動

1858년 6월부터 9월 사이에 江戶幕府는 미, 영, 러, 프, 네 5개국과 조약을 맺어 개항을 단행하였고, 1859년 4월에는 영국군함 악티온號가 對馬州에 정박하는 사건이 일어났다. 이는 對馬州에는 심각한 충격을 주었고, 앞으로도 이러한 일이 종종 발생할 우려가 있다는 점에서 조선에 통보해야 한다는 의견이 대두되었다.[2] 그리하여 당시 藩主

---

2) 1860년 일본이 개국을 단행한 사실을 조선에 알리게 되는 과정에 대해서는 鶴田啓, 「万延元年, 對馬藩による朝鮮への四國通商告知一件」(『十九世紀の世界と橫浜』,

宗義和는 1860년 4월부로 예조참판, 예조참의, 동래부사, 부산첨사에 미,
영, 러, 프 4개국과 통상관계를 맺었음과 크리스트교 금지는 계속됨을
알렸다.

여기서 한 가지 확인해 두고 싶은 것은, 對馬州가 조선에 통상을 告
知하면서 동시에 막부에 대해서는 英國선박의 對馬州 기항을 금지하
도록 강한 요청을 수행하고 있다는 것이다. 서구 제국과의 통상조약
발효라는 일본의 새로운 외교체제가 개시되는 시점에서, 대조선 외교
체제에 불편한 상황이 없도록 막부에 요청하여 전통적인 역할을 강조
하고 있음을 알 수 있으며 아직 한일관계의 변화는 보이지 않는다.

그러나 1861년 러시아 군함이 對馬州에 정박하여 對馬島의 개항
을 요구하였을 때, 對馬州가 移封운동[3]을 전개하면서부터 한일 관계
에 변화의 조짐이 보인다. 이 移封 請願은 對馬島 전체를 막부가 직할
지로 수용하고, 對馬州에게는 九州지역의 십만石의 땅을 달라는 청
원이었다.

이는 하코다테를 개항하기 위해 마츠마에(松前) 영주가 북해도
9000석의 땅 대신에 奧羽 3만석에다가 18000량을 더 받았음이 근거
로 제시되었다. 그러면 대마주의 계산으로는 飛地 3만석, 金藏 4만석,
조선무역 3만석, 새로운 영토 10만석 계 20만석의 영주가 될 수 있다
고 판단하였다.

만일 막부가 이를 들어주지 않을 때에는 對馬州는 개항에 반대하여
攘夷派에 가담하여 攘夷의 전쟁에 돌입한다. 이 경우에도 막부는 서
양 열강과 싸울 수 있도록 군비 원조를 하지 않으면 안 되므로 결국 막

橫浜開港資料館 橫浜近世史硏究會 編, 1993.3)이 있다.

3) 移封運動에 대해서는 졸고, 「1861年對馬藩の移封運動について」(『日本歷史』536
호, 1993년 1월).

부는 移封을 받아들일 것이라는 계산이었다.

移封운동은 당시 활발하게 전개 되었던 攘夷 운동을 배경으로 강력히 주장되었으며, 移封이 허락되지 않으면 막부의 개항 정책에 반대하여 攘夷 운동에 참여하겠다는 강력한 의사 표시를 동반하였음이 홍미롭다.

이러한 입장은 大船越 사건(러시아 병사와 對馬州 경비병의 충돌 사건)으로 인명 사고가 일어나자 더욱 강력해 졌다. 對馬州는 여러 大名들에게 전쟁의 각오를 알리고 원조를 요청하는 등, 막부에 압력을 가했다. 이는 막부가 러시아와의 전쟁을 허락하지 않을 것임을 파악하고 있었기 때문에 더욱 기승을 부렸다. 막부 외국봉행 오구리(小栗)가 對馬州에 직접 내려가 사태 해결에 임하였으나, 대마주의 요구사항이 많아 애를 먹었다. 그는 실질적으로 대마주가 요구하는 바가 全土移封에 있으며 전쟁의 위기는 없다고 냉정히 판단하고 돌아왔다. 그는 일부 지역만 수용하고 개항하여도 상관없다고 판단하였다.[4]

오구리의 귀부는 대마주에 위기를 불러 일으켰으며, 실질적으로 對馬州가 長州나 薩摩藩등 반막부 雄藩들과 더욱 가까와지는 계기가 되었다. 移封을 성공시키기 위한 방책으로서의 양이 주장이 攘夷派의 공감을 불렀으며 동시에 對馬州 문제가 攘夷派 들의 막부 공격의 잇슈가 되는 계기가 되었던 것이다.

막부는 대마주를 둘러싼 양이파의 비판을 잠재우기 위해, 또한 효오고항 개항 대신에 對馬州 개항을 제안하기 위해 全土移封을 內許하였다. 그리하여 8월 藩主가 移封 請願書를 제출하게 되었고 이에 따라 막부 관리가 9월부터 다음해 1월 까지 對馬州를 조사하였고, 대마

---

4) 小栗 평가에 대한 비평으로는 졸고, 「文久元年對馬藩の移封運動について」, 'Ⅲ. 小栗の急帰府の原因に関する考察'을 참고.

주의 이봉은 시가의 문제처럼 보였다.

그러나 막부 관리들이 對馬州를 조사하는 중에 일본의 정세는 크게 변하였다. 장군 家茂와 和宮와의 결혼 추진에 따른 쇄국양이의 약속이 이루어졌고, 對馬州 전토를 수용하려고 하였던 막부노중 安藤信正이 실각하였던 것이었다.

그리하여 對馬州를 조사하였던 막부 관리들은 2월에 다음과 같은 보고를 하였다.

> 移封에 대한 內定이 있어서 移封을 전제로 경제적 손익 계산을 해 본 결과, 조선과의 외교관계, 무역까지 막부가 장악한다면, 對馬島의 전토 移封은 막부에 損이 아니지만, 그러나 지금은 평상시의 조치가 아니므로 폐해가 더 많을 것이 우려된다. 따라서 지금은 전토 移封을 단행해서는 안 되며, 필요한 경우 몇 개의 촌락만을 수용하여 시모다(下田)의 예에 준하게 한다.[5]

결과적으로 보면, 對馬州의 移封은 이루어지지 않았으나, 이때부터 막부 내부에 조선과의 외교 무역을 직접 지배하고자 하는 인식이 나타나기 시작하였음과 한일 양국 간에 양속되어 있었던 對馬州가 일본 정계에서 주목되기 시작한 것, 그리고 대마주가 국내적으로는 막부와 반막부 사이의 간극을 이용하고, 또한 조선과의 관계를 이용하여 자기 존재를 알리고 거액의 원조를 얻고자 도모하기 시작하였음은 주목해 둘 필요가 있다.

---

5) 「對州魯人上陸の件」下, 359~364쪽(『勝海舟全集』 3, 勁草書房, 1979).

2. 對馬州 攘夷政權의 성립

대마도 조사를 마친 관리들이 에도로 돌아 간 후, 대마주에서는 곧 移封이 이루어질 것이라고 들떠 있었다. 그러나 막부의 대답은 연기될 뿐이었고, 번주 이하의 관리들은 언제 전토이봉이 이루어지는지를 초조하게 기다리는 상황이 계속되었다. 이 사이에 대마도에서는 무사들의 동요가 일어났다. 그 동요의 근본 원인은 경제적 파탄이었다.[6] 그리고 서남웅번과의 연계를 통해 일본의 정세에 대한 정보를 갖고 있었던 일부 무사들은 移封 운동이 실패하였다고 판단하였기에 동요는 확대되었다. 그 결과 1862년 8월 대마주 무사 41인이 에도 저택 수비를 명목으로 무단으로 에도에 나가는 사건이 발생하였다. 이는 개항을 전제로 추진되었던 이봉운동이 실패하였다고 판단하고, 앞으로 대마주의 재정을 확보하고 군비를 갖출 수 있겠는가 하는 큰 논쟁 끝에 나온 결론이었다. 즉 攘夷를 기치로 내세워 원조 요구 운동을 전개하겠다는 것이며, 藩主의 지도력에 의문을 표하고 세자를 중심으로 江戶에서 새로운 정책을 시행하겠다는 것이었다.

이 과정에서 對馬州주 宗義和는 막부에 은거를 청원하게 한다. 이는 移封이 이루어지지 않은 것에 대한 번 내부의 동요를 내걸어 移封을 관철하고자 하였던 마지막 카드였다. 長州의 木戶孝允은 대마주 번주의 은거와 세자의 가독상속이 불가피하다고 주장하였다. 그는 막부의 개항 정책에 동조한 대마주의 이봉운동을 비판하고, 반막부 양이

---

6) 당시 대마주가 조정과 막부에 알린 藩情說明書를 보면, 영지수입 1만 2000석, 조선 무역 47000석(막부수당 6000석 포함)이라고 파악하고 있다. 그런데 러시아 군함 정박 중에 영지수입을 담보로 많은 빚을 져서 가신들에게 봉록과 수당을 지급하지 못하는 지경에 이르렀다고 말하고 있다. 대마주의 부채는 80만량(40만석)을 넘어서고 있었다.

운동의 선봉에 나설 것을 주문하였다. 對馬州는 反幕府派의 지도격인 長州와 동맹을 맺기 위해 노력하였다. 그리고 木戶는 대마주의 정권이 말썽 없이 교체될 수 있도록 막부 감찰이 對馬州에 내려가지 않게 長州 고위직을 움직여 막부에 압력을 가하였다. 결국 長州 번주의 이름으로 탄원서가 제출되었고 막부의 감찰 파견이 정지되었으며, 1862년 12월 25일, 세자 善之允은 宗義達의 이름으로 새로운 번주의 자리에 오르게 되었다.[7]

새로운 번주의 지배 하에서 대마주는 長州의 주선과 협력을 배경으로 막부로부터 원조를 얻어내기 위해 노력한다. 그 과정에서 조정에 대한 공작도 병행하게 되었다.

이때의 논리의 전개는, 처음에는 러시아 함대 정박으로 말미암은 비용의 증대와 移封 운동 실패로 말미암은 궁핍과 藩 내부의 동요를 들었으나, 長州와의 동맹이 맺어진 다음부터는 막부는 쇄항 양이를 단행하여야 하며, 막부가 쇄항 양이를 단행하게 된다면 對馬州는 최전선이 될 것이라는 것이므로 병량, 무기의 공급을 해 주어야 한다는 것으로 변하였다. 그 다음 조정의 주선을 요청할 때에는 對馬州가 조선으로 부터 식량을 구걸해 먹는 것은 일본의 치욕이며, 鎖國을 단행하자마자 對馬州는 조선과의 관계가 끊어져 기아에 빠지리라는 것이 추가되었다. 또한 조선에 교두보를 확보해야 한다는 내용도 추가되었다. 이러한 對馬州의 주장은 당시 일본 諸藩의 동정을 사기에 충분하였던 것 같다. 따라서 對馬州 자립 문제가 公論化 되었고 1863년 1월에

---

7) 여기에 대하여는 拙稿, 「對馬藩 '攘夷政權'の成立過程について」(『北大史學』 32호, 1992년 8월) 그리고 木村直也, 「文久三年對馬藩援助要求運動について― 日朝外交貿易體制の矛盾と朝鮮進出論―」(『日本前近代の國家と對外關係』, 田中健夫 編, 吉川弘文館, 1987년)을 참고 바란다.

는 朝廷이 勅을 내리게 된다.

당시 막부는 對馬州를 앞세운 攘夷派의 공세를 극복하지 못하여, 쩔쩔매는 상황이었고, 1863년 3월에는 막부 장군 이에모치(家茂)가 천황을 수행하고 神社에 참배하여 攘夷를 기원하였으며, 조정의 뜻을 받들어 십만석 이상의 大名들에게 친병차출을 명령하게 되면서 막부의 권위는 더욱 하락한다. 결국 막부는 불가능함을 알면서도 5월 10일을 기하여 攘夷를 단행하겠노라고 조정에 약속하지 않을 수 없었다. 攘夷를 약속한 이상, 막부는 攘夷를 전제로 원조 요구를 꾸준히 전개해 온 對馬州의 요구를 받아들이지 않을 수 없었다.

4월 3일, 長州의 세자 사다히로가 막부 장군에게 휴가 신고를 위해 알현하였을 때, 그는 對馬州 영주 宗義達을 대동하여 장군과 대면하게 하였다. 이는

> 右樣將軍家へ不時御目見, 自國之儀等被仰上御例, 此方樣は素, 他方
> 樣にも有之間敷, 實御時節柄とは乍申, 無比類御事[8]

라고 기록되어 있을 정도로 막번체제에서는 생각하기 어려운 일이었다. 이들은 조정의 양이단행의 칙을 근거로 어린 막부 장군을 압박하여 對馬州에 십만석 지급을 강요하였다.

결국 막부 老中 이타쿠라(板倉)는 對馬州 원조 요구를 받아들여 對馬州의 명목고 십만석의 年租에 해당하는 삼만석(금 60,000량)을 매년 지급하기로 內定하고 「朝鮮國體情探索之內命」을 對馬州에 내리게 되었다. 당시 대마주의 1년 예산은 8만량(4만석)이었으므로, 매년 6만량을 지급받게 된 것은 원조요구운동의 승리라고 말할 수 있겠다.

---

8) 「在國每日記」 1863년 4월 24일조.

막부의 결정을 받고 對馬州는 같은 해 5월 원조 요구 원서를 제출한다. 여기서 對馬州는 서양 열강이 對馬州를 점령하고 조선의 식량을 바탕으로 일본을 공격하게 되면 이는 일본 전체의 문제라는 것. 그러므로 서양 열강에 앞서서 조선에 대한 정책을 실시해야 한다는 '정한론의'가 더 들어간다. 이것이 막부 말기의 '정한론'이다. 이러한 논의는 國學派 儒者 야마다(山田方谷)가 對馬州를 전면에 내세운 攘夷 운동을 잠재우기 위해 그들을 조선에 파견하자는, 외침을 통해 내란을 극복하고자 하는 의도와도 맞물려 친막부와 반막부 지식인이 모두 동의하는 듯 한 형세를 보였다. 아무튼, '막부 말기의 征韓論'이 對馬州의 원조요구와 맞물려 양이파 서남웅번, 그리고 좌막파 사이에서 동상이몽이지만 같은 목소리를 내어 발생하였다는 것은, 한일 관계사에 있어서는 중요한 의미를 갖으며, 대마주 정치사에서도 큰 의미를 갖는다.

3. 막부원조의 변화와 좌절

對馬州에 대하여 10萬石의 토지의 年租인 삼萬石의 지급이 결정된 후 막부는 조선과의 무역과 외교를 직접 담당하고자하여 對馬州에 메츠케(目付)무카야마(向山榮五郎)와 外國奉行 기쿠치(菊池隆吉)를 파견하고자 하였다. 이 막부의 의도는 對馬州 加增이후의 對馬州에 대한 직접 지배를 관철하고자 하는 막부의 의지가 담겨 있었다. 또한 당시 막부 내부에서는 대마주의 원조에 대한 반대의 목소리도 높았기 때문에 이들을 설득할 필요도 있었던 것이다.

그러나 8·18정변을 통해 막부는 조정을 장악하고, 9월 5일에는 친병을 해산하고 1864년 1월에는 조정으로 하여금 양이 완화의 칙령을 받아내면서 권위를 회복하기 시작하였다. 7월 양이세력의 중심을 자임하던 長州는 양이세력의 몰락에 위기를 느끼고 '禁門의 變'을 일으켰다. 이로 인해 長州 토벌의 칙령이 내리고 長州가 공순을 표시하면서, 상황은 급변하였다.

원조를 강요하였던 長州 세력은 고개를 숙였고, 원조 요구의 핵심이었던 쇄국 양이 논리는 진정되었다. 따라서 대마주 원조는 논리적 근거를 상실하였다. 다만 막부가 조선과의 외교를 직접 담당하고자 하는 의도가 있었음만이 원조 요구의 유일한 근거였다.

10월 26일, 對馬州 무사 오오시마는 원조의 계속을 요구하는 장문의 建白書를 제출하였다.[9] 이 건백서에 대해서 종래의 연구는 또「征韓論 건백서」라고 평가하고 있다. 그러나 大島의 의견서는 아무런 효과도 얻을 수 없었다. 이미 막부 내부에서는「朝鮮御處置」를 둘러싸고 다음과 같은 의견이 외교담당자들로부터 나와 있었다.

朝鮮 處置 展望書

작년 對馬守에 糧米 삼만석을 준 것은, 오로지 攘夷 鎖港의 명을 받고 있던 시절, 조선에 원조를 위해 출장하여 外夷를 격파하고 (조선을)복종시키기 위한 手當으로 삼만석을 매년 지급하게 한 것이다.
一, 조선 처치 문제는 外夷가 조선을 삼키려고 하기 때문에 나온 책략으로, 이는 攘夷 鎖港의 조치에서 파생되었으므로, 지금의 조치로는 적합하지 않다. 달라져야 한다.
一, 對馬守는 長州의 원조를 얻어서 위와 같은 막대한 糧米를 얻어 갔으니, 公儀(막부)에 대해 용서받을 수 없는 마음 씀씀이다.(중략)

---

9) 이 건백서에 대해서는 일찍부터 많은 관심이 기울여 졌다. 예를 들면, 仲尾宏,「同盟論から征韓論へ—元治元年『對馬建白書』を中心として—」(『京都藝術短期大學紀要』9, 1986년) 木村直也,「元治元年大島友之允の朝鮮進出建白書について(上)」, 전게논문 등이 있다.

一, 長州의 양이와 對馬州의 조선 처치는 표리를 이루는 반역모의
이므로, 지금에 와서는 결코 채용할 수 없으며, 오히려 장주와 연
좌제로 처벌해야 마땅하다.[10](하략)

이 예정서는 기쿠치(菊池 伊豫守)가 초안한 외국 奉行들의 공통의
인식이었다고 『續通信全覽』에는 기록되어있다. 결국, 막부 勘定所
에서는 평의를 행하여 對馬州에 대한 三萬石 원조의 중지와 對馬州
家來 오오시마의 귀국을 결정하여 막부에 회답하였다. 이리하여 對馬
州 원조는 겨우 2년만에 끝나고 말았다.

제1차 長州 정벌 시에, 대마주의 많은 무사들이 長州와의 약속을
지키고자 長州를 원조하여야 한다고 주장하였다. 그러나 이는 막부와
의 정면 대결을 의미하며, 자립의 기반이 없는 대마주로서는 감당할
수 있는 일이 아니었다. 번주 宗義達은 이들의 요구를 물리치고 중립
적 자세를 취하도록 수 차례에 걸쳐 명령을 내렸다. 그러나 당시 존왕
양이의 물결에서 많은 무사들이 脫藩이라는 극단적인 행동을 통하여
長州와 같이 싸웠다. 동년 11월, 長州가 항복하자 막부는 대마주에 명
령을 내려 막부에 대항하였던 무사들을 처벌할 것을 요구하였다.

번주 종의달은 외삼촌 카쓰이고하치로(勝井五八郞)를 내세워 번
내부의 양이 세력을 탄압하고 막부에 대해 공순을 표시하였다. 이를
'갑자의 변'이라고 한다. 이 때 무사들의 반발이 심하였기에 탄압도 가
혹하였으며 내전의 상태라 부를 정도였다.

그러나 당시 막부의 승리는 불완전한 일시적인 것에 불과하였다. 오
히려 전쟁에서 패배한 長州와 양이파 무사들은 九州 연합을 도모하면
서 막부와 대결해야 한다고 여론을 조성하였다.

---

10)「朝鮮通信事務一件」, 933～934쪽.

1865년 2월, 九州에 있는 對馬州령 다시로(田代)의 무사들은 무력으로 藩論을 뒤집고자 하였다. 히라다오에(平田大江)는 '진의대(盡義隊)'를 만들어 무력으로 번의 권력을 장악하고자 하였다. 그는「지금 勝井등이 막부의 뜻을 받들어 근왕파 무사들을 탄압하고 있는데 이를 내버려 두면 다른 번에서도 이와 같은 탄압이 일어날 염려가 있으므로 병사들을 이끌고 對馬州로 가서 藩論을 회복하고자 한다」[11] 라고 하면서, 九州 여러 번들의 원조를 구하였다. 당시 반막부파 공경 산조(三條) 등은 당시 후쿠오카(福岡)의 대재부에 머무르고 있었는데, 平田을 원조하기 위해 사신을 對馬州에 파견하였고, 사쓰마의 사이고다카모리(西鄕隆盛)도 하카다(博多)에서 平田을 지원할 것을 약속하였다. 이리하여 對馬州의 내분은 또 일본 전체의 주목을 받기에 이르렀다.

3월 20일, 산조(三條)의 사자와 치쿠젠(築前)·사쓰마(薩摩)·초슈(長州)·키요스에(淸末)·오무라(大村)·히라도(平戶) 諸藩의 사자들이 對馬州로 건너가 담판에 들어갔다.[12] 이때에 對馬州에서 담판에 나섰던 인물은 1862년에 장주와의 동맹을 맺을 때에 핵심인물이었던 히구치켄노스케(樋口謙之亮)였다. 결국 대마주는 이들의 압력에 굴복하여 5월 1일 밤, 勝井등을 기습 체포하고, 그를 따르는 무사들을 처벌하기에 이르렀다.[13]

이리하여 5월 6일, 平田는 무력을 사용하지 않고 귀국하는 데에 성공하였다. 그러나 그는 藩의 권력을 장악하지는 못하였다. 그것은 막부의 감시·견제가 있었고, 藩主 宗義達도 그를 신임하지 않았기 때

---

11)「平田大江傳記」(『稿本』마이크로필름).

12)「平田大江傳記」앞의 사료,「每日記」앞의 사료.

13)「每日記」5월 2일조.

문이었다고 보인다. 특히 家老 仁位孫一郎는 당시의 상황에서 막부의 의심을 사는 것은 피해야 한다고 판단하여 平田과 대립하였다. 平田은 다시금 구주 諸藩에 사절 파견을 요청하였으며 6월 하순에는 다시금 사자들이 對馬州에 도착하기에 이르렀다. 결국 번주 宗義達은 다시금 諸藩의 압력에 굴복하여 平田와 多田들의 무례를 용서하기로 하고 오히려 家老 仁位孫一郎에게 칩거 명령을 내리게 되었다.[14]

그러나 대마주는 원조가 없이는 존립할 수 없는 구조를 갖고 있었고, 막부로부터 미움을 받아 원조가 끊어진 상태였기 때문에 다시금 어려움에 처하게 되었다. 그리하여 막부에 대한 충성이 변함이 없음을 강조하고 경제적 어려움을 하소연하면서 계속하여 원조를 해 줄 것을 탄원한다. 1865년 9월 大島友之允이 원조를 계속해 달라고 하는 口上書를 보면, 과격파의 공격을 막기 위해 원조가 계속되어야 한다고 호소하고 있으므로 그 실정을 알 수 있다.[15]

홍미있는 것은 大島友之允이 攘夷의 지사로 평가되고 있지만, 이 단계에서는 막부측에 기울어 있어서 원조를 계속해 준다면 양이파의 뿌리를 단절하겠노라고 읽혀지는 기술을 하고 있음도 주목할 만 하다.

이러한 對馬州의 탄원에 대해 동 11월 막부는 다시금 쌀 5000석을 지급할 것을 결정하였다.[16] 대마주는 이를 받아들여 다시금 平田을 비롯한 양이파 무사들을 숙청하여 막부에 충성을 보이고, 다음해인 1866년 2월부터는 친막부 무사들을 다시금 중용한다.

그리하여 대마주의 양이정권은 붕괴되었고, 제2차 幕―長 전쟁 때에는 장주 지원을 엄금하였다. 따라서 이 전쟁이 장주의 승리로 끝났

---

14)「嚴原藩廳記錄」(稿本, 전게사료).

15)「御周旋方日記」(『大島家文書』).

16) 위의 사료.

을 때에는 대마주는 양이의 諸藩으로부터 따돌림을 받게 되는 운명에
부닥치게 된다.

4. 慶喜 정권하의 對馬州

장군 家茂가 幕長전쟁이 한창인 7월 20일 死去하였다. 慶喜는 慶
應 2년(1866년) 8월 20일 가독을 상속하고, 12월 5일 京都에서 장군에
취임했다. 원조를 얻고자 하는 對馬州의 활동과 조선과의 직접 외교
관계를 수립하고자 했던 막부의 의도가 맞물려, 慶喜 취임 직후인
1866년 12월, 老中 板倉는 다음과 같은 達을 對馬州에 주었다.

> 조선국 취급에 대하여 일찌기 규칙이 있었겠으나 지금부터는
> 변혁을 할 터이므로 그 뜻을 잘 받아들여 주기 바란다. 지금의 時
> 勢를 잘 살피어 모든 격식은 옛날의 격식에 따르지 않고 다른 외
> 국과의 교제에 준하여 할 터이니 더욱 신의를 세울 수 있도록 하
> 라. 나아가서는 以酊庵 윤번제를 폐지하며 별단의 役人을 파견할
> 터이니 명심하라.[17]

이 達은 막부에 의한 「근세 한일 외교 관계」의 종언의 선언이라고
말할 수 있다. 즉 以酊庵 윤번제의 폐지와, 별단의 役人(＝外國奉行)
의 파견이라는 것은 조선과의 외교를 막부가 직접 장악하겠다는 것에
다름 아니다.

이제 對馬州에서는 이러한 막부의 명령을 어떻게 이용하여 상응한
대가를 받을 수 있는가가 초미의 관심사였다. 이로부터 원조 요구의
논리는 조선과의 외교 개혁에 옮겨지게 된다. 막부는 조선과의 외교개

---

17) 「公儀被仰上」(「御家記編輯材料」).

혁을 선언하기는 했으나 이것은 당시에 시급한 일이 아니었다. 이것은 장기 계획이었다. 따라서 對馬州 처리 문제도 선언만 있고 실제 별다른 조치가 취해지지 않은 채 순연되었다. 막부로서는 최소한의 비용과 희생으로 조선과의 외교를 접수하고자 하였고 對馬州는 막부의 선언을 최대한으로 이용하려고 하였기에 큰 간극이 발생하였다. 그런데 일본에 조선과 프랑스와의 전쟁의 정보가 입수되었다.

1867년 2월 7일, 막부장군 요시노부는 大阪에서 프랑스 공사 롯슈와 회담하고 사절을 조선에 보내어 朝佛양국간을 조정하겠다는 의향을 표명했다. 여기에 대하여 롯슈는 로즈제독이 제출한 지도와 전쟁의 경위를 기록한 보고서 一冊을 장군에게 보여 주었다. 프랑스로서는 청나라의 중재가 효과가 있으리라 판단했으며 일본의 調停이 성공하리라고 생각하지 않았으나, 당시 慶喜정권과 밀월 관계에 있었기 때문에 해보도록 인정했다.

막부는 2월 10일, 外國奉行 히라야마(平山敬忠)에게 대마 파견을 명했다. 이는 대마에 출장의 형태로 對馬州와 협의한 후 상황에 따라서 조선에 渡航할 수도 있다는 내용이었다.[18] 平山의 대마 파견은 막부가 조선과의 외교를 접수하기 위한 手順이며 여태까지 對馬州가 담당해 온 조선관계 사무를 인수하기 위하여 많은 정보가 필요했기 때문이었다.

그러나 그들은 파견되지 않았고 막부는 9월에 들어 사절파견의 실시를 다시금 결정하고 있다. 2월에 결정된 사절 파견이 이렇듯 지지부진한 것은 막번체제의 특징이라고 할 수 있을 것이나 그 외에도 우라카미(長崎의 浦上村) 크리스챤 체포사건과 영국군함 아이카라스號

---

18) 「於京師閣老稻葉美濃守殿より 被相渡候書」(『朝鮮外交事務一件』 1, 15~16쪽).

승무원 살해사건등이 발생하여 그 해결에 분주한 이유도 있었다. 平山은 9월 출발에 앞서 다음과 같이 질의하고 있다.

> 對馬島에 御用을 위해 파견되어 사태에 따라서는 조선국에도 건너가라는 명을 받아(中略), 진력을 다할 것임은 물론입니다만, 그 나라의 국정이 완고하여 쉽게 받아들이지 않을 지도 모르겠습니다. 만일 그러한 때에는 이후에 후회하게 될 것이라는 말을 남겨두고 철수하여 對馬島는 그 憂患을 입지 않도록 조약국의 船繫場으로(개항)하여 두고, 稅法이나 기타의 규칙을 정하여 나가사키 奉行의 지배하에 두고자 합니다. 그리하면 자연히 對馬藩의 도움도 되겠고, 조선으로 부터 멸시받는 일도 해결되리라 봅니다.(중략) 만일 對馬島 개항이 허용되지 않는다면, 조선이 중재안을 받아들인다 하여도 여러면에서 형편이 좋지 않은 일들이 생길 것이라 보여집니다.[19](下略)

이는 5년 전 對馬島 移封조사를 담당했던 外國奉行들의 보고와 비교해서 생각해 보면 그 맥락을 이해할 수 있다. 결국 최종적으로 對馬藩의 이봉 운동은 실현되려고 하고 있음을 알 수 있으며 對馬藩 처리 문제도 해결점을 찾아가고 있다고 할 수 있다. 조선과의 외교관계도 對馬藩主가 아니라 外國奉行 특히 長崎奉行에 의한 직접외교에로 변화해가는 모습이 보인다. 막부는 이를 許可하여 그대로 추진하도록 지령하였다.

그런데 여기에서 幕府의 사절 파견 계획 하에서 對馬州가 취한 태도에 대하여 살펴보아야 할 필요가 있으리라 보인다. 對馬州는 막부가 조선과의 외교에 관심을 보인 것을 자기들에게 유리하게 해석하여,

---

19) 「奉命一件」四, 241쪽.

조선에 압력을 가하여 무역의 개정을 요구할 좋은 기회로 생각하였다. 즉 對馬州는 사절파견을 압력으로 생각하여 현실적 경제적 이익을 얻으려고 하였다.[20]

즉, 그들의 주장은 무기를 교역하는 것과, 역관을 통하지 않고서 바로 동래부사와 상대하겠다는 것이었고, 이러한 對馬州의 주장은 막부의 사절파견이라는 배경을 가지고 이루어지는 것이었다. 그렇기 때문에 對馬州는 幕府에 대해서 2개 大隊(당시 800명)를 이끌고 가야 한다고 주장했고, 그 병대를 對馬州 武士로 충당하려고 하였던 것이다. 임진왜란 이후 일본 본토의 무력을 통한 對馬州의 특권 확대의도가 현실로 나타난 것으로 이후 明治정부의 생각과 유사점을 발견할 수 있다.

사절파견의 출발기일도 확정되고 장군의 親書도 작성되었으나 10월 14일, 막부는 大政奉還을 上申하고, 막부 말기의 정치는 다시금 혼란에 빠지게 되었다. 따라서 平山의 파견도 자연히 지연되지 않을 수 없었다. 政權返上 후에도 막부는 외교권을 위임받고, 平山의 파견을 실행하고자 하였다. 10월 25일 장군 慶喜는 조정에 대해 조선에 사절을 파견하겠노라고 품의하였고, 이를 뒷받침하여 大島도 이를 지지하는 상신서를 조정에 제출하였다.

일본 朝廷도 11월 4일 이를 勅許하였으므로, 11월 25일 平山일행은 江戸를 떠나 12월 2일 京都에 들어가 장군에 謁見하였다. 그러나, 9일 일본 조정은 王政復古의 大號令을 내려, 장군 요시노부에 대한 辭官, 納地를 명령하고, 막부를 폐지하였다. 막부는 이에 불복하여 平山에게 소환명령을 내려 明治 정부와 대항하게 된다. 이를 戊辰戰爭

---

20) 『日省錄』, 고종4(1867)년 7월 23일.

이라 한다.

결국, 平山 일행은 나가사키에도 못가고 對馬州에도 가지 못한 채로 파견명령은 소멸하게 되었다. 일본의 연구자들은 調停의 好機를 놓친 主因을 조선측의 「완고한 악습」에 돌리고 있다.[21] 그러나 이는 비논리적인 설명이며 조선멸시의 식민사관에서 벗어나지 못한 무책임한 연구 태도에서 비롯된 것임을 지적하지 않을 수 없다. 또 이 과정에서 對馬州가 종래의 조약을 뛰어넘는 무기수출, 역관을 통하지 않고 동래부사와 직접 면담 등을 요구한 것은 주목해 두어야 한다.

Ⅲ. 明治초기의 對馬州

1. 폐번치현 이전의 對馬州

1867년 12월 9일, 왕정 복고의 대호령으로 명치 신정부는 성립되었다. 한 달 후인 1868년 1월 7일, 신정부는 막부장군 慶喜에 대한 追討令을 내림으로 西南雄藩이 중심이 되는 신정부 연합군과 막부 연합군 사이에 전투가 발발하게 되며 이를 戊辰전쟁이라 한다. 신정부는 외국 열강의 지지를 획득하기 위하여 1월 17일 외국과의 화친을 국내에 포고하였고, 서양 열강들은 이를 받아들여 1월 25일 서양6개국 국외 중립을 선언하였다.

신정부는 외교권을 장악하는 데에 힘을 기울였고, 3월 11일에는 對馬州에 대하여, 모든 외국과의 교제는 조정에서 담당한다는 뜻을 명령하였다. 즉,

　　　　이번에 왕정으로 일신되어, 모든 외국과의 교제는 조정이 담

---

21) 毛利敏彦, 「明治初期外交の朝鮮観」(『國際政治』51호, 1974년).

당할 것이다. 조선은 옛날부터 왕래하던 나라이므로 더욱 위신을 세우고자 하는 뜻으로, 지금까지 대로(宗家에)양국 통교를 家役으로 명하며, 조선국과의 교제는 외국 事務輔의 마음가짐으로 행하라고 명하니, 국위를 세울 수 있도록 盡力하라. 단, 왕정 일신의 시기이므로 해외에 대해서는 더욱 특별히 마음을 기울여 구폐를 척결하고 奉公하라.[22]

이는 국가 기구의 면에서 볼 때 1861년 이래 막부가 추진하였던 조선과의 직접 외교를 장악하려는 의도의 연장이었고, 더욱 가까이는 1866년 막부의 직접외교의 선언의 연장이었다. 그러나, 對馬州의 입장을 존중하여 家役을 인정하는 애매한 모습이 되고 있다. 이것이 문제가 된다. 즉, 對馬州의 입장에서는 '조정이 적극적으로 밀어 줄 터이니 對馬州는 계속해서 조선 사무를 家役으로 담당하고 국위를 해하는 일이 없도록 하며, 특히 구폐를 척결하라'라는 명령으로 이해될 수 있다.

윤4월 6일, 대마번주 宗義達은 위 명령에 대한 봉답서를 제출함과 동시에 별지를 첨부하여 對馬州 처리 문제가 선결과제라고 주장하였다. 別錄의 내용은,

1. 조선 역무를 근국 열번에서 인선하여 행하도록
2. 조선 무역을 조정이 담당해 줄 것
3. 對馬藩이 조선에 의지하지 않고서도 존립할 수 있게 해 줄 것
4. 신사파견을 요청하게 해 줄 것
5. 각오를 정할 것

---

22) 『朝鮮外交事務書』 1(한국일본문제연구회, 성진문화사, 1971년), 69~70쪽.

의 다섯 가지로 되어 있다. 앞에서도 살펴보았지만, 對馬藩의 건의 내용은 액면 그대로 해석해서는 안 된다. 어떠한 목적하에 이와 같은 진술이 나오는 것일까를 살펴보아야 한다.

첫째 내용은, 조선과의 외교에 다른 번을 끌어들임으로 새로운 手當을 확보하려는 의도라 파악된다. 이는 매우 정치적인 전략으로, 對馬島 아게치(上知) 및 分轄分領 그리고 새로운 知行(領地)확보의 수순으로 이해되며, 이는 對馬藩의 전통적인 移封 運動과 맥을 같이 한다. 이는 외교를 일원화 한다는 명치 정부의 외국관 관리들의 생각과는 상당한 차이를 가지고 있는 것이었으나, 당시 명치정부가 사쓰마(薩摩),초오슈우(長州), 토사(土佐) 삼번을 중심으로 하는 연합정권의 성격을 가지고 있는 현실에서는 가능한 일이었다고 하겠다.

두번째의 내용은, 통상 무역까지 조정이 담당할 것을 주장하는 것이지만, 對馬藩이 조선과의 무역을 조정에 아무 댓가 없이 바친다는 뜻은 아니다. 이는 조선 무역에 대한 조정의 적극적인 지원을 요구한 것에 불과하며, 또한 북해도 개척을 위한 당시 松前藩에 대한 원조 및 정부의 대대적인 지원을 염두에 두고 조선과의 외교 개척을 위한 정부의 대대적인 지원이 필요하다는 논리라 하겠다. 對馬藩 처리를 북해도 개척과 같이 급무로 부각시키고자 하였던 의도를 읽을 수 있겠다.

세번째 내용은 막부 말기부터 행하여진 원조 요구 운동의 논리가 계속되고 있다. 다시 말하면 조선에 대한 藩臣의 禮를 취해 온 것을 고치는 일이 가장 중요하며, 이를 고치기 위해서는 대마번에 안정된 지행(토지)가 필요하다는 것이다. 이러한 對馬州의 인식은 「개혁」-「양속관계의 해소」-「원조의 정당성 확보」라는 측면을 가지고 있다. 또하나 주의할 점은 이러한 소위 '개혁'을 단행하기 위해서는 조선측의 철공철시가 예상되고 이를 극복하기 위해서는 무력시위가 필요하다고 주장하고 있는 점이다.

　네 번째와 다섯 번째의 요구에 따라서 천황 즉위의 예가 거행된 열흘 후, 대마주는 대수대차사 간사관으로 川本九左衛門을 임명하고, 11월 21일에는 그들을 출범시킴과 동시에 이 사실을 무사들에게 直達하였다.

　　이번에 朝廷─新의 전말을 大修使를 통해 조선에 알리려한다. 이는 일찍기 朝命이 있어, 지금의 서계 부터는 그 나라(조선)가 鑄造해 준 圖書를 고치고, 일본 조정이 만들어 주는 新印을 사용하여, 그들이 번신으로 우리를 대해온 誤謬를 바로잡아, 舊來의 國辱을 씻고 오로지 국체와 국위를 세우고자 한다. 그러나 양국간의 종래의 習弊(를 미루어 보면) 이로 인하여(그들이) 철공철시를 단행하여 우리를 곤란하게 할지도 모른다. 그러나 이를 무릅쓰지 않고 편한 길만 추구한다면, 직무를 수행하지 않는 바가 되므로, 私情을 버리고 公議에 따라 단연히 오늘의 처치에 이르렀다. 장래 설령 국맥에 관계하는 곤란이 생긴다 하더라도, 머지않아 대답(조정으로 부터의 보답, 對價)이 있을 터이며, 더우기 王土王民의 입장에서(對馬州를) 버려둘 수는 없을 것이다.[23](하략)

　이는 조선과의 외교관계를 박탈당할 수 있는 상황에서 대마주가 선수를 쳐서 주도권을 장악하고자 하는 것임을 알 수 있다. 그들은 철공철시를 감수할 각오를 정하고 있으며, 조선이 철공철시를 단행하는 경우에는 명치정부로 부터의 원조가 있을 것이라고 믿고 있다. 이러한 對馬州의 전략은 明治政府 내부의 木戸의 지원을 얻었음을 강조해 두고 싶다.

　근세한일 외교관계가 평화적으로 변화하여 대마번이 양속관계에서

───────────────
23)『宗重正履歷』권 3, 田保橋 전게서 152~153쪽.

벗어나기 위해서는 우선 대마번은 자신들이 조선으로 부터 받아왔던 특혜를 반납하고 이를 조선에 양해를 얻어야 하였다. 그러나 대마번은 이를 반납하기는 커녕 오히려 이를 확대하려고 하면서 본국 정부의 무력을 배경으로 양속관계를 벗어나려고 하였던 것이다.

12월 19일, 히구치테츠시로우, 川本, 薦田 일행은 부산항에 도착하여 신정부 성립의 통고서를 제출하고자 하였으나 이는 일방적인 '양속관계 탈퇴서'였기에 조선측으로부터 무례하다는 평가를 받았고, 따라서 서계는 수리되지 못하고 세월을 보내게 되었다.

명치정부는 6월 17일 판적봉환을 허가하고, 藩知事를 임명하였다. 따라서 對馬藩主 宗義達 역시 이즈하라(嚴原)藩知事가 되었다. 7월 8일에는 2관 6성제도를 둠으로, 외무성이 출범하게 되었다. 8월 1일, 영공사 팍스는 사할린이 러시아영토가 될 가능성을 경고하여, 명치정부는 8월 15일 에조지를 북해도로 개칭하여 북해도 개척사업에 몰두하게 되었다.

중앙정부는 점차 힘과 자신감을 갖추게 되었으며, 그해 9월에는 宗家를 통한 조선과의 교섭을 부정하고, 외무성 관리의 파견을 결정하기에 이른다.

9월 23일 태정관은 宗家에 다음과 같은 指令을 내렸다.

> 朝鮮交接ノ義ハ, 外務省ニ御委任被仰付候ニ付,
> 宗家ヨリ使節ハ可相止候事[24]

즉 조선과의 교제는 모두 외무성 소관이므로, 宗家는 사절을 파견하지 말라는 명령이다. 조선과의 교섭에 對馬藩이 도움이 아니라 장

24) 『日本外交文書』(韓國篇) 一, 147쪽(태동문화사, 1981년 편집).

애가 되고 있음을 인식하는 것이라 하겠다.

그리하여 외무성은 다음과 같이 조선 교섭에 대해 태정관에 품의 하였다.

(전략) 一新을 이룬 오늘날, 이웃 나라와 명의를 바르게 하고 실제적인 교제를 하고자 하여 조사해 본 바, 그 나라의 定論은 옛것을 관철함에 있고,(그리하여) 宗家에 대하여 私交를 맺어, 일본의 정체에는 간여하지 않겠다는 것이 그들이 바라는 바라고 보입니다. 宗家도 또한 경제를 조선의 공급에서 충당하는 바가 적지 않으므로, 옛 격식을 지키고자 하여 그 신하로 하여금 조선과의 교섭은(宗家에)위임해 주도록 운동하는 모습이 보입니다. 지금까지 여러 차례(對馬藩이) 上申한 바도 있습니다만, 이는 皇政一新百度更張, 특히 외국과의 교제를 중요시 하는 叡慮를 받들지 않는 것이라고 인정되며, 옛 제도를 끈질기게 지켜 고식적인 私論을 주장하는 것입니다. 그러므로, 쌍방(조선과 對馬藩의 주장) 모두 (우리가) 받아들일 수 없는 것입니다.

그리하여 전세계 문명개화의 時勢에 임하여,(우리가 조선과) 조약을 맺지 아니하고 애매한 私交로 일개 藩의 小吏에(외교를) 맡겨 둔다면, 황국의 체면에도 관계됨은 물론, 萬國公法에 의해 서양 각국으로 부터 힐문을 받았을 때 변명할 말이 없게 됩니다. 뿐만 아니라 조선국은 옛날 親征(신공왕후 전설을 말함)도 있었던, 烈聖이 마음을 기울인 나라이므로, 비록 皇朝(일본)의 藩屬이라고는 할 수 없으나, 영세에 그 국맥을 보존시키고자 바라는 바입니다. 그런데, 오늘날 러시아를 비롯하여 여러 강국들이(조선에 대해) 빈번히 침을 흘리여, 机上之閣(책상위의 우환)으로 만들고 있습니다. 그러므로 지금은 공법을 가지고(나라를) 유지하며 (조선을) 匡救撫綏할 책임은 바로 皇朝(일본)에 있습니다.(중략) 그러므로 속히 군함 1, 2 척에 사절과 그외 역원을 태워 조선에 도항시켜 일신의 정체 및 교린의 대의를 진술하고 두터이 맹약을 거듭하도록 시급히 명하여 주시길 바랍니다.

　결의가 된 후에는 문서왕복 기타의 체제에 대해서 조목을 세워 차츰 차츰 품의하도록 하겠습니다.(중략)

　위의 내용들에 대해서 至急 품의 합니다. 이상.

巳 九 月 외무성

辨官[25) (귀하)

　여기에 대하여, 태정관이 허락이 내려 외무성은 두 사람의 사절 파견은 구체적으로 계획되기에 이르른다. 이러한 외무성 관리의 파견은 바로 對馬藩의 지행을 박탈하는 것이었기에, 對馬藩의 반발은 피할 수 없는 것이었다. 10월 對馬藩은 외무성에 의한 조선 외교의 강제 접수에 대해 濟藤佳兵衛의 명의로 항의하였다.[26) 이 내용을 간략히 요약해 보면, 對馬藩의 전통적인 특권을 강조, 지난 해 조선과의 무역은 對馬藩의 것이라는 지시와 지금의 지시와 모순됨을 부각시키고, 1. 사절을 중도에서 포기시킬 수는 없다. 2. 전통적으로 對馬藩이 접대해도 失體가 되지 않는다. 3. 사절을 보내지 말라는 것은 단교를 의미하며, 국해를 초래한다. 4. 전통을 무시하고 국사를 내 보내면 위광을 손상시키게 되며 불안하다. 5. 통신사를 불러온 다음에 국사를 보내는 것이 순서다. 라고 주장하고 있다. 對馬藩은 여기에 덧부쳐서 질의사항[27)을 조목조목 나열하여 외무성의 논리를 비판한다. 즉,

　1. 朝命에 의해 파견한 사절을 어찌할 생각인가

　2. 조선에서 표착한 사람들을 어떻게 송환할 것인가

---

25)『외교사무서』255~261쪽.

26)『외교사무서』273~287쪽.

27)『외교사무서』281~287쪽.

3. 조선에 표착한 일본인은 어떻게 귀환할 것인가 이는 모두 對馬
   藩에서 조선에 사절을 파견하지못하도록 한 때문에 생기는 문
   제이다.
4. 왜관 처리 문제
5. 관수이하 역원의 처리문제
6. 무역은 여태까지 대로 對馬藩이 담당해도 좋은가
7. 공무역은 對馬藩이 왜구를 진압시켜준 댓가로 조선이 은혜를
   갚은 것이니, 조정에서 규칙을 정할 때 이를 빼어서는 안 된다.
8. 對馬藩은 산출이 적어 조선 무역으로 해결했는데, 해결책은.
9. 최근 조선관계로 비용이 많이 들었는데 해결책은.
10. 역관이 對馬島에 오곤 하였는 데 앞으로는 어찌할 것인가.
11. 對馬藩의 허가가 없는 배는 조선에서 해적선으로 취급받을
    터인데 어찌할 것인가

이러한 對馬藩의 주장은 억지도 있으나, 실무적인 면에서 일리가
있었다. 따라서 외무성은 한걸음 물러서서 동 10월, 1. 조선에 사자 파
견은 「입회감찰」의 마음으로 私交를 당분간 인정 2. 종가에 적당한 조
치를 취해 줄 것(외 263)을 논의28) 하였고, 이에 근거하여 태정관에 上
申하였다.29)

또한 濟藤佳兵衛의 질의에 대해서도 태정관은 對馬藩에 대해 조
선과의 외교를 위임할 수 있다는 대답을 내렸다.30)

이를 전후로 하여, 명치정부는 對馬藩에 35850石을 加增하여 對
馬藩 처리문제를 해결하고자 하였던 것이다. 이는 물론 對馬島를 移
封하는 대신 10만석을 얻으려 하였던 1861년의 이봉 운동에 비하면

---

28) 『외교사무서』 263~264쪽.
29) 『외교사무서』 289~294쪽.
30) 『외교사무서』 295~300쪽.

만족할 만한 것은 아니지만, 對馬島 일만오천석의 영지의 두배 이상을 조건 없이 받음으로, 對馬藩의 領地는 계 八萬四千五百石에 달하게 된다. 그러나, 이를 받았다고 하여 對馬藩이 만족할 리는 없다. 對馬藩은 막부 시절에도 십만석의 대명임을 공인받았었다. 對馬藩은 계속하여 자신들이 만오천석정도 부족하다고 주장하며 원조를 요구하였고, 자신들의 기득권에 대해 明治 정부가 대가를 지불하도록 활동을 멈추지 않아, 對馬藩 처리 문제는 끈질기게 뒤를 잇는다.

11월, 조선에 파견되는 사신(森山茂, 濟藤榮, 佐田白茅)에 내린 명령서에도,

> (전략) 對馬島는 양국 사이에 있는 孤島로 교린의 비용 및 표류민(송환비) 등 피아 왕복의 수속등, 일반적인 경비 외에 드는 비용이 있으니, 막부 시절에 그 비용을 金米로 주었던 것 같다. 또 조선도 사무역의 이윤을(줌으로) 一家의 경제로 하였던 것 같다. 그런데, 一新前(1863년을 말함)에 叡慮(효명천왕)로 年租 삼만석을 하사 받았는 데, 얼마되지 않아 폐지되어 버려서, 宗家가 歎訴하는 바라 보인다. 이제 조선과의 교제를 조정이 인수하게 되면 위 사무역 등의 세금은 자연히 官府(일본 정부)에 속하게 될 터인데, 표류민 취급이나 기타 년래 宗家가 소유하였던 利源을 하루 아침에 거두어 버리는 형태가 되어, 對馬藩의 정실이 가엽게 되어버린다. 이는 뒤이어 상당한 처분이(필요하고 만일 이것이) 없다면, 이루어 질 수 없다. 따라서 위 처분의 전망 회계에 대해 자세히 조사할 것.[31](하략)

라고 되어 있어서, 對馬藩의 처리 문제가 아직 끝나지 않았음을 보여준다. 이들은 對馬藩의 재정 상태를 조사하고, 다음해(1870년) 4월, 복

---

31) 『외교사무서』 301~307쪽.

명 보고하면서, 세견 공무역을 박탈하는 만큼 합하여 35270俵(8500石)를 얻을 수 있는 영지를 더 加給해 주도록 건의하고 있다.[32]

6월에 들어서서 佐田등은 다시금, 천진교안사건으로 국제정세가 유리하게 되어 皇使(大將)를 파견하여 조선을 위협할 호기회임을 상신하였다.[33]

명치 정부는 무력 시위를 통한 조약 개정을 추진한다. 7월 3일에는 皇使를 파견하기 위한 준비단계로, 관원을 미리 조선에 주둔시킬 필요성이 구체적으로 논의되었다.[34] 의견 수렴의 과정이 있어서, 22일에는 참의 木戸가 정한을 위해 군대, 군함, 군수, 군자의 준비의 필요성을 역설하는 의견서를 제출하였으며,[35] 25일에 는 참의 오오꾸보(大久保利通)가 이에 반대하는 입장을 명확히 하였다. 이는 당시 정치세력 다툼 또는 견제라는 느낌이 강하다. 즉, 木戸를 중심으로 하는 長州와 大久保를 중심으로 하는 薩摩, 두 세력의 알력이 존재하였던 것이다. 여기에 또 26일 鹿兒島 무사 橫山正太郎(森有禮의 형)이 征韓 불가를 역설하는 유서를 남기고 自殺하는 일이 발생하였다(森有禮는 그 후, 강화도조약 당시 주청 일본 공사로 활약한다). 이 내용을 보면, 당시의 분위기를 알 수 있다고 생각되므로 번역하여 소개해 보자.

조선을 정토해야 한다는 의견이 하급무사들 사이에 널리 주장되고 있는데 이는 국위가 떨쳐지지 않는 것에 대한 조바심 때문에 그처럼 憤激論이 일어나고 있다고 보인다. 그러나, 전쟁을 일으키려면 名이 있어야 하고, 義가 있어야 한다. 특히 해외에 대해서

---

32) 『외교사무서』 535~538 쪽.

33) 『日本外交文書 1』 247쪽.

34) 『日本外交文書 1』 247~249쪽.

35) 『朝鮮外交事務書 1』 587~592쪽.

는 한번 名義를 잃어버리면, 설령 대승리를 거둔다해도 천하 만세의 비방을 면하기 어렵다.(중략) 조선을 소국이라 생각하여 함부로 전쟁을 일으켰다가 패배하면 어찌할 것인가.(중략) 오늘날의 급무는 우선 紀綱을 세우고 政令을 하나로 하여 믿음을 천하 만민에게 주어 안도케 하는 것이다. 어찌 조선의 죄를 문책할 여유가 있겠는가.36)

横山이 자결로 만류할 정도로 전쟁 의견이 일반화 되었었음을 짐작하게 해 주는 글이다. 전쟁의 위기를 만들어 對馬州의 존재의미를 조선에 강조하여 특권을 확대하고 일본 내부에서 위상을 올리려하였던 對馬州의 정략은 점차 감당하기 어려운 상태로 치닫고 있었다고 보인다.

이러한 전반적 입장을 반영한 外務權大丞 야나기하라(柳原前光)의 「朝鮮論稿」37)는 전쟁론으로 흐르고 있고, 대마번 처리 및 왜관 접수에 대해서 대단히 구체적인 의견을 제시하고 있다. 점차 전쟁의 위기는 고조되어가고 있었다. 이렇게 전쟁론이 우세해지면, 책임있는 정책당국자는 곤란해진다. 왜냐하면 전쟁에서 승리할 가능성도 준비도 없는 상황이었고 또한 전쟁의 명분이 없기 때문에 외국의 지지를 얻을 가능성도 아직 없었던 것이다. 그러나 전쟁을 반대하기에는 이미 무사들의 여론은 뜨거워져있었다.

2. 廢藩置縣 이후의 對馬州

1871년 7월 14일, 천황은 在京 56 藩知事를 앞에 두고 261개 藩을 폐지하고 3부 302현을 두는 폐번치현을 명령하였다. 廢藩置縣을 통

---

36) 『太政官日誌』明治 3(1870)년 8월 10일조.

37) 『日本外交文書 1』(한국편) 249~250쪽.

해 明治정부는 대외적으로 유일한 주권자임을 과시할 수 있었다. 친병의 군사력을 배경으로 단행된 폐번치현의 칙명에 의해 對馬州도 폐지되어 7월 24일 伊萬里縣 지사 민부대승 와타나베 키요시(渡邊淸)가 임시로 담당하게 되었고, 9월 4일에는 완전히 伊萬里縣에 병합되었다. 渡邊는 다른 현들의 경우와 마찬가지로 對馬州의 부채를 청산하기 위한 작업에 들어갔다. 그가 대장성에 보고한 내용을 보면, 해결해야 할 부채의 총액은 1,053,017엔이었고, 이중에서도 외국채가 359,690엔이나 있었다는 것은 흥미롭다.[38] 대장성은 이를 받아들여 전부 갚음으로 처리하였다. 한편, 종의달은 7월 29일 외무성원으로 편입되어 외무대승에 임명된다. 이때 그의 나이 26세이고, 藩主가 된지 10년만의 일이다.

종의달이 외무대승으로 임명된 그날(7월 29일)은, 일본이 청나라와 修好 조규를 조인한 날이기도 하였다. 8월에 종의달은 외무대승의 자격으로 서한을 조선에 보내었다.

한편, 10월 8일 외무경 岩倉가 특명 전권 대사로 구미사절단이 파견되고,[39] 11월 4일 副島種臣이 외무경에 취임하면서, 寺島宗則 외무대보를 중심으로 조선과의 외교관계도 정치적이 아니라 외교 관료적, 조직적인 틀을 가지게 된다. 특히 여태껏 對馬州를 지원하며 자신의 정치적 입장을 관철하던, 木戸가 使節團의 일원으로 파견된 것은 對馬州의 정치적 입장을 약화시켰다. 즉, 여태까지 정치적으로 대접받았던 종의달의 뜻은 무시되고 조선문제는 外務少記 吉岡이 전적으로 책임을 지고 담당하며, 舊對馬州의 잔재세력은 청산되어야 할 대상으

---

38) 『長崎縣史』 1174~1180쪽.

39) 岩倉사절단에 대해서는, 田中彰, 『岩倉使節団』(講談社現代新書, 1977)과 『米歐回覽實記』(岩波文庫 靑 141, 전 5책, 1982년)을 참고바란다.

로 규정되었다. 그 상징적인 것이 12월 28일 내려진, 외무성 준주임 오오시마의 해임과 종의달의 도한 중지 명령이었다.[40]

한편 伊萬里縣은 외무성에 부단히 조선 문제를 질의하였고, 외무성은 이에 답을 하면서 대조선 외교관계는 일원화 되어 간다.

1872년에 들어와서도 留守정부는 꾸준한 개혁을 추진하였고, 조선과의 외교관계 회복에 대한 탐구도 계속되었다. 외무성은 지난해 12월 7일 외무성 10등 출사에 임명했던 구對馬州사 相良正樹와 12등 출사 浦瀨裕를 森山, 廣津등과 함께 다시 조선에 파견하였다. 그들은 종래 조선으로부터 식량을 받아 藩屬의 예를 취해온 것이 일본을 비굴하게 하였고 조선을 오만하게 하였다고 보고하였다. 이후에는 倭館에서는 廣津, 森山, 吉岡 삼인이 모든 책임을 지고 훈도 별차와 交涉하게 된다. 그러나 아직도 관수 深見, 差使, 간전관 廣瀨는 對馬人이었다.

일본 太政官은 5월 7일자의 외무성의 上申을 받아들여, 5월 28일, 부산 초량공관사무를 외무성의 소관으로 하고, 재근 인원 중 외무성 직원이 아닌 구對馬州사들의 퇴거 귀국을 명하였다. 그와 함께 조선과의 무역을 청산하도록하고, 당년 이후 세견선이 폐지되었으므로 왜관 유지비용으로 對馬에 5000圓지출을 명하였다. 또한 표류민 문제도 長崎縣에 移管하였다.[41]

어째튼 이러한 외무성의 방침에 따라 外務少記 吉岡은 왜관 정리를 단행하기로 하고 6월 13일을 기해 출발할 것을 결정하였다. 이 왜관 정리는 왜관을 완전히 외무성이 흡수하기 위한 조치였고, 구對馬州 무사와 상인들을 귀국시키는 조치였으며, 공무역 폐지(세견선 폐지)에 따른 왜관 비용을 줄이기 위한 조치였다. 관수 深見과 廣瀨등은

---

40) 『朝鮮外交事務書 3』 757쪽, 『日本外交文書 1』 355쪽.
41) 『日本外交文書 1』 378~382쪽, 『朝鮮外交事務書 4』 247~267쪽.

여전히 남아 교섭을 하였다.

이때 종의달은 당해년분의 공무역품 배상으로 2만4천181량을 요구하고 있다.[42] 이것은 폐번치현 이후에도 조선무역의 이윤이 宗家에 있다고 宗義達이 생각하고 있음을 알게 해 주는 사료이다.

8월 10일, 외무경 副島는 현안 해결을 위하여 높은 관직의 관원을 파견해야한다고 생각하고 이를 태정관 正院에 상신하였다.[43] 그리고 15일에는 그 임무에 花房義質을 임명하고, 그 권한의 범위를 지적하였다.[44] 8월 18일에는 천황의 勅旨의 형태로 다음과 같은 사항이 외무경에게 시달되었다.

> 칙지 외무경정四위 副島種臣
> 一, 초량공관의 관사와 대관소는 종전과 같이 그대로 둘 것
> 一, 쓸데없는 士官과 잡인등은 모두 귀국시킬 것
> 一, 상인들은 스스로 판단해서 하게 할 것
> 一, 감합인은 옛것을 그대로 사용할 것
> 一, 세견선은 폐지할 것
> 一, 세견선 물품 지체분(1872년 당해년분임)은 종 가의 부채가 되고 있으므로 지급해 줄 것
> 一, 對馬州에 체류하고 있는(조선) 표류민들을 전부 송환할 것
> 一, 위 사항을 조선에 출장할 외무대승 화방의질에 게 전할 것[45]

이리하여 외무대승 花房義質은 왜관 도착 후 즉시 초량공관 접수에 착수하여 9월 16일왜관 관수 深見正景을 외무성9등출사로 임명하여

---

42)『朝鮮外交事務書 4』287~289쪽.
43)『日本外交文書 1』399~400쪽.
44)『日本外交文書 1』400~402쪽.
45)『日本外交文書 1』403쪽.

館司로 보임하고, 11등 출사 廣瀨直行을 제1 代官으로, 外務少錄 奧義制를 학사 겸 監察로, 14등 출사 往永友輔를 제2대관 겸 大通詞로 하고 나머지 舊對馬島 무사는 귀국시켰다.[46]

신임 1대관 廣瀨는 17일, 공무역 未捧品 인도의 준비가 되었음을 알림[47]과 동시에 花房의 명에 의해 자신이 제1대관을 담당하게 되었음을 알리었다. 또한 표민영래차사의 자격으로 호송해온 제주표민 4명, 해남표민 9명의 인수를 요구하였고, 별차 현대유는 이들을 인수하여 증서를 교부하였다.[48] 또한 公私무역의 對馬州 부채를 청산하기 위한 작업이 시작되었다.

1873년 1월 15일, 外務省은 7등 출사 廣津에게 조선국 在勤을 명하고, 森山를 본성근무로 명하였다. 3월 4일 廣津는 부산 공관에 도착, 왜관을 완전 접수하였고, 또한 대마주 출신 관수 深見을 면직시켜 왜관을 '대일본국공관'이라고 명칭을 바꾸었다. 이리하여 일본과 조선 사이에 존재하였던 정치적 주체로서의 대마주는 소멸되었다.

Ⅳ. 맺음말

이후 일본에서는 종의달은 화족령에 의해 동경에 거주하게 되었으며, 1884년 백작을 서임 받았고, 그 후 1890년에는 후작을 간청하였으나 이루어지지 않았다. 1902년 사거하였다. 장남 宗重望이 뒤를 이었으나 후사가 없었으므로 1923년 사촌(종의달의 동생 和志의 4남) 武志를 양자로 받아들여 가독을 잇게 하였다. 종무지는 1931년 5월 덕혜

---

46) 『日本外交文書 1』 413~415쪽(「朝鮮御用復命略」).

47) 위 사료, 254~255쪽.

48) 위 사료, 259~263쪽.

옹주와 결혼을 하였으나 1955년 6월 이혼하고, 바로 재혼하였다. 덕혜옹주와의 사이에 딸이 있었는데 정혜는 그 다음해인 1956년 자살하였다. 대마도는 나가사키현의 관할 하에 남게 되었다.

부산과 대마도의 2천년

초판 1쇄 인쇄일	2010년 12월 22일
초판 1쇄 발행일	2010년 12월 29일

지은이	부경대학교 대마도연구센터
펴낸이	정구형
총괄	박지연
편집 · 디자인	이솔잎 채지영
마케팅	정찬용
관리	한미애 김민주
인쇄처	월드문화사
펴낸곳	**국학자료원**

등록일 2006 11 02 제2007-12호
서울시 강동구 성내동 447-11 현영빌딩 2층
Tel 442-4623 Fax 442-4625
www.kookhak.co.kr
kookhak2001@hanmail.net

ISBN	978-89-279-0032-0 *93090
가격	17,000원

* 저자와의 협의하에 인지는 생략합니다.
  잘못된 책은 구입하신 곳에서 교환하여 드립니다.